# 比较

总第106辑

2020年第1辑

COMPARATIVE STUDIES

吴敬琏 主编

**比较**

COMPARATIVE STUDIES

**主管** 中信集团

**主办** 中信出版集团股份有限公司

**出版** 中信出版集团股份有限公司

**主编** 吴敬琏

**副主编** 肖梦 吴素萍

**编辑部主任** 孟凡玲

**编辑** 包敏丹 马媛媛

**封面设计** 李晓军 / **美编** 杨爱华

**经营部**

**总经理** 张立晖

**副总经理** 傅继红

**发行总监** 周广宇

**品牌传播部高级总监** 马玲

**独家代理：**财新传媒有限公司

**电话：**（8610）85905000 **传真：**（8610）85905288

**广告热线：**（8610）85905088 85905099 **传真：**（8610）85905101

**电邮：**ad@ caixin. com

**订阅及客服热线：**400-696-0110（8610）56592288 **传真：**（8610）85905190

**订阅电邮：**circ@ caixin. com **客服电邮：**service@ caixin. com

**地址：**北京市朝阳区工体北路 8 号院三里屯 SOHO 6 号楼 5 层（**邮编：**100027）

# 目 录

Contents

## 第106辑

## 法和经济学 Law and Economics



## 改革论坛 Reform Forum



## 视界 Horizon

# 回望通向市场经济之路

吴敬琏

中国经济体制应当选择市场经济（早期按照俄语习惯还称为商品经济），还是选择计划经济（或称命令经济、统治经济），或者说，在稀缺资源的配置中应当由市场起主导作用，还是应当由政府起主导作用，是一个始终伴随中国数十年改革历程的命题。在过去，市场经济和计划经济之争进行过好几轮。在可以预见的未来，这种争论也不会完全止息。只不过在改革的不同阶段，争论主题的具体表现形式不时变化。在纪念改革开放40周年的时候总结历史经验，以之照亮前进的道路，具有非常重要的意义。

本文要着重讨论的，是20世纪80年代后半期到90年代初期这一通向市场经济的关键路段有关改革问题的争论。

20世纪70年代以前，对绝大多数国人来说，把国民经济置于国家计划的监控之下乃是社会主义的天经地义，只有极个别像顾准那样眼界开阔并且把捍卫真理视同生命的人，才会提出尝试实行市场经济的问题。

可是到了70年代末期，情况发生了巨大变化。随着“四人帮”的覆灭，闭关自守的禁锢严令被解除，大批领导干部有机会出国考察，亲眼目睹了由于经济体制和发展道路的差异在短短一二十年中造成的我国与实行市场经济的西方国家和亚洲“新兴工业经济体”（NIEs）之间的巨大反差。中外经济发展状况鲜明对比产生的强烈震撼效应，使一些长期对苏联式或本国式意识形态教条存在盲目自信的领导干部也认识到，只有向市场经济国家学习，适度开放市场和发挥价值规律的作用，才能把中国从社会溃败中解救出来，进而自立于世界民族之林。中国的主要党政领导人也随即提出了“计划经济与市场调节相结合”的口号，开始了对市场取向改革的探索。

然而，这种允许市场在社会主义经济中发挥更大作用的共识，在很大程度上是来自对市场经济国家意料之外优异表现的感受，而不是基于对历史和现实全面系统的理性思考：一方面，没有按照马克思主义实事求是的根本原则对传统社会主义政治经济学理论进行认真的反思，因而难以完全摆脱社会主义必须实行计划经济旧教条的窠臼；另一方面，对 19 世纪末期以来经济学的进展，特别是现代经济学关于市场经济怎样通过市场价格机制实现稀缺资源有效配置的运作原理知之甚少甚至一无所知。因此，即使同意部分引入市场的作用来激励人们的积极性，也生怕会因此落入市场经济“必然产生”的“社会生产无政府状态”陷阱，因此总想依靠无产阶级专政国家的政令和计划来防范和加以纠正。

这种思想缺陷造成的后果，是使必须坚持计划经济主导地位的旧思维很容易以这种或那种方式重新回到统治地位。

仅仅在十一届三中全会后的两年，一度成为主流的“计划经济与市场调节相结合”的口号就被更加符合“原教旨”的“计划经济为主、市场调节为辅”代替。

后来，经过朝野有识之士的共同努力，市场取向的改革才在 1984 年的中共十二届三中全会上重新成为主流。全会通过的《中共中央关于经济体制改革的决定》（以下简称《决定》）采取迂回的路径对计划经济做了一种能够包容“商品经济”的解释。《决定》在肯定“实行计划经济是社会主义经济优越于资本主义经济的根本标志”和“中国实行计划经济已经取得巨大成就”的基础上，提出“社会主义的计划体制，应该是统一性同灵活性相结合的体制”，而不应“忽视经济杠杆和市场调节的重要作用”，然后要求“突破把计划经济同商品经济对立起来的传统观念，明确认识社会主义计划经济必须自觉依据和运用价值规律，是在公有制基础上的有计划的商品经济”。

从《决定》的上述论断可以看到，虽然它把改革扭回到了包容商品货币关系、发挥价值规律作用的正确方向上去，但它并没有对计划经济、商品经济以及价值规律等做出达到现代经济科学已有水平的界定，因而不论是在理论上还是政策上都还有不少模糊不清的地方。特别是采取“商品经济”这种 19 世纪俄国人的模糊叫法来指代市场经济，就使市场经济的实质在于通过市场—价格机制实现稀缺资源的有效配置被遮蔽起来。于是，基于对“商品经济”和“价值规律”的不同解读，随即在党政领导机关内部发生了关于中长期改革的基本路径，即应当选择市场在资源配置中起主导作用的“有宏观经济管理的市场协调模式”（即科尔奈在1985年“巴山轮会议”上所说的IIB模式），还是政府仍然处于主导地位的“间接行政控制模式”（即科尔奈所说的IB模式）的争论。

一方面，根据现代经济学对市场经济的理解，许多经济学家把市场经济制度看作以价格机制为核心配置稀缺资源、决定生产什么、生产多少、为谁生产的一整套机制，因而提出我国的经济体制改革不应在扩大国有企业经营自主权方面单项突进，而应在发展独立自主、自负盈亏的企业，建设竞争性的市场体系和宏观经济调控体系三个相互联系的方面配套进行。1985年的中共全国代表会议在它通过的《中共中央关于制定国民经济和社会发展第七个五年计划的建议》中采纳了这种意见，并且要求在五年或者更长一些时间内奠定新体制的基础。上述“七五三条”的确立，意味着党政领导接受了市场经济是一套通过市场—价格机制配置资源的体制的观点，决定用一两个五年计划的时间通过三方面配套改革把这一套体制建立起来。国务院也随即建立了经济改革方案设计领导小组，开始为实现这一目标进行方案设计。

另一方面，把商品经济的实质归结为通过买卖进行交换的人们认为，改革的核心是通过商品买卖搞活企业、使企业能够拥有自主权和积极性。他们不赞成以“七五三条”为基本内容的大步配套改革的决策，认为应当改弦更张，“摆脱加快过渡的气氛和压力”，转而采取以计划和市场双轨制长期共存为特征的“渐进转轨方式”，实行增加货币供给、提高增长速度、企业承包先行、价格改革靠后的方针，经过“几代人的努力”，去实现向新体制的过渡。

1987年，“双轨制渐进转轨”论者的“反决策论证”取得了成功，在部分领导人的认可下实现了“决策思想历史性转折”。体制改革的中长期目标，由建立有宏观经济管理的市场经济改变为政府通过政策的、法律的和行政的手段对企业进行直接和间接控制的统制经济。

这一决策思想的逆向转变造成的严重后果，是通货膨胀和“官倒”腐败接踵而至。这两者在相当程度上引发了1988年的经济风波和1989年的政治风波。

在1988年和1989年的经济和政治风波之后，否定市场经济、重申计划经济为主的主张重振旗鼓。他们不顾邓小平关于十三大政治报告“一个字都不能动”的严肃告诫，力图用“计划经济与市场调节相结合”的口号取代“社会主义商品经济”的提法，重新强调中国经济的计划经济性质不可动摇。

这种逆历史潮流而动的开倒车行为，理所当然地遭到亲身感受市场化改革对民族复兴和人民幸福意义的干部和群众的反对和抵制，由此引发了又一场“计划经济还是市场经济”的大争论。

争论的焦点，说到底，仍然和20世纪80年代初期的争论一样，是市场和政府哪个应当在资源配置中起主导作用的问题。不同的是，由于进入80年代中期以后我国经济界和学界的理论水准有了很大提高，对各国经济发展和改革的实际过程有了更多了解，思想解放运动也更加深入人心，此时的争论已经不像过去那样着重于具体问题的讨论而不太愿意涉及有关社会主义和市场经济的基础理论和基本制度构建问题，讨论的理论高度和政策深度都有了显著的提升。

在讨论中，被称为“整体改革派”的学者秉承马克思主义实事求是的基本要求和从70年代思想解放运动承袭下来的任何一种理论观点和政治主张都要接受历史检验的批判精神，运用现代经济学的理论说明了市场机制较之计划手段在资源配置上的有效性。

自从一个多世纪以前的新古典经济学把稀缺资源的有效配置提高到经济学的中心位置，经济学家就总是把能否有效配置资源作为评价不同经济体制的最重要的标准。传统的政治经济学虽然不做这样的明示，却也是认同与此相通的“生产力标准”的。

市场经济能不能有效地配置资源和增进社会福利，是一个在历史上长期存在争议的问题。早在1776年，古典经济学的鼻祖亚当·斯密就已指出，在自由竞争的市场体系下，众多经济参与者各自追求自己的目标，并未造成混乱，而是在市场这只“看不见的手”的引导下，不由自主地走向实现社会福利最大化的共同目标。然而，斯密用隐喻形式表达的洞见并没有说服马克思主义古典作家。在后者看来，任何一个以商品生产为基础的社会都会有一个共同的特点，就是每个生产者都用自己拥有的生产资料和按照自己的特殊交换需要各自进行产品的生产，谁也不知道哪种产品会有多少出现在市场上，也不知道他的产品是否卖得出去。所以，市场制度被断定为一种“无政府状态的竞争制度”，“由竞争所造成的价格永远摇摆不定的状况，使商业丧失了道德的最后一点痕迹”，“使危机像过去的大瘟疫一样按期来临，而且它所造成的悲惨现象和不道德的后果比瘟疫所造成的更大”。

问题在于，20 世纪初期形成的现代经济学已经运用严谨的科学方法和数学分析手段确凿地证明，在反映资源稀缺程度的价格向量的引导下，市场—价格机制能够实现具有帕累托效率，即达到资源有效配置的一般均衡，把斯密关于“看不见的手”的隐喻发展为严谨的正式表述，为经济分析提供了重要的基准点和参照系。正是运用这样的分析框架，现代经济学为市场在资源配置方面的优势做出了科学的论证；与此同时，也根据计划经济在信息机制和激励机制方面的致命缺陷说明它无法具有效率。在这种情况下继续坚持过时的判断，显然与马克思主义实事求是的科学态度背道而驰。

进行理论分析的同时，结合对苏联等社会主义国家实践的考察，我们得出的一个重要结论是：经济体制改革的核心和实质在于用以市场—价格机制为主导的资源配置方式取代以行政—计划为主导的资源配置方式。

在这些基本问题得到澄清以后，有关改革战略和策略的许多具体问题就比较容易找到解决的途径。因此，在讨论基本理论问题的基础上，还涉及了市场化改革的基本内容、各项改革的时序安排，以及与企业改革、价格改革、政府职能转变和改革初战阶段的宏观经济政策等相关的争议的问题。

正因为这场争论是将具体问题的讨论和基本理论问题的讨论紧密联系在一起辨明是非，争论的成果就为 1992 年 10 月中共十四大确定市场经济的改革目标和 1993 年 10 月中共十四届三中全会制定推进市场化改革的整体规划奠定了坚实的基础，为我国的经济体制改革开辟了新的局面。

迄今为止，本文回望的那两场争论已经过去了二三十年，当年激烈争论的若干问题也早已有了定论或者在实践中获得解决，那么，回看这段历史是不是还有它的现实意义呢？

我的回答是肯定的。原因在于，具体问题的解决并不意味着市场经济与计划经济（命令经济或统制经济）之争已经一劳永逸地获得终结。中共十四大以来的历史进程表明，这一争论会不时以不同形式重现。由于现象层面的问题往往只是基本问题的新的表现形式，或者是旧问题的新变种，所以往往可以从过去对改革基本问题的讨论中获得启发和解答线索。市场经济在壮大的同时，也会不断遇到新的问题和挑战，而且现代经济学本身也在发展。因此我们应当在对改革历史文献的深入研究中温故而知新，坚持市场化改革的正确方向，为全面实现我国的改革目标提供助力。

# 前沿

Guide

Comparative

# 回望当年

## 过去 60 年宏观经济学的教训

乔治·阿克洛夫

1962 年，当我开始在麻省理工学院读研究生时，凯恩斯主义经济学的一个特定版本在经济学领域和更广泛的社会中方兴未艾。仅仅在三年后的 1965 年 12 月，《时代》杂志就将凯恩斯放在了封面，甚至加上了被认为是米尔顿·弗里德曼的背书："我们现在都是凯恩斯主义者。"［更准确地说，正如弗里德曼（1965）之后迅速抗议的那样，他只是提出了含糊其词的声明："在某种意义上，我们现在都是凯恩斯主义者；在另一种意义上，没有人再是凯恩斯主义者。"］《时代》杂志是当时美国最具影响力的新闻杂志。它对凯恩斯的拥护尤其值得注意，因为该杂志一直强调支持"自由企业制度"，而凯恩斯及其追随者长期以来一直被指责有社会主义倾向。例如，在哈佛大学，阿尔文·汉森（Alvin Hansen）和他的凯恩斯主义同事就曾因所谓的共产主义遭到一个名叫"真理"的校友会的攻击（Skousen，1992，第 21 页；Dobbs，1960）。《时代》杂志以封面故事的形式支持凯恩斯，完全改变了对凯恩斯的态度，但在自由企业问题上仍然坚

---

* George A. Akerlof，2001 年诺贝尔经济学奖得主，伯克利加州大学经济学教授。原文 What They Were Thinking Then：The Consequences for Macroeconomics during the Past 60 Years，载于 *Journal of Economic Perspectives*，Volume 33，No. 4，2019，第 171—186 页。感谢作者和原杂志的授权。——编者注

** 感谢 Jeffrey Butler、Robert Johnson、Hui Tong 和 Janet Yellen 的个人评论。

持其立场；既然总需求管理将经济从萧条中解放出来，那么自由企业就可以进一步大有作为，造就一个繁荣的新时代。凯恩斯主义者似乎取得了彻底的胜利。

凯恩斯主义经济学对公共政策的主要教益就是我们现在知道了如何应对经济衰退，这是一场来之不易的斗争。这场斗争持续了几十年，事关一个利害攸关的问题，也即维持充分就业，而不是陷入大萧条。我刚开始读研究生的时候，在麻省理工学院保罗·萨缪尔森的领导下，马萨诸塞州的剑桥（又译坎布里奇）取代了英国的剑桥，成为凯恩斯主义经济学的中心。于是，22 岁的我把传播凯恩斯主义经济学作为自己的人生使命，立下这一志业对我个人来说也具有重大意义。从那时到今天，已然过去了 57 年。

本文首先回顾了两种主要的教科书方法。这两种方法演化到 20 世纪 60 年代早期，已经融合了凯恩斯的思想：萨缪尔森（1948）的入门教科书中的凯恩斯交叉图和加德纳·阿克利（Gardner Ackley，1961）的高级宏观教科书中完整而充实的模型。这种凯恩斯新古典综合遵循了希克斯（1937）设定的模式，专注于凯恩斯的某些元素，而把其他的放在一边。在这些模型中，特定方法的潜在弱点在当时至少已被模糊地察觉到了。例如，希克斯至少隐约提到了对通货膨胀（以下简称通胀）预期的忽略。在另一些时候，模型遗漏了凯恩斯认为重要的那些主题，比如爆发金融危机的风险和工资谈判中社会规范的作用，以及这些主题隐含的关于宏观经济结果中多重均衡的潜在重要性。然而，20 世纪 60 年代的凯恩斯新古典综合的可变通性激发了大量的研究。本文将表明，这些研究采取了一种被我称为“一次一偏离主义”的方式［one-deviation-at-a-timism，改编自 Caballero（2010）的一个短语］。正如我将论证的那样，一次一偏离式约束（one-deviation-at-a-time constraints）对宏观经济学产生了重要影响。例如，它们不仅导致人们对金融危机这一宏观主题缺乏关注，还导致我们忽略了可以对宏观稳定有效性得出迥然不同的核心结论的合理模型。

我关切的问题可以用托马斯·库恩（Thomas Kuhn，1962）的术语表达。在 20 世纪 60 年代初，宏观经济学的主导范式是什么？它的弱点是什么？解决这些弱点的阻力是什么？这些弱点仍然存在吗？我将从两个相互交织的角度回答这些宏观经济学领域的问题：1962 年我在麻省理工学院开始读研时对当时宏观经济学的看法，以及我在回顾宏观经济学这 57 年的发展时的看法。

## 20 世纪 60 年代早期：麻省理工学院的宏观经济学和对凯恩斯的接受

库恩（1962）还告诉我们，某一科学领域的教科书是其范式的沃土。在

1962年，麻省理工学院的宏观经济学主要来自两本教科书。当时，麻省理工学院的保罗·萨缪尔森是世界上最著名的经济学家，以《经济分析基础》（1947）和而闻名，但最出名的是他的畅销入门教材《经济学》（1948）。在该教材的早期版本中，开篇就是以萨缪尔森发明的“凯恩斯交叉图”范式为基石（Pearce and Hoover，1995）的宏观经济学。凯恩斯交叉图是麻省理工学院宏观经济学无可争议的核心。请注意，在该图中收入在横轴上，支出在纵轴上。均衡发生在收入和支出相等的地方——与起点成一条45度的直线——但这种均衡既可能是低于充分就业的“通缩缺口”，也可能是高于充分就业的“通胀缺口”。凯恩斯交叉图背后的逻辑是，在认识到均衡收入意味着意愿储蓄等于意愿投资这一凯恩斯（1936）观点之后，探讨其后续含义。意愿储蓄和意愿投资之间的任何差异都表示生产和销售之间有差距，相应地会导致非意愿存货的积累。然后，生产就变成了一个天然的平衡器：非意愿存货增加的生产商会降低产量，而非意愿存货减少的生产商会增加产量。

该模型隐含的政策应对是，利用财政政策克服高水平的意愿储蓄导致宏观经济均衡低于充分就业的情况。通过让收入而不是价格作为主要的宏观经济平衡器，凯恩斯解决了这个问题。因此，就关于失业均衡可能性的质疑而言，C + I + G 的凯恩斯交叉图是一个关键的回应。与此同时，该模型表明，政府支出的增加或税收的减少可以带来经济扩张。因此，如何应对就业不足这一当时重大的公共政策问题也得到了解决。在20世纪30年代初，经济学家在如何恢复充分就业方面没有达成明确的共识，与那时的想法相比，麻省理工学院自创的观点具有革命性意义。

虽然萨缪尔森的凯恩斯交叉模型描述了均衡收入的基本决定因素，但经济学家认为有必要充实这个模型，使之包括总价格水平、资产价格（与利率负相关）和工资的确定。这三个价格的确定都囊括在了当时的标准模型中，而且也被描述在了第二本教科书中，即阿克利的《宏观经济理论》（*Macroeconomic Theory*，1961）。① 该模型植根于总需求/总供给的均衡。总需求由凯恩斯的IS-LM均衡模型决定。总需求相对于价格向下倾斜，因为在给定的货币供应量下，较低的价格将使更高的真实交易和更高的真实“投机需求”相适应。

---

① 阿克利的主要学术阵地是密歇根大学，但在20世纪60年代，他的教科书因其在1962年至1964年期间担任美国经济顾问委员会成员以及之后在1964年至1968年期间担任该委员会主席而更加引人注目。

另一方面，总供给相对于价格水平向上倾斜，因为在固定的货币工资和更高的价格下，有竞争力的企业会发现将更多的劳动力投入生产是有利可图的。经济均衡发生在总需求等于总供给的价格水平和国民收入水平上。工资在任何时候都是固定的，但它们对总需求的反应符合菲利普斯曲线表示的关系：失业率越低，名义工资增长就越高。

当我来到麻省理工学院时，这个被萨缪尔森称为“凯恩斯新古典综合”（Blanchard，1991）的“模型”已经成为公认的智慧。对当时的麻省理工学院研究生来说，宏观经济学的现状传递给我们的信息是宏观稳定的问题已经得到解决；它已不再是一个理想的理论研究课题。实际上，第一学期的宏观经济学博士课程非常依赖阿克利的教科书，完全可以交给宏观经济学领域以外的教员。

调整凯恩斯的观点使之包含新古典主义的供给，这解决了价格水平和资产价格（与利率负相关）的决定问题，剩下的就是把模型交给计量经济学家。20 世纪 50 年代后期美国经历了高失业率，20 世纪 60 年代，计量经济学家的模型被应用于“让美国再次前进”的任务中。萨缪尔森及其朋友将成为新当选的肯尼迪政府的顾问。我们这些研究生进一步了解到，当时有关商业周期的宏观经济学研究非我们能及。在麻省理工学院，阿尔伯特·安多（Albert Ando）和埃德温·库赫（Edwin Kuh）正在构建美国经济的大型布鲁金斯模型（Duesenberry et al.，1965），但是，这项研究的合作者来自其他大学和布鲁金斯学会的资深研究人员，这一合作性质对我们而言是一个过高的障碍。

然而，麻省理工学院爱好宏观经济学的研究生纷纷投身于增长理论，他们既受到了纯宏观经济学据称可以作为研究目标的推动，也受到了罗伯特·索洛最新研究的吸引。索洛将“余值”而非资本积累视为生产率增长的主要驱动力，并把它纳入了研究（Solow，1957）。②

## 凯恩斯新古典综合和捍卫它的义务

总之，凯恩斯新古典综合就是麻省理工学院的经济学家在 20 世纪 60 年代早期对宏观经济稳定和商业周期的看法。对宏观经济和商业周期缺乏理解，导致了大萧条的长期延续，现在这个重要的难题得到了解决。凯恩斯新古典综合

---

② 它还包括了对不同质量的资本建模：后期的资本是经济增长的载体，在建造时资本的使用是灵活的（油灰），但在建造后是不灵活的（陶土）（Solow，1962a，b）。

提供了一个解决方案，即使在经济复苏之后，它也可以指导政策。在当时，质疑这个模型是危险的，因为这可能使受其错误的经济学认识误导的公众不再支持控制失业所需的扩张性财政政策。

这一隐含信息很少被表达出来，但我看到过一次公开阐述。它发生在1964年春季萨缪尔森讲授的货币与银行学讨论课上。他独特的教学风格是在课堂上漫谈自己当时的想法；最后他通常会超时，就当天的教学大纲主题发表自己的看法。在一次课堂漫谈中，萨缪尔森告诉了我们一个关于菲利普斯曲线的特殊问题。

他和索洛的一篇文章对美国经济中的时薪和失业率的年变化率绘制了一张图。他们认为该图给出了通胀和失业之间的政策权衡（policy trade-off）。零通胀将导致约5.5%的失业率；4.5%的通胀将导致3%的失业率（Sameulson and Solow，1960，第192—193页）。美国总体宏观经济政策的核心是在这一范围内选择失业和通胀之间的最佳平衡。

但萨缪尔森提醒全班注意这种传统思维可能存在的一个问题。他说，也许在高就业率的情况下，通胀型工资和价格变化会导致通胀预期上升。而且，如果把这些更高的预期本身加到工资（和价格）变化上，通胀就会加速。因此，权衡不是发生在失业和不变的通胀水平之间，而是发生在失业和通胀加速之间。

萨缪尔森透露了自己对这一命题的看法。如若相信这一命题，那将导致紧缩型政策：以维持低通胀为目标，但会造成高失业率。因此，如果错误地相信加速理论，那将带来高昂的代价。通胀下降只是缓解了一个小麻烦（如果我们给自己付高价，谁会真的很在乎呢？）；③ 但由此造成的失业增加将使人们失去工作，生产将下降。相反，即使加速理论被证明是正确的，如果政策制定者不相信它，这一错误的代价也不会大。错误信念导致的通胀上升只会造成福利的小损失（我们给自己支付高价格），此外，当通胀被迫回归正常水平时，通胀上升时期的过度就业很大程度上可以抵消高失业率带来的损失。

然后，碰巧的是，仅仅三年半之后，萨缪尔森就不幸言中了。米尔顿·弗里德曼（1968）在美国经济学会的主席演讲中，将通胀加速理论作为主题。

③ 当然，这里并没有考虑弗里德曼（1969）的担忧，即通胀就像是对使用货币征税，导致福利方面的无谓损失。无论对错，相对于更高的失业水平带来的福利减少而言，这些损失很小。

该演讲与此后不久发生的滞胀一起引爆了宏观经济学领域。后来，萨缪尔森公开承认为此失眠。他在《经济展望杂志》（*Journal of Economic Perspectives*，1997，第156页）中写道："在给肯尼迪政府的建议中，我起初对未来出现滞胀的可能性过于悲观……唉，到了1965年，我这15年来的担忧全都太有先见之明了。"

现在回想起来，我发现在那堂课上的沉思中，萨缪尔森把凯恩斯宏观经济学圣殿的主要秘密都托付给了我们这些学生。他还透露，如果这个秘密被人知道将会产生的不良后果。麻省理工学院的研究生没有人把菲利普斯曲线的加速理论作为研究课题。对于我们这些圣殿里的学生来说，研究通胀加速理论是不可想象的，因为我们的道德义务是保守这个秘密。例如，在增长理论方面，如果没有柯布—道格拉斯生产函数和劳动扩张型技术变化，就不可能有稳态经济，这样的证明对增长理论不会有什么损害。我的第一篇（合作）论文（Akerlof and Nordhaus，1967年）就是以此为主题的。但是，转向增长理论是一个不幸的选择，因为凯恩斯新古典综合并不是宏观经济学的终点。还有许多基础工作要做。

20世纪60年代宏观经济学的种子，连同它的疏忽之过，即使在《通论》出版后不久引发的轰动期也能被察觉到。希克斯（1937）在其著名的评论《凯恩斯先生和古典主义者》中，介绍了IS-LM模型，为凯恩斯理论融入主流经济学奠定了基础。那篇文章的弦外之音是IS-LM这一分析方法的概念，希克斯称之为他的"小工具"。但是，《凯恩斯先生和古典主义者》也有潜台词：凯恩斯过分强调了其作品的独创性和普遍性。希克斯的第二句话谈到，凯恩斯写了一篇《愚人记》，也就是说凯恩斯称他的经济学同行是"傻瓜"。希克斯（1937，第147页）说，那些经济学家同行"迷惑不解"，是因为并不认为自己持有《通论》中认为他们持有的那些信念。例如，尽管凯恩斯声称他推翻了萨伊定律，但他并没有举出任何愚蠢到相信该说法的当代经济学家的例子。即便如此，希克斯也认为凯恩斯是正确的，因为萨伊定律隐含在当时的标准经济理论中，也就是说，只要所有的经济均衡都以价格作为供求的平衡器，那么不充分就业的均衡就不可能出现。因此，希克斯（1937）实际上是在宣称，经济学的傻瓜只有在尚未看到希克斯的IS-LM"小工具"描述的特殊情况时，才与凯恩斯意见相左。他的救援任务就是让那些被嘲讽为傻瓜的经济学教授能将IS-LM模型这颗宝石带回家，作为其古典宏观经济模型的有用点缀。

从研究的角度看，在模型中增加古典经济学的产出供给有更多的好处。它可以很容易地嵌套在一般均衡模型中。从本质上讲，这些模型是分形的，因为它们保持了相同的形式，而不用考虑市场的数量。④ 这种分形形式使计量经济学家可以适时利用计算机尽情建模。凯恩斯—新古典主义模型很容易扩展成多方程、多部门的经济模型。而且，这个模型还可以根据不同情况，增添一些内容，如垄断竞争、垄断的劳动力供给和交错合同（staggered contact）。时间序列模型，比如 ARMA（自回归滑动平均模型）或 ARIMA（自回归移动平均模型）随时准备添加有相当一般性的精致的动态分析。更进一步的优点是，这个模型也有唯一的均衡，所以它的比较静态也是唯一的。

凯恩斯新古典综合理论可能的延伸范围导致了“一次一偏离”式的研究日程，使研究人员关注这些偏离如何改变均衡。与此同时，它也阻碍了要求对模型进行更根本改变的非新古典主义（non-neoclassical）思想的发展。

## 金融崩溃和经济

在确保凯恩斯新古典综合作为主流范式被接受的努力中，一个重要的宏观经济学问题并没有得到解决：经济不景气时期尤其需要财政或货币刺激的根本原因是什么？希克斯（1950）、卡尔多（Kaldor，1940）和萨缪尔森（1939）等凯恩斯主义者基于和标准框架的微小偏差，利用投资和储蓄的动态乘数加速模型回答了这个问题。

但在《通论》第 12 章“长期预期状态”中，凯恩斯对繁荣与萧条提出了一种截然不同的分析：那些糟糕时期主要是由金融脆弱性造成的。凯恩斯在那一章中做了一个著名的类比，即把股价比作报纸选美比赛的结果。参赛者从一组照片中选出最美的面孔，获胜者不是要选出以某些外部标准看最美的面孔，而是要选出被最多参赛者选中的面孔。这样一场竞赛的结果并不一定取决于“基本面”，即个人对最美面孔的看法。相反，参赛者会试图推断其他参赛者在考虑对手的想法时会怎么想。

关于主流经济学如何处理《通论》中的这些文字游戏，我们再回到作为先驱的希克斯的文章《凯恩斯先生和古典主义者》。那篇文章的第一句话是这样说的：“即使最不宽厚的读者也会承认，凯恩斯《通论》的娱乐价值因其讽

④ “分形”的这个意思来自 http：//mathworld. wolfram. com/fractal. html。

刺性大大提高了。”希克斯的开场白并不只是一句奇怪的题外话：相反，他的主要目的是把 IS-LM 理论从《通论》的一堆“讽刺性娱乐”中拯救出来。因此，第一句话是警告人们不要过多关注凯恩斯在选美等话题上的思考。

但是，凯恩斯引入选美比赛的比喻是有充分理由的，这使他的原始方法有别于新古典综合版的凯恩斯模型。选美比赛中可能出现的（纳什）均衡确实引人注目。选美比赛中的任何一个“点”，即任何一张面孔，都可能是一个均衡。均衡并不仅仅取决于哪张面孔是“最美的”（Keynes，1936，第 140 页）。每一张面孔都可能是一个（纳什）均衡，这完全取决于参赛者对其他人投票的看法。

结合现代博弈论，金融理论家对凯恩斯的选美比赛为何是金融危机理论的核心也逐渐形成深入的理解。⑤ 一个非常简单的博弈［改编自 Atkeson（2001）］⑥描述了这类模型的框架。在这个博弈中，参与者有两个选择：继续持有资产或者出售资产。在经济状况足够强劲的情况下，持有的激励可能会非常强，以至于即使其他人都在抛售，持有资产也是值得的。在这种情况下，均衡只有一种，即所有人都持有，并且资产价格保持高位。在经济状况很不好的情况下，持有资产的激励可能非常弱，以至于即使其他人都持有，出售资产也是值得的。此时，均衡也只有一种，但这一次，所有人都将抛售资产。对于这个博弈，在两种极端情况之间可能存在一个中间区域，在该区域里，资产持有者的人数有一个临界值。如果资产持有者的人数超过了临界值，那么持有是值得的；如果这个人数低于临界值，那么卖出是值得的。如果这个模型描述了资产市场，那么有两个原因可能导致金融均衡是脆弱的。第一，在中间区域，人们对其他人是否持有或卖出的预期可能会发生从高于临界值到低于临界值的连锁反应式变化。第二，经济环境可能会发生变化，从而使模型从总是持有的安全区域移动到有时持有/有时卖出（取决于临界值）的脆弱区域。

有三个例子可以说明上述框架在主要的金融崩溃模型中的重要地位：银行挤兑、抵押贷款抛售和货币投机。在银行挤兑模型中（如 Diamond and Dybvig，

---

⑤ 这些模型尤其涉及信贷的作用，明斯基（Minskey，1975）早先曾强调信贷在商业周期中的作用。信贷通常包括以下特征：如果我给一家公司授信，那么在你也给它授信的时候我的境况会更好（更安全），反之亦然。正如下文进一步解释的，信贷的这一特征在金融危机中发挥了重要作用，因为它可以在信贷积累和撤回的过程中产生连锁反应。

⑥ Atkeson 是在评论 Morris and Shin（2001）的研究。

1983），如果只有普通的交易人员在提取存款，那就不太有必要去银行排队。但是，如果其他人出于对银行破产的担忧而排队等候，那就有必要去银行排队以便尽早取回存款。在有抵押贷款的抛售式崩溃的模型中（Shleifer and Vishny，1997，2011）⑦，短期贷款人持有杠杆借款人的抵押物。如果抵押物价值不下跌，借款人就没有出售抵押物的特殊需要。但是，一旦抵押物价值开始下跌，被迫出售可能引发资产价值进一步下跌和进一步被迫出售的恶性循环。在货币投机模型（如 Morris and Shin，1998）中，如果其他投机者不进入外汇市场，那么你进入外汇市场的回报就是负的。然而，如果有大量投机者进入外汇市场，那么你进入外汇市场的回报可能会相当高。

这三个金融危机的例子都有一个重要特征：继续持仓或清仓的人数与采取相同行动的人数正相关。但是，在酝酿大衰退（Great Recession）的时期，关于金融市场的这些理论在主流宏观经济学中没有实质性的地位。在 2008 年金融危机之后，理查德·卡瓦列罗（Ricardo Caballero，2010）解释了为什么宏观经济学家没有预测到该危机。他说，宏观经济学家有一种建模美学，要么基于动态随机一般均衡，要么基于新凯恩斯主义模型，而且研究人员虽然允许自己偏离这些基本模型，但一次只允许有一个偏离。我认同卡瓦列罗的这一观点。

但正如前文所述，金融崩溃的标准模型与标准宏观经济模型有着根本区别。当总需求等于总供给时，“新古典综合”模型的均衡是稳定的。总需求或总供给的小变化（ε）会导致均衡的小变化（与 ε 成正比）。相反，在阿特基森（Atkeson，2001）之后，金融崩溃模型在我们关注的区域（即发生崩溃的区域）有相反的表现。在这个区域，持有金融资产的人数小幅减少，或者出售（或只是希望出售）金融资产的人数小幅增加，都可能导致崩溃。然后，这两类模型通常不能很好地结合。一方面，新古典主义模型倾向于有唯一的均衡。另一方面，多重均衡在选美模型中是自然而然的。凯恩斯的例子尤其明显，因为任何一张“面孔”，即竞争中的任何一个“点”，都可以是一个均衡。因此，这两类模型不容易相互嵌套。

在现代宏观经济模型和金融崩溃模型之间，激励结构也相应地有所不同。在动态随机一般均衡或新凯恩斯模型中，我希望你的行为与我的相反。如果有

---

⑦ Kiyotaki and Moore（1997）秉持完全相同的精神，但采用了截然不同的模型，以说明债务和抵押品如何放大生产率冲击的影响。

额外的供给者，我更有可能购买，因为我能以较低的价格购买；相应地，如果有额外的需求者，我更有可能成为供给者，因为我能以更高的价格出售。但相比之下，在金融崩溃模型中，资产的额外卖家不会导致额外的买家，而是导致额外的卖家，比如他们也去银行排队取钱，他们也贱卖自己的抵押品，或者他们也抛售自己的货币以利用贬值的机会。随着抛售货币的人数增加，货币贬值的可能性越来越大。因此，即使并非不可能，我们也很难建立一个结合了两种均衡且在美学上令人满意的模型。这种模型相当于鸡肉冰激凌。

这让我们回到当年，当时宏观经济学的核心是《通论》，而解释金融崩溃的主要机制却从宏观经济学家手中溜走了。金融崩溃的宏观经济学被送往公司金融领域。在那里，它就像一个几乎被忽视的继子或继女，日渐淡出视线。因此，让·梯若尔（Jean Tirole，2010，第 469 页）在他对公司金融的大量总结中囊括了这一主题，但也只是放在了像大杂烩一样的最后一节“公司金融的宏观经济学和政治经济学”中。

20 世纪 30 年代银行业改革后，只要银行主导金融体系，宏观经济学与金融之间的这种分工或许就是合理的。在这种情况下，对金融稳定的主要威胁将来自银行挤兑，而存款保险的出现使银行挤兑变得不太可能。如果储户怀疑他们的银行可能破产，存款保险大大降低了他们抢先提取存款的动机。或许同样重要的是，旨在保护美国联邦存款保险公司的银行监管，为防范银行挤兑提供了进一步的保障，因为它大大降低了银行破产的可能性。⑧ 在这种情况下，缺乏金融体系细节的宏观经济模型几乎不会造成什么损害。

但在另一种情况下，也即如果金融体系发生根本性的变化，将这些细节（以及随之而来的金融崩溃的可能性）排除在标准宏观经济学之外，可能会是有问题的。这正是拉詹（Rajan，2005）在杰克逊霍尔镇（Jackson Hole）演讲的主题“金融发展让世界变得更危险了吗?”。该演讲确实预测了 2008 年的金融崩溃，而金融崩溃也确实发生了。用这一概括性模型的话来说，在有良好监管和存款保险的银行体系之外的“金融发展”，是否把金融体系赶出了永远安全的区域? 2008 年 9 月，拉詹的这个问题终于得到了肯定的回答：“是的，的确如此。”

---

⑧ 此外，美联储有权在压力下向银行（甚至非银行机构）发放贷款，只要后者能够提供足够的抵押。

这就是在《通论》出版以后，宏观经济学从希克斯做出评论的 1937 年一直到 20 世纪 60 年代走过的道路，最终导致了严重的后果。例如，关于 20 世纪 90 年代放松金融监管的成本和收益的讨论，对金融危机的宏观经济风险的考虑远远不够充分。

## 关于通胀预期作用的有限视角

本文谈到了凯恩斯新古典综合在考虑通胀预期时的弱点。继弗里德曼（1968）和菲尔普斯（1967，1968）之后，人们很快就形成了一致看法，对工资谈判的“理论上唯一正确”的表述就是将通胀预期一比一地加入工资调整中。⑨ 在这种情况下，货币政策最多可以使经济保持在单一失业率，即非加速通胀的失业率（NAIRU）附近。几年后，卢卡斯（1972，1973）和萨金特（Sargent，1973）更进一步：如果这些通胀预期是根据理性预期形成的，那么系统性的货币政策甚至不能用于稳定经济，因为货币供应量的预期变化将被价格的等比例变化完全抵消。有少量名义刚性（例如名义工资或名义价格交错设定）的新凯恩斯主义模型取消了卢卡斯和萨金特模型中的一些极端假设，在此模型中，货币政策可以稳定经济，但对一个商业周期内的平均就业率只有很小的影响（在数学上是二阶的）。⑩

这些结果再次显示了 20 世纪 60 年代早期凯恩斯新古典综合理论的弱点。根据 1965 年《时代周刊》的封面故事，总需求管理通过有选择地消除商业周期衰退，永久性地提高了平均就业率。到了 20 世纪 70 年代末和之后，有一个问题出现了：凯恩斯主义的浴缸排掉了多少洗澡水？

但这又把我们带到了卡瓦列罗（2010）的问题上：关于通胀加速模型，宏观经济学家的一次一偏离主义这次是否退让得太多了？他们是否太急于同意弗里德曼（1968）的观点，即菲利普斯曲线将自动与通胀预期一一对应地上移？罗伯特·阿克洛夫（Robert Akerlof，2016）的一篇论文为重新审视这一问题提供了基础；⑪ 它对规范执行中普遍存在的双重均衡给出了一般解释。在双

⑨ 用代数术语来说，菲利普斯曲线的形式只有 $\dot{w}/w = f(u) + \pi^e$，其中 $\dot{w}/w$ 是工资变化率，$u$ 是失业率，而 $\pi^e$ 是预期通胀率。

⑩ 卢卡斯（2003）认为，在这种新凯恩斯模型中，稳定带来的平均就业增加在数学上是二阶的。在他的模型中，稳定带来的就业增加在经济上微不足道，证明了这一观察的相关性。

⑪ Anderlini and Terlizzese（2017）同样描述了关于信任水平的双重均衡。

重均衡的某个均衡中，规范得到普遍遵从和执行。为什么在这个均衡中规范能得到执行呢？在大多数人遵循规范的情况下，正如他们在这个均衡中所做的那样，违规行为会使违规者被认定为不寻常且不合理的“坏”人，因此违规者将受到惩罚。这种惩罚的前景使这一规范得到执行。相反，在另一种均衡中，规范既得不到遵守也得不到执行。为什么得不到执行呢？因为在这另一个均衡中，大多数人违反了规范，违反者不会被认为是一个特殊的“不合理的”人。于是，违规行为就变成了法不责众的行为。因此，规范将得不到执行。

前面的论点可以用来说明为什么劳动力市场上也可能存在与生活成本调整（COLA，也即根据生活成本调整工资）有关的双重均衡。在其中一个均衡中，大多数雇主给予生活成本调整。如果雇主不给予生活成本调整，从其他公司的工人待遇中得知信息的雇员就有特殊的理由感到不满：他们的雇主不仅拒绝给予他们应得的东西，而且还暴露了雇主的“不合理”。在这个均衡中，雇主有特殊的激励给予生活成本调整，这个激励就是他们想要防止自己的“不合理”对工人的士气产生不良影响。相反，在另一个均衡中，很少有企业给予生活成本调整，因此雇主也就没有给予生活成本调整的那种特殊激励。为什么呢？因为员工看到大多数其他企业都不给予生活成本调整，很可能为自己的雇主也不提供生活成本调整找到理由。毕竟，在这种情况下，他们的雇主和大多数其他雇主一样，并没有表现出“不合理”。

事实表明，有相当多的证据符合双重均衡模型的预测。尤其是，现实中看起来既有雇主普遍给予生活成本调整（特别是在高通胀的时候）的情况，也有普遍不给予生活成本调整（特别是在低通胀的时候）的情况。第一个证据是，20 世纪六七十年代随着美国通胀的上升，含有正式生活成本调整的就业合同覆盖的工会工人比例从 1966 年的约 22% 上升到 1976 年的 61%；然后，在 1981 年至 1982 年经济衰退期间随着通胀的消退，这一比例迅速下降，在 1995 年下降到 22%（Ragan and Bratsberg，2000，第 304 页，第 306 页图 1）。生活成本调整合同的这种变化与标准加速模型的预测形成对比，在后者中，生活成本调整与高通胀和低通胀都是一一对应的。

我、迪肯斯和佩里（Akerlof、Dickens and Perry，2000）的一篇论文提供了第二点证据，证明了普遍给予和普遍不给予生活成本调整的情况。在关于工资与失业、滞后通胀（lagged inflation）之间的许多回归设定中，当通胀率较低时，滞后通胀系数的平均总和为 0.25，而当通胀率较高时，滞后通胀系数的平均总和为0.82（第23页）。低通胀样本是平均通胀率低于3%的前五年的季度数据，高通胀样本是通胀率高于4%的季度数据（第22页）。⑫

这一理论也为均衡在高通胀和低通胀之间转换的方向提供了可能的解释。⑬ 例如，无论其他雇主什么情况，只要工人对自己的雇主未能给予生活成本调整的愤怒足以实施生活成本调整的规范，无生活成本调整的均衡就会转变到有生活成本调整的均衡。如果通胀率足够高且失业率足够低，这种愤怒就有可能出现。随着通胀率上升，员工得不到生活成本调整的直接成本成比例增加，⑭ 而且失业率越低（雇主给予的工作对他们的帮助就越小），员工的愤怒越容易被激发。一个类似的论据解释了在通胀足够低且失业率足够高的情况下，均衡为何反方向转变。

此外，美国宏观经济史上有一段插曲，当时经济政策似乎设计了从有生活成本调整的均衡转向无生活成本调整的均衡。但这一变革是在经济衰退、货币政策非常紧缩和失业率非常高的情况下完成的。在整个20世纪六七十年代，由于美联储制定了不切实际的高就业目标，通胀不断上升。最后，在20世纪80年代初，美联储主席保罗·沃尔克决定适可而止（Orphanides and Williams，2013）。但是向低通胀的转变并非易事。在随后发生的1981—1982年经济衰退中，失业率上升到10.6%，而就像我们在正式工会合同中发现的那样，企业给予的生活成本调整非常有限。当然，生活成本调整的这一下降还可能有其他原因，包括美国制造业就业开始受到持续威胁、私营部门去工会化以及油价暴跌。这意味着出现了均衡的转变，随之而来的是一段时期的高就业率和非加速

---

⑫ 以失业率和滞后通胀为回归自变量的价格变化也出现了类似但不太显著的差异：在这种情况下，低通胀率下滞后通胀系数的平均总和为0.60，高通胀率下滞后通胀系数的平均总和为0.95。当通胀变量是经过调查和报告后的通胀预期时，结果是相似的。

⑬ 在目前正在开展的研究中，我和Jeffrey Butler正在依据该成果建立一个模型。

⑭ 因此，不给予生活成本调整给雇主带来的收益也随通胀成比例地增加。但雇员的愤怒以及由此给雇主带来的成本极有可能大于雇主的收益。如果通胀很低，雇员对企业不给予生活成本调整可能不在意，但随着通胀加剧，他们的愤怒（以及随之而来的对雇主的惩罚）可能会超比例地增加。相比之下，不给予生活成本调整给雇主带来的金钱收益很可能与它带来的成本是严格的正比关系。根据这些假设，在其他所有条件不变的情况下，足够高的通胀率将导致企业执行生活成本调整的规范。但是，就业水平无论高低，都会对企业执行生活成本调整的规范产生压倒性的影响。

通胀。[15] 这一时期被称为“大缓和”。

回到前面的讨论，相对于萨缪尔森和索洛（1960）的方法，双重均衡模型给出了最优宏观政策的新观点。对萨缪尔森和索洛来说，正如他们估算的菲利普斯曲线所示，宏观经济政策需要在通胀和失业之间做出最优权衡。但双重均衡模型给出了一个更细致入微（more naunced）的观点：更一般地说，最优政策是在更多的约束条件下权衡通胀和失业。通胀和就业应保持在一定水平之下，而该水平将导致无生活成本调整的均衡转变成普遍有生活成本调整的均衡。

前面关于有生活成本调整和无生活成本调整的讨论，自然是非常特殊的。当然，关于工资还有许多其他可能的规范，包括与生活成本调整有关的许多其他可能的规范。但是，即便这个例子只是说明性的，它也揭开了冰山的一角，因为它提出了更加一般的问题：规范在工资设定中的作用是什么？在许多不同的可能规范中，多重均衡的可能性如何？在《通论》的第二章中，凯恩斯强调，有关工资（既包括名义工资也包括真实工资）设定的规范，在工资谈判中发挥着主要作用。宏观经济学家很快采纳了通胀加速论者的观点，即通胀预期会一比一地影响工资和物价变化，这是摒弃凯恩斯“讽刺性娱乐”的另一个表现。这也是宏观经济学家坚持“一次一偏离主义”以及对多重选美均衡反感的另一个例子。在这方面还有许多重要的研究工作有待展开。

## 总结

将《通论》改编成凯恩斯新古典综合忽略了其模型的许多弱点。当然，这种适应性调整是有原因的，主要是宏观经济学家渴望建立一个支持积极的凯恩斯主义财政政策的专业共识。通过创建一个本质上是古典主义并允许经济学家有大量机会进行一次一偏离分析的总供给模型，凯恩斯主义政策确实得到了支持。但凯恩斯主义经济学家对他们的范式过于执着。他们对异常的观察结果不屑一顾，而这些观察结果表明需要有新的更细致入微的经济学思维。

---

[15] 然后，研究通胀预期作用的双重均衡模型让我们回到卢卡斯（2003）在前面脚注⑩中讨论过的批判：即使在新凯恩斯模型中，稳定政策也只会导致平均就业率的二阶增长。但如果存在双重均衡，平均就业率可能出现一阶增长。在这个模型中，稳定政策如果能阻止从不给予生活成本调整的均衡到给予生活成本调整的均衡的转变，那么将导致就业的一阶增长。原因很简单。我们已经发现，以 1981—1982 年的经济衰退为例，需要非常高的失业率才能使经济平衡回到很少给予生活成本调整的水平。为了实现这一点，失业率必须上升到如此之高的水平，以至于工人会接受已经成为惯例的补贴不再被支付。

20世纪60年代初出现的凯恩斯新古典综合制约了宏观经济学。最重要的是，它使金融稳定脱离了宏观经济学家的研究范畴。幸运的是，在2008年金融危机之后，金融经济学家先前的工作得到了姗姗来迟的承认，而宏观经济稳定的这一子领域也成为经济学中很可能最具活力的研究前沿。⑯ 但是，宏观审慎问题仍然是教科书中的后记。相应地，政府的各个委员会低估了宏观审慎政策的重要性。然而，考虑到可能再次发生危机，宏观审慎政策依然重要。从这些重要的方面来看，宏观经济学家在《通论》出版之后的几十年里对“讽刺性娱乐”的摒弃仍然与我们同在。如果要承担责任，我承认我的责任不亚于任何其他人。我尝试过改变，但我也曾是那些宏观经济学家之一。

（中国政法大学　黄健栓　译）

## 参考文献

Ackley, Gardner. 1961. *Macroeconomic Theory*. New York: Macmillan.

Akerlof, George A., William T. Dickens, and George L. Perry. 2000. “Near-Rational Wage and Price Setting and the Long-Run Phillips Curve.” *Brookings Papers on Economic Activity* 2000 (1): 1-60.

Akerlof, George A., and William D. Nordhaus. 1967. “Balanced Growth—A Razor's Edge?” *International Economic Review* 8 (3): 343-48.

Akerlof, Robert. 2016. “Anger and Enforcement.” *Journal of Economic Behavior and Organization* 126 (PartB): 110-24.

Anderlini, Luca, and Daniele Terlizzese. 2017. “Equilibrium Trust.” *Games and Economic Behavior* 102 (1): 624-44.

Atkeson, Andrew. 2001. “Comment on Morris and Shin's ‘Rethinking Multiple Equilibria in Macroeconomic Modeling.’” *NBER Macroeconomics Annual* 15 (1): 162-71.

Blanchard, Olivier Jean. 1991. “Neoclassical Synthesis.” In *The World of Economics*, edited by John Eatwell, Murray Milgate, and Peter Newman, 504-10. London: Palgrave Macmillan.

Caballero, Ricardo J. 2010. “Macroeconomics after the Crisis: Time to Deal with the Pretense-of-Knowledge Syndrome.” *Journal of Economic Perspectives* 24 (4): 85-102.

Diamond, Douglas W., and Philip H. Dybvig. 1983. “Bank Runs, Deposit Insurance, and Liquidity.” *Journal of Political Economy* 91 (3): 401-19.

---

⑯ 作为一项指标，参见《经济展望杂志》2019年冬季关于金融稳定监管研讨会的文章。即使是对该领域的优秀工作的最简短总结也会使这篇文章的篇幅增加一倍多。

Dobbs, Zygmund. 1960. *Keynes at Harvard: Economic Deception as a Political Credo.* New York: Veritas Foundation.

Duesenberry, James S., Gary Fromm, Lawrence R. Klein, and Edwin Kuh, eds. 1965. *The Brookings Quarterly Econometric Model of the United States.* Chicago: Rand McNally.

Friedman, Milton. 1966. "Letter: Friedman and Keynes." *Time*, February 4, 1966, 13.

Friedman, Milton. 1968. "The Role of Monetary Policy." *American Economic Review* 58 (1): 1-17.

Friedman, Milton. 1969. "The Optimum Quantity of Money." In *The Optimum Quantity of Money*, 1-50. Chicago: Aldine.

Hicks, John R. 1937. "Mr. Keynes and the '*Classics*'; *A Suggested* Interpretation." *Econometrica* 5 (2): 147-59.

Hicks, John R. 1950. *A Contribution to the Theory of the Trade Cycle.* Oxford, UK: Clarendon Press.

Kaldor, Nicholas. 1940. "A Model of the Trade Cycle." *Economic Journal* 50 (197): 78-92.

Keynes, John Maynard. 1936. *The General Theory of Employment, Interest, and Money.* London: Macmillan.

Kiyotaki, Nobuhiro, and John Moore. 1997. "Credit Cycles." *Journal of Political Economy* 105 (2): 211-48.

Kuhn, Thomas S. 1962. *The Structure of Scientific Revolutions.* Chicago: University of Chicago Press.

Lucas, Robert E. Jr. 1972. "Expectations and the Neutrality of Money." *Journal of Economic Theory* 4 (2): 103-24.

Lucas, Robert E. Jr. 1973. "Some International Evidence on Output-Inflation Tradeoffs." *American Economic Review* 63 (3): 326-34.

Lucas, Robert E. Jr. 2003. "Macroeconomic Priorities." *American Economic Review* 93 (1): 1-14.

Minsky, Hyman P. 1975. *John Maynard Keynes.* New York: Columbia University Press.

Morris, Stephen, and Hyun Song Shin. 1998. "Unique Equilibrium in a Model of Self-Fulfilling Currency Attacks." *American Economic Review* 88 (3): 587-97.

Morris, Stephen, and Hyun Song Shin. 2001. "Rethinking Multiple Equilibria in Macroeconomic Modeling." *NBER Macroeconomics Annual* 15 (1): 139-61.

Orphanides, Athanasios, and John C. Williams. 2013. "Monetary Policy Mistakes and the Evolution of Inflation Expectations." In *The Great Inflation: The Rebirth of Modern Central Banking*, edited by Michael D. Bordo and Athanasios Orphanides, 255-88. Chicago: University of Chicago Press.

Pearce, Kerry A., and Kevin D. Hoover. 1995. "After the Revolution: Paul Samuelson and the Textbook Keynesian Model." In *New Perspectives on Keynes*, edited by Allin F. Cottrell and Michael S. Lawlor, 183-216. Durham, NC: Duke University Press.

Phelps, Edmund S. 1967. "Phillips Curves, Expectations of Inflation and Optimal Unemployment over Time." *Economica*, n. s., 34 (135): 254 – 81.

Phelps, Edmund S. 1968. "Money-Wage Dynamics and Labor-Market Equilibrium." *Journal of Political Economy* 76 (4, Part 2): 678 – 711.

Ragan, James F. Jr., and Bernt Bratsberg. 2000. "Un-COLA: Why Have Cost-of-Living Clauses Disappeared from Union Contracts and Will They Return?" *Southern Economic Journal* 67 (2): 304 – 24.

Rajan, Raghuram G. 2005. "Has Financial Development Made the World Riskier?" In 2005 *Economic Policy Symposium Proceedings*, 313 – 69. Jackson Hole, WY: Federal Reserve Bank of Kansas City. https://www.kansascityfed.org/publicat/sympos/2005/pdf/Rajan2005.pdf.

Samuelson, Paul A. 1939. "Interactions between the Multiplier Analysis and the Principle of Acceleration." *Review of Economics and Statistics* 21 (2): 75 – 78.

Samuelson, Paul A. 1947. *Foundations of Economic Analysis.* Cambridge, MA: Harvard University Press.

Samuelson, Paul A. 1948. *Economics, an Introductory Analysis.* New York: McGraw-Hill.

Samuelson, Paul A. 1966. *The Collected Scientific Papers of Paul A. Samuelson.* Cambridge, MA: MIT Press.

Samuelson, Paul A. 1997. "Credo of a Lucky Textbook Author." *Journal of Economic Perspectives* 11 (2): 153 – 60.

Samuelson, Paul A., and Robert M. Solow. 1960. "Analytical Aspects of Anti-Inflation Policy." *American Economic Review* 50 (2): 177 – 94.

Sargent, Thomas J. 1973. "Rational Expectations, the Real Rate of Interest, and the Natural Rate of Unemployment." *Brookings Papers on Economic Activity* 1973 (2): 429 – 80.

Shleifer, Andrei, and Robert W. Vishny. 1997. "The Limits of Arbitrage." *Journal of Finance* 5 (1): 35 – 55.

Shleifer, Andrei, and Robert W. Vishny. 2011. "Fire Sales in Finance and Macroeconomics." *Journal of Economic Perspectives* 25 (1): 29 – 48.

Skousen, Mark, ed. 1992. *Dissent on Keynes: A Critical Appraisal of Keynesian Economics.* New York: Praeger.

Solow, Robert M. 1957. "Technical Change and the Aggregate Production Function." *Review of Economics and Statistics* 39 (3): 312 – 20.

Solow, Robert M. 1962a. "Substitution and Fixed Proportions in the Theory of Capital." *Review of Economic Studies* 29 (3): 207 – 18.

Solow, Robert M. 1962b. "Technical Progress, Capital Formation, and Economic Growth." *American Economic Review* 52 (2): 76 – 86.

Tirole, Jean. 2010. *The Theory of Corporate Finance.* Princeton, NJ: Princeton University Press.

# 金融评论

Financial Forum

Comparative

# 货币主义的贫困

帕特里克·博尔顿

## 一、引言

大家可能很好奇，"货币主义的贫困"这个题目究竟是什么意思。首先要说的是，这个标题并不是说管理不善的货币政策会导致贫困。大家可能会想，也许我是在借用马克思（1847）的著作《哲学的贫困》。但显然马克思的这本书与本文的内容不相关，除非您认为货币理论是哲学的一个分支，但我会努力消除大家的这种看法。可能还有些朋友认为这是在借用卡尔·波普尔（1961）的著作《历史决定论的贫困》。但是卡尔·波普尔关注的是截然不同的问题。他批判的是基于历史决定论的社会科学研究方法。而我在这里讨论的是货币主义未能回答的一些基本问题。尤其从现代货币主义的视角看，2008 年全球金融危机后出现的一些最新走势对货币主义提出了一些新的难题。

在讨论这些难题之前，我想简单回顾一下货币主义理论的历史。这个领域很大，相关文章浩如烟海。我会从弗里德曼和施瓦茨（1965）的《货币与商

---

* Patrick Bolton，哥伦比亚大学管理学院金融系 Barbara and David Zalaznick 讲席教授，美国金融学会前主席。本文根据作者于 2019 年 12 月 12 日在北京大学国家发展研究院"严复讲座"的演讲整理修改而成。——编者注

** 感谢北京大学国家发展研究院的邀请和安排，也特别感谢黄海洲的大力帮助。我的讲座内容基于我们就货币相关问题的共同研究。——作者注

业周期》讲起，这篇文章是货币主义的开山之作，它的内容比整个现代货币主义理论还要丰富。我发现明斯基（1965）对弗里德曼和施瓦茨的批判也很有意思。金融危机之后，明斯基重获关注，著名的“明斯基时刻”就是他提出的。

简单定义货币主义之后我会谈到实证方面的难题，以及我和黄海洲（2018a，2018b，2018c，2019）的一系列研究得出的一些观点。我们得出了三个相互关联的观点：第一，货币是一种国家股权。第二，货币是一种主权。这对很多人来说可能是不言而喻的，但也有很多学者不这么认为。第三，货币是中央银行功能的核心。这一点非常重要，但很多人没有完全理解这一点。最后我会在总结当中提到脸书发行的虚拟货币 Libra（天称币）。根据我们的研究结论，Libra 不是货币。我也会谈到现代货币理论（MMT）及其局限性。

## 二、以弗里德曼和施瓦茨为代表的货币主义理论

货币主义是什么？首先，货币主义既是货币的宏观经济理论，又是货币政策学说，但在这两个方面货币主义都有严重的局限性。简单地说，货币主义是货币数量论的产物。货币数量论又是什么呢？根据现代教科书的定义，货币数量论认为货币供应量增加会导致物价成比例上涨。弗里德曼和施瓦茨将货币主义概括为，“货币数量变动与货币收入及物价水平之间存在一一对应关系”。注意这里所说的是货币收入与物价，而不仅仅是物价水平。这一观点比古典货币数量论更为丰富。

在《货币与商业周期》一文中，弗里德曼和施瓦茨（1965）提出了两个命题，总结了货币的宏观经济理论。第一个命题是：货币存量的增长率变化是货币收入变化的充要条件。第二个命题是：这一结论符合长期变化和大致的商业周期变化。他们认为货币存量变化是货币收入和物价变化的充要条件。他们在文章中也提到了货币政策，但没有详细解释。我在这里引用其中一段话。“我们发现长期看，货币数量变化会引起货币收入的长期变化，物价随之变动，但产出不变。短期看，货币数量的变化会在很大程度上影响产出。”简而言之，短期内货币数量的变化会影响货币收入、产出和物价水平。但长期看，这只会引起物价的变化。

值得一提的是，其实弗里德曼和施瓦茨的这篇文章的出发点是为了批判当时的主流宏观经济理论——凯恩斯宏观经济学。他们的确提出了一个很有效的观点。他们的文章中提到了凯恩斯主义的忠实拥护者保罗·萨缪尔森，“保罗·萨缪尔森对此信心十足，他声称所有现代经济学家都认为投资是造成收入和就业波动的重要因素。这些经济学理论想当然地认为，无论货币存量如何变

化，扩大投资都会引起收入增长”。弗里德曼和施瓦茨的结论是，“毋庸置疑，货币存量的可变性和收入的可变性之间存在着密切的联系”。这就是弗里德曼和施瓦茨对当时主流理论凯恩斯主义的批判，他们认为，如果完全不考虑货币存量，就无法理解宏观经济的波动。我认为这一批判是合理的，这也是弗里德曼和施瓦茨广受关注的原因。

## 三、明斯基批判

明斯基（1965）批判见解独到，可惜已被世人遗忘，几乎没有人关注他的论点。明斯基首先提出，他注意到弗里德曼和施瓦茨（1965）把信贷市场看作经济中无关紧要的配角。这正是他要批判的一点。他的原话是：“弗里德曼和施瓦茨，你们关注货币存量，但信贷市场呢，银行业呢?”弗里德曼和施瓦茨在分析中没有考虑信贷市场，这正是货币主义的主要缺陷，是一种货币主义的贫困。明斯基（1965）认为，“原本稳定增长过程中发生的随机或系统变化会导致货币供应量发生变化，从而影响货币收入和物价”。按照这种观点，稳定的货币供给可以消除造成企业系统（enterprise system）重大失灵的宏观波动，这就是货币主义政策的本质。

明斯基在对弗里德曼和施瓦茨的批判文章中提到了货币主义的政策教条。这一教条认为，如果遵循规则，保持货币存量的稳定增长，经济就会保持稳定。在接下来的几年里，卢卡斯（1972）提出了“理性预期理论”。理性预期理论认为，货币政策只有在出乎意料或者说预期不到的情况下，才能影响经济活动。如果货币政策可被预料到，它就会失效。因此，如果经济系统处于有效均衡，遵循货币数量增长的规则，公众就会提前预知货币政策的变动，使得这些变动并非出乎意料，因此不会影响经济活动。明斯基早在1965年就对这一学说的有效性提出了质疑。他评论道：“有效的假设（working hypothesis）应该将更完整的货币和财政体系整合到收入—支出框架中。财务承诺和金融资产尤其应该整合到各种行为方程中。”

明斯基在对弗里德曼和施瓦茨的批判中提出引入信贷市场的必要性。引入信贷市场就需要引入财务承诺。只有引入信贷市场，人们才能完整地理解经济运行情况。明斯基（1965）提出，“建立整合模型的目的在于解释弗里德曼和施瓦茨未加考虑的内容，也就是影响货币存量的因素”。“也就是说，这一整合模型不仅可以解释货币收入，还可以解释货币危机和金融危机发生的原因。”他进一步指出：“弗里德曼和施瓦茨对商业周期的解释暗示，如果金融危机是由金融体系中非货币部分引起的，即使资产价格和资产净值急剧下降，也不会发生严重的萧条。”大萧条和严重的金融危机说明了上述含义是多么错误！这就是明斯基对货币主义的合理批判，极有远见卓识。

## 四、货币主义面临的三大问题

如果从货币主义的角度理解宏观经济活动以及它对货币供应量的影响，我们就会遇到很多令人困惑的问题。例如，货币数量论如何解释货币存量增加与通货膨胀、GDP 增长以及国家财富之间的关系？弗里德曼和施瓦茨并未考虑货币存量增加与国家财富的关系，也没有撰写相关文章。严复先生翻译的《国富论》这部著作也没有讨论货币与财富的关系。本文主要讨论“货币主义的贫困”，也可以理解为从货币方面谈《国富论》。

第一个问题是关于货币存量增加与通货膨胀的关系。图 1 是 1930 年到 1955 年美国的 GDP、CPI 以及 M2 的增长情况。弗里德曼和施瓦茨正是根据这些数据提出了他们的理论。值得注意的是，这一理论的提出深受美国大萧条的影响，20 世纪 30 年代美国 GDP、CPI 和 M2 同步变动。货币存量减少，物价和 GDP 随之下降；货币存量增加，物价和 GDP 也随之上升。基于这一现象，弗里德曼提出了他的关键命题。1930 年到 1955 年这一时期的情况大致符合弗

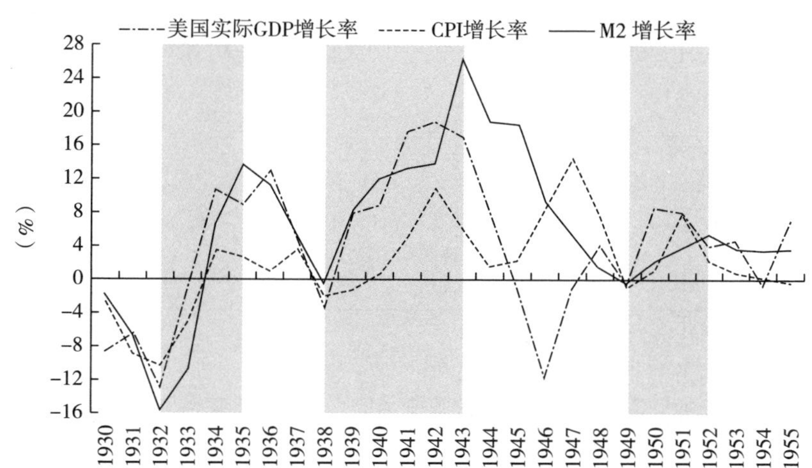


**图 1 美国：1930—1955 年 GDP、CPI 和 M2 同比增长**

注：均为年度同比增长率，下同。

资料来源：Bloomberg。

里德曼的理论。但二战期间的经济情况却与这一理论相悖。二战期间货币存量大幅增加，GDP 高速增长，但物价涨幅相对较小。

如果我们把时间往前推移，看看弗里德曼和施瓦茨的文章涵盖的 20 世纪 50 年代到 70 年代中期的一部分时间（图 2）。在这段时间里，增加货币存量最终导致物价上涨的预测并不准确。实际上在 20 世纪 60 年代，货币存量，即 M2 大幅增加，GDP 高速增长，但通胀并不严重。在这里，我们可以看到消费者价格指数与货币存量的变化负相关，由此可见，弗里德曼的预测与实际情况大相径庭。

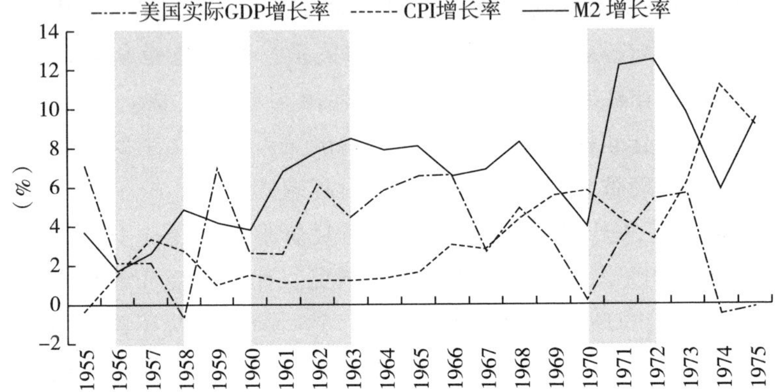


**图 2　美国：1955—1975 年 GDP 在增长，但随着 M2 增加 CPI 持平**

资料来源：Bloomberg。

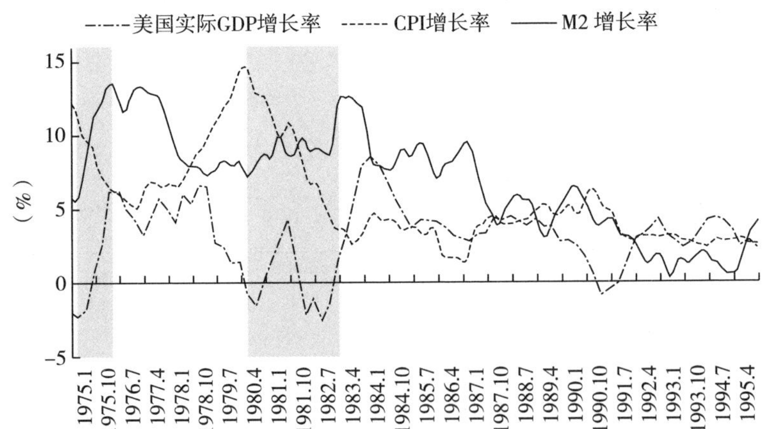


**图 3　美国：1975—1995 年 GDP 仍在增长，但 CPI 随 M2 加速增长而下降**

资料来源：Bloomberg。

20 世纪 70 年代和 90 年代的情况更为复杂（见图 3）。20 世纪 70 年代以及 80 年代初是货币主义最具影响力的时期，但这一时期货币存量与物价的相关关系并不明显。正是在这一时期，弗里德曼第一次提出了反菲利普斯曲线的通胀理论，卢卡斯提出了"货币政策冲击要出人意料才能影响经济活动"的观点。这一时期的现象或许可以用短期效应和长期效应合理地解释。也就是说，虽然短期看，货币存量增加对物价的影响并不明显，但是从长期看，的确会导致物价上涨。

但就货币存量增加和通货膨胀的关系而言，真正令人困惑的是 2008 年金融危机之后的情况（图 4）。2010 年 8 月之后美联储扩大其资产负债表导致货币存量急剧增加，图 4 中的浅灰线表明美联储持有大量债券。货币存量大幅增加，美联储资产负债表急剧扩张。GDP 和物价会如何变化呢？根据弗里德曼和施瓦茨的理论，货币数量与货币收入之间是一一对应关系，这显然与当时的情况不相符。当时很多人预测美国将出现通胀，但这并没有发生。这一现象很难解释，而且不是短期现象，至今已有十多年。

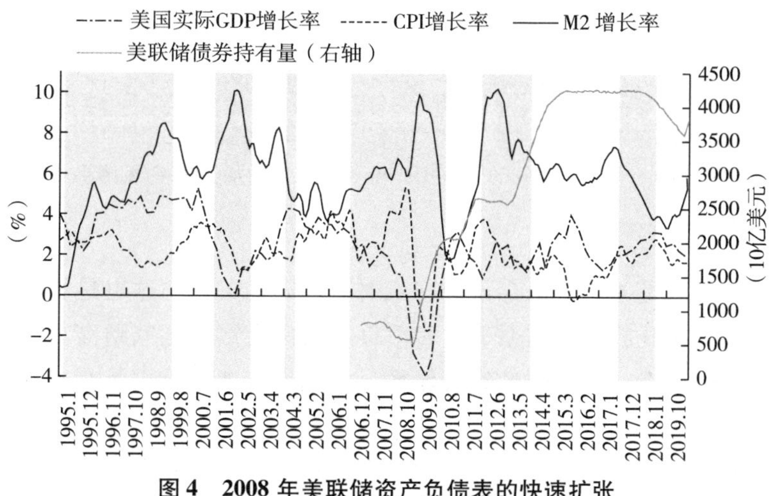


**图 4　2008 年美联储资产负债表的快速扩张**

资料来源：Bloomberg。

第二个问题是关于货币存量增加与经济增长的关系。弗里德曼和施瓦茨认为，长期看，货币存量增加只会导致更严重的经济危机和通货膨胀，而对 GDP 增长没有影响。中国的宏观经济经验与弗里德曼和施瓦茨的预测相矛盾（图 5）。特别是在 1996 年以后，中国的货币存量非常惊人地每年增加 10% 到 20%，却没有发生通货膨胀，这一情况已经保持了几十年。其间究竟发生了什么？中国经济高速增长的部分原因是高投资。图5中的浅灰线表示固定资产投资。中国的固定资产投资非常高，高投资促进了GDP的高速增长，也就增加了货币存量。根据货币数量理论，货币存量增加，产出保持不变，则物价必然上升。但如果货币存量增加，同时产出增加，物价变动就难以预测。中国的经验就是很好的例子。

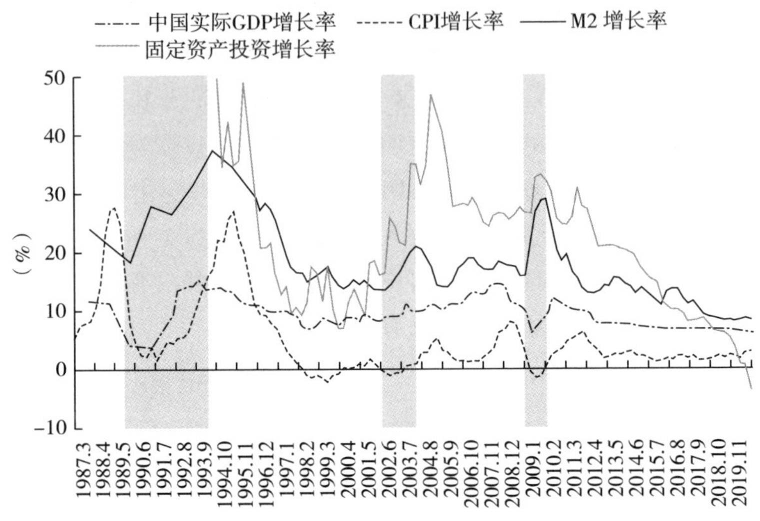


**图5　中国：1996年后GDP和M2同步增加，但CPI持平**

资料来源：Bloomberg。

第三个问题是关于货币存量与国家财富之间的关系，这也是货币主义必须考虑的问题。在开放经济体系下，货币存量的确会影响国家财富。弗里德曼和施瓦茨把美国当作一个封闭的经济体系，他们没有考虑美国是在全球范围内运作的现实。

接下来我想谈谈日本的经验（图6）。同样，日本的情况也非短期现象。从图6可以看到日本货币存量的增长趋势与其海外资产积累的增长趋势是一致的。简而言之，日本的经验就是通过积累海外资产增加货币存量，从而为日本家庭带来更多财富。众所周知，日本在这一时期没有通货膨胀，反而有通货紧缩的趋势。因此，从通货膨胀成本的角度看，日本能够从世界各地积累大量资产，并在没有通货膨胀成本的情况下增加货币供应。

瑞士的情况与日本类似，甚至有过之而无不及（图7）。如今瑞士的外汇储备占GDP比例为120%。瑞士央行通过发行货币，增加货币存量，以此获得外汇储备，货币存量与外汇储备量同步增加。因为不存在通货膨胀，所以瑞士几乎免费得到了占 GDP 总量 120% 的外汇储备。瑞士的情况是我想解释的另一个非常重要的案例。

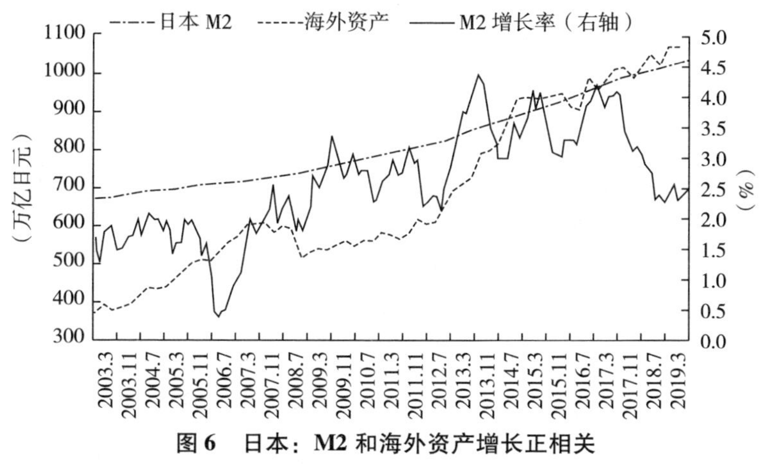


**图 6　日本：M2 和海外资产增长正相关**

资料来源：Bloomberg。

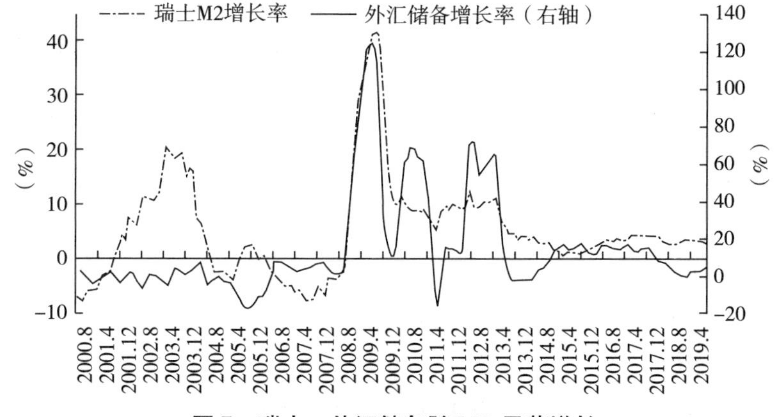


**图 7　瑞士：外汇储备随 M2 显著增长**

资料来源：Bloomberg。

## 五、如何修正货币主义框架

如何修正和丰富货币主义框架，来理解上面讨论的典型化事实和解决货币主义的三大问题，以及明斯基对弗里德曼和施瓦茨的理论性批判？下面的讨论基于我和黄海洲合著的三篇论文。第一篇已经发表（2018a）；第二篇初稿已经完成（2018b），并部分发表（2018c）；第三篇还在写作当中（2019），不过很快就能完成。我们（2018a）在《金融评论》（*Review of Finance*）上发表了今天要讲的第一篇论文《国家的资本结构》。我们在这篇论文中提出的框架与弗里德曼和施瓦茨的货币理论大相径庭。

首先介绍第一篇文章（2018a）的三个基本观点。这些观点也许令人奇怪，但在我稍做阐述以后，就能自然而然地理解这一框架。我们经常看到公司的资本结构，因此我们论文的出发点就是将国家和公司进行类比，我们把国家看作公司。人们可能会提出很多问题。比如，为什么国家可以看作公司？国家的资本结构是什么？在债务方面，我们可能容易理解这一点，因为国家可能会发行主权债务或政府债务。但在股权方面，国家的股权是什么？

第一个观点非常重要：一国的股权就是法定货币（fiat money）。为什么国家的股权是法定货币？国家股权值多少钱？公司发行股票是不需要任何成本的，只是增发股票，将流通股从100万股增加到200万股。同样发行货币也没有成本。

第二个观点，增发股票的成本是由于有更多的股东分红带来的稀释成本。如果利润不变股数增加，每股价值减少，股价自然会下跌。增发货币也会带来稀释成本，即通货膨胀。如果增加货币供应量而不增加产出，每单位货币价值就会减少，物价自然上涨。

第三个观点，如果从投资的角度看货币政策和货币供应量，公司需要融资，那么国家又该如何融资？发行货币还是国债？这里的国债是指以外币发行的国债，这一点非常重要。

以上三个观点是我们第一篇论文（2018a）的基础。我们在古典货币理论中加入了一个重要的观察。古典货币理论提出货币具有价值尺度、流通手段和贮藏手段三个职能。这完全正确且毋庸置疑。我们要补充的是货币的另一个特点，即它是法定货币。我们把国家股权理解为央行发行的货币和财政部通过本币发行的国债。当然，把财政部发行的国债和货币都视为股权有些过于简化。在以后的研究工作中，我们还会考虑这二者的不同之处。

### 1. 货币是股权

通过将货币和股票进行类比，我们把公司金融学中权衡的概念应用于财政学和货币经济学。金融学中最基本的权衡就是公司发行股票会产生稀释成本。

增发股票虽然稀释了现有的股权，但好处是筹集到的资金可以用于投资。如果收益大于成本，公司会发行更多的股票。国家层面的通货膨胀成本也相当于公司的稀释成本，这一点非常重要。假设我是某一家公司的股东，持有该公司的一股。现在公司发行了两倍数量的股票，但是我拥有优先购买权。换句话说，公司发行了两倍数量的股票，我得到了第二股。第二股的价格并不重要，只要持股比例保持不变，就不会产生稀释成本。即使公司以低价向我出售股份，承担成本的却是我，这就像把钱从左边的口袋放到右边的口袋。因此，只有牺牲现有股东的利益，新股东以优惠价格获得股份时，才会产生稀释成本。财富从原始股东向新股东转移造成了稀释成本。

通货膨胀也是如此。通货膨胀成本是再分配成本。因为如果货币存量增加，收入也会随之增加。就算物价上涨也没关系，因为你仍然占有相同比例的社会财富。如果你担心通货膨胀成本，实际上你是在担心通胀引起的国民财富再分配问题。如果公司以发行股票的方式融资，增发股票往往会导致股价下跌。但公司筹集的钱可以用于投资，因此公司认为把稀释成本强加给股东是值得的。稀释成本是公司融资的代价。同样，从货币理论看，有时通货膨胀成本也是合理的。通货膨胀会稀释原有货币持有者的财富，但增加的货币量可以用于国家投资或者解决债务积压问题。这样引发的通货膨胀可能是值得的。我们因此并不需要不顾一切地避免通货膨胀。

从国家与公司的类比中，我们了解到货币是一种国家股权。这也是我们从根本上对货币主义的批判。我们的理论强调货币流通到市场的过程。央行发行货币，企业购买投资产品是法定货币进入市场的第一种方式。国家发行国债进行融资，央行发行货币购买国债是法定货币进入市场的第二种方式。同样公司也是通过发行股票进行融资，股权将成为公司资产。

货币进入市场的过程对我们理解货币供应量对经济有何影响至关重要。这也是我们的观点与传统货币理论和货币主义的不同之处。如果你简单地认为货币通过直升机撒钱进入市场，那么你对一些基本原理还没有理解。

货币主义强调货币数量变化会影响经济。因此，货币数量非常重要。那么，一个显而易见的问题就是最优货币量是多少？事实上，货币主义者对这个问题并没有给出最佳答案，虽然其中最好的答案是弗里德曼（1968）提出的。1968 年，他在一篇文章中阐述了弗里德曼规则。所谓弗里德曼规则是指，无论货币存量是多少，最终都会耗尽，所以最优的货币政策是减少货币供给。因为货币是一种无息资产，持有货币会产生机会成本。弥补机会成本的办法就是通过减少货币供应来提高货币价值。货币升值就是对持有货币的补偿。弗里德曼规则意义不大。即使你以合乎逻辑的方式思考这个问题，弗里德曼规则仍然没有回答最优货币量到底是多少。最优货币量似乎并不存在。比特币很大程度上是基于弗里德曼规则。从这一角度看，就可以对比特币的价格建模。

那么，我们关于最优货币量的观点是什么呢？要问答这个问题，就需要将国家与公司进行类比，将货币视为国家股权。那么，公司的最优股票发行量又是多少呢？公司金融理论认为，有投资机会时，公司应该增发股票，但没有提出股票发行的具体数量，也没有解决关于最优股票发行的问题。公司金融理论认为，该增发股票还是少发股票，要看具体情况。如果有好的投资机会，公司应该增发股票，如果股票被市场低估，就应该少发股票，以免股票被低价买入。

“货币是股权”的观点也为国家外汇储备和购买资产提供了一个新的视角。当前确定外汇储备量的分析思维存在不足。下面这段话引自时任美国财政部副财长劳伦斯·萨默斯在布鲁金斯学会讨论会上讨论金（Jeanne，2007）的论文时的发言：“1993 年，我以国际事务副部长的身份来到财政部不久，了解了美国的外汇稳定基金，即国债基金。我问的第一个问题是美国如何确定外汇储备量。当时的美联储主席格林斯潘有点不好意思地向我报告了他们的结论：根据某些难以证实的假说，最优的外汇储备水平应该在 200 亿至 2 万亿美元之间。”中间整整差了 100 倍，令人瞠目结舌。

2008 年全球金融危机发生后，瑞士大幅增加了外汇储备。因为金融危机之后，美国金融体系的健康受到质疑，美国不再是避险投资国（flight-to-quality country）。因此投资者将目光转向其他避险投资国，瑞士就是其中之一。瑞士法郎的需求剧增，瑞士国家银行以高价出售安全资产。这也是瑞士外汇储备激增的原因所在。值得注意的是，不仅瑞士获益匪浅，全球金融体系也因瑞士为全世界其他地区提供了避险资产而受益。瑞士的所作所为使世界金融体系更加稳健，因为如果安全资产不足，将导致负利率，负利率会加剧金融体系的脆弱性。我们在《国家资本结构》一文中也提到了这一点。

### 2. 货币是一种主权

我和黄海洲（2018c）在第二篇论文《最优支付区还是最优货币区》中，提出了“货币是一种主权”的观点。概括而言，这篇论文提出了一个问题：

如何确定两国组建货币联盟、将本国货币兑换为单一货币的最佳时机。我们也很想了解欧元区货币联盟的成本和收益。当然，欧元区范围更大，分析起来也更复杂。这里，我们对上述问题给出了回答，并得出了与罗伯特·蒙代尔（1961）的经典货币联盟或最优货币区理论截然不同的答案。

“货币是一种主权”这一观点受到了巴里·埃肯格林（1996）的启发，他曾写道：“迈克尔·穆沙（曾任国际货币基金组织首席经济学家）热衷于描述他每次走过国际货币基金组织食堂的走廊，看到那里张贴的各成员国信息，从中发现了一个非常深刻的货币经济学规律：国家和货币一一对应。”这段话可以简单地概括为货币与主权有关。

但是，蒙代尔（1961）在关于“货币联盟或最优货币区”的理论中并未提到国家主权。下面这段话引自蒙代尔概括其理论的文章：“使用货币是为了方便，这限制了最优货币数量。”使用货币是为了方便这句话非常重要。限制最优货币数量的是交易成本。“如果把世界划分成不同区域，每个区域内部有要素流动，各区域间要素不流动。那么每个区域都应该有各自的货币，且各区域间汇率是浮动的。”换句话说，蒙代尔认为，如果两国之间存在要素流动，那么两国应该使用单一货币。因为使用单一货币会降低交易成本。

不过我们今天讲的是主权问题，而货币联盟的代价就是主权的丧失。这个代价很大。一国加入货币联盟，便失去了在紧急情况下将债务货币化的选择，因此增加了未来高额债务违约的风险。这是一种狭义的交易成本，但真实存在。请注意，我指的是当国家遇到危机的时候需要印钞。比如国家税收收入减少，债台高筑，在这种情况下，国家无计可施，只能通过印钞还清债务。但如果加入了货币联盟，该国就不能在有需要时印钞。

在 2008 年金融危机中，每个国家都受到了影响，但全世界只有欧元区发生了主权债务危机。这是因为欧元区成员国无法将其债务货币化，这些国家在加入货币联盟后，以本币发行的主权债（股权）变成了以外币发行的主权债（债权）。这就是货币联盟的一个非常重要的成本。全球金融危机后在欧元区发生的危机生动地说明了这一点。

那么，加入货币联盟有什么好处？这个问题更难回答。我们批驳了蒙代尔提出的“货币联盟可以降低交易成本”的观点。其实在当今世界，使用不同货币进行贸易的交易成本微乎其微。如果你到另一个国家旅游，也可以使用信用卡和手机支付，并没有什么交易成本。

那么，汇率呢？这个问题是关键。在汇率市场发生变化的背景下，我们如何看待货币联盟？对此，货币主义也提出了一个重要但具有误导性的观点。提出这一观点的并不是弗里德曼，而是哈耶克和蒙代尔，我们今天讨论的加密货币与这两位经济学家直接相关。哈耶克（1976）被认为是加密货币之父，可惜人们忘记了蒙代尔（1961）也与加密货币有关。哈耶克（1931）提出了一个非常激进的观点：货币供应量的变化会立刻导致汇率的变动，以两个国家A和B为例。如果国家A增加了货币供应量，A、B两国之间的汇率会立即变动。我认为我们太过相信哈耶克了。一般来说，如果汇率是即时调整的，那么A国的货币政策不会影响B国的商品分配，B国完全不受A国货币政策的影响。但请注意这里的“如果”。事实上，一国货币政策的变化会对其他国家的经济产生溢出效应和外部性。

那么，在欧元区成立之前的情况如何呢？由于制度原因，在统一使用欧元之前，欧盟成员国的汇率被限制在一个很小的浮动范围内。由于汇率具有很强的粘性，在货币联盟建立之前，一些国家倾向于大量印钱，从而人为提高其国民的购买力，国民过着入不敷出的生活。短期内各国之间汇率并没有得到合理调整。一旦这些国家发行货币过多，汇率危机就会突然出现，汇率也会随之调整。增发货币在欧盟国家间产生了很多外部性。而货币联盟的好处就是能消除这种外部性。这一点是非常重要的。在现实的国际金融体系中，两国之间的汇率不会随着一国货币政策的变化立即调整，因此一国的货币政策会对其他国家产生外部性。

这种外部性导致了不稳定，因此各国需要管理汇率以及协调货币政策来保持全球经济和金融体系的稳定。货币政策并不是完全独立的。我们的分析指出了货币联盟的成本和收益。货币联盟带来的收益是消除了货币政策的外部性，而代价则是成员国丧失了货币主权。这表明欧元区的机制设计存在缺陷，即缺乏财政转移。我们认为同时成立财政联盟和货币联盟非常重要。形成货币联盟之后，各成员国也应享有在紧急情况下印钞的权利。

### 3. 货币是中央银行功能的核心

这里要介绍我和黄海洲（2019）的最新一篇论文是《货币、银行与最后贷款人》。这也是我们修正货币主义框架的另一方向。弗里德曼和施瓦茨（1965）认为，信贷市场只是无关紧要的配角，并不重要。明斯基（1965）批判了这一观点。而我们与明斯基的观点不谋而合。我们的这篇论文提出并分析了货币是中央银行业务，是纸币银行业务的权利凭证（the title of paper money banking），也是最后贷款人。

我们首先回答了为何经济运行既需要内部货币（insider money），也需要外部货币（outside money）。外部货币是指央行发行的法定货币，内部货币是指商业银行创造的信贷。

我们回答的第二个问题是商业银行创造信贷，中央银行发行法定货币，二者分别扮演什么角色？央行为何不直接贷款给私人部门而只履行最后贷款人职责？在信贷和法定货币共存的市场上央行如何扮演最后贷款人的角色？令人惊讶的是，这一问题并没有受到多少关注。特别是中央银行如何扮演最后贷款人角色的问题并没有在货币经济的背景下得到很好的研究。对最后贷款人的研究都是没有货币的模型，这是有问题的。

我先介绍目前对最后贷款人政策的主要观点。当前所有央行行长都在参考最后贷款人这一普遍的白芝浩原则。白芝浩（1873）的《伦巴第街》旨在为英国央行建言献策，他在书中阐述了英国央行作为最后贷款人应如何干预市场，并提出了以其名字命名的白芝浩原则，即各国央行应以高利率向有偿付能力和优质抵押品的银行慷慨放贷。在欧元区的货币思维中，白芝浩原则处于核心地位，这是由欧元区的法律规定的。在欧元区的政策中，各国央行可以暂时向缺乏流动性但有清偿能力的欧元区信贷机构提供紧急流动性援助。这其实是对白芝浩原则的重述。

2008 年全球金融危机后，美国通过了《多德 – 弗兰克法案》，美联储的政策有所变化，但白芝浩原则仍然是重要的参照系，我们可以看到它仍然在发挥作用。《联邦储备法案》第 13 条第 3 款规定："在异常和紧急情况下，美联储理事会……可以授权任何联邦储备银行……为任何个人、合伙企业或公司贴现各种票据，只要这些票据是有背书的，或者其担保能够满足联邦储备银行的要求。"根据《联邦储备法案》第 13 条第 3 款，贝尔斯登获得了美联储的救助，雷曼兄弟却没有。如果你研究一下与这一决策有关的信息，就可以发现这些信息都指向一点，即贝尔斯登有很好的抵押品，而雷曼兄弟没有，这就是美联储不救助雷曼兄弟的原因。这是非常模式化的思维。那么，我们的观点是什么呢？

在分析最后贷款人之前，需要先说明为什么我们既有信贷也有法定货币？答案很简单，商业银行拥有区分借款人优劣的信息，但中央银行没有。所以商业银行会向私人机构放贷，而中央银行不会。这一点非常重要。在货币经济中，商业银行向个人或机构提供贷款时，就创造了内部货币。

那么，什么是内部货币呢？它实际上就是一种债务（obligation），也即由商业银行发行的借据（IOU），它允许借据的持有人在任何想要的时候都可以用法定货币赎回。因此，正是这种将内部货币兑换成外部外币的可随时赎回使商业银行发放的贷款成为内部货币。这一点并不是显而易见的。如果您看看自己的银行账户或者公司的资产负债表，会发现上面都只是些数字，但这些数字可以变成法定货币。所以法定货币发挥着非常关键的作用。内部货币只能以商业银行所在国家的法定货币赎回。

由于商业银行拥有区分借贷者优劣的信息，所以商业银行会向私人机构放贷；而中央银行没有这样的信息，所以中央银行不发放贷款。这也是拥有能自由发行法定货币这一强大工具的中央银行权力要受到限制的原因之一。这一点非常重要。尤其是中央银行作为一个独立机构，由委任而非选举产生的中央银行官员管理，其权力必须受到限制。纵观全世界中央银行的发展历史，都可以看到，自成立以来中央银行的权力一直受限。

现在我们来看一看白芝浩原则中的最后贷款人政策。这一政策有其局限性。设想一下，如果发生了一场罕见且严重的系统性危机，整个银行系统都资不抵债。白芝浩原则认为，金融机构资不抵债时中央银行不能放贷。在这种情况下中央银行不能履行最后贷款人的职责。此时如果遵循白芝浩原则，整个银行系统和经济系统都会崩溃。显然，白芝浩原则中传统的最后贷款人政策无法解决系统性金融危机。实际上严重的金融危机发生时，中央银行从未遵循过白芝浩原则。那么正确的原则又是什么呢？我们的观点是中央银行应当“不顾一切”救助银行系统。

系统性金融危机发生时，恰当的规则是中央银行应该无限制地放贷，允许银行满足所有的提现和赎回要求，从而救助银行系统，使其继续运转。白芝浩原则提出的原因经常被人遗忘。白芝浩所说的货币体系是金本位下的货币体系，他担心中央银行会耗尽黄金储备。但是今天的货币体系与黄金脱钩，中央银行可以自由印钞。因此，中央银行将耗尽储备的观点已不合时宜，我们必须调整“中央银行作为最后贷款人”的政策。如果中央银行自由放贷给破产银行却不要求抵押品，那么央行放贷的条件是什么？我们从分析中得出的观点是，中央银行能够得到银行系统产生的所有剩余现金流。中央银行作为最后贷款人拯救银行系统的条件就是成为商业银行的股东。

我们都记得美国发生的事。美联储和美国财政部救助并接管了房利美和房地美，帮它们偿清了贷款，也得到了它们的剩余现金流。自从金融危机以来，美联储和美国财政部因救助房利美和房地美获得了683亿美元的净利润。美联储和美国财政部在2008年危机中，也救助了包括花旗、高盛、美国国际集团等一系列金融机构，无一例外地都能从中获得巨大利润。我会解释美国政府是如何从中获利的。如果任由银行系统破产，政府只能得到银行的清算价值。如果让银行继续运转，就能得到永续价值。获得的利润是永续价值和清算价值的差额。因此，通过公开市场操作进行干预，政府可以获利，这不足为奇。很多人认为，我们用纳税人的钱拯救银行，纳税人将面临风险。事实证明，这样的分析是极具误导性的。在2008年金融危机和之后对金融机构的救助中，美国政府无一亏损。唯一赔钱的地方是美国政府救助的汽车行业。

我们的观点是，在发生系统性金融危机时，中央银行履行最后贷款人的职责能够解决银行债务问题，可以避免银行破产带来的巨大损失，使银行系统继续运转。作为最后贷款人，中央银行可以在发生紧急情况时发行货币，此时发行的货币具有期权价值，如前所述，这一期权价值便是永续价值和清算价值的差值。

## 六、结论

总之，本文的标题“货币主义的贫困”反映在“直升机撒钱”这一表述中。如果不能解释货币如何进入经济体系，实际上就没有搞明白货币在经济中的作用。我们必须摒弃“直升机撒钱”这种货币主义的观点，因为这不是一个有助益的观点。我们必须搞清楚货币是如何进入经济的，否则就不能理解法定货币的影响。正如我在中国的例子中说明的，中国的货币供给大幅增加，这些增加的货币供给变成了投资，使得在货币存量增加的同时，产出也大大增加，所以中国没有发生危机。

研究货币对经济影响的另一个角度是了解货币如何进入一个开放的经济，我在谈到货币政策时，提到了这一点。这是一个仍未得到深入研究的领域，人们对此知之甚少，因此也是一个值得研究的领域。

还有一个人们知之甚少的领域是如何协调财政政策与货币政策。量化宽松、中央银行资产负债表的巨大扩张对经济增长和通胀的影响非常小，这一点令人困惑。这与财政政策和货币政策的协调有关，也是有待研究的课题。我认为 Libra 不是货币，因为从货币的三个维度来看，Libra 既不是国家股权，也不是主权，更不是中央银行业务。此外，我对货币主义的评论也同样适用于正在演变的现代货币理论（MMT）。现代货币理论（Wrya，2012）的贫困与货币主义的贫困颇为相似，因为现代货币理论没有解释货币进入市场的过程，在分析中没有重视信贷市场，也没有考虑开放经济下货币政策的影响。

（雷中华　杜晓雪　译）

## 参考文献


Bagehot, Walter (1873 [1978]), Lombard Street, in Norman St. John - Stevas (ed.) *The Collected Works of Walter Bagehot*. London: The Economist, Vol. ix, pp. 48 - 233.

Bolton, Patrick and Haizhou Huang (2018a), "The Capital Structure of Nations," *Review of Finance*, 45 - 82.

Bolton, Patrick and Haizhou Huang (2018b), "Money, Sovereignty, and Optimal Currency Areas," Working Paper, Columbia Business School.

Bolton, Patrick and Haizhou Huang (2018c), "Optimal Payment Areas or Optimal Currency Areas?" *The American Economic Review: Papers and Proceedings*.

Bolton, Patrick and Haizhou Huang (2019), "Money, Banking, and the Lender of Last Resort," Working in Progress, Columbia Business School.

Eichengreen, Barry (1996), "A More Perfect Union? The Logic of Economic Integration." *No. 198. International Economics Section*, Departement of Economics Princeton University.

Friedman, Milton, and Anna J. Schwartz (1965), "Money and Business Cycles," *In the state of monetary economics*, pp. 32 - 78. NBER.

Mundell, Robert (1968), "The Rule of Monetary Policy." *The American Economic Review* 58, 1 - 17.

Hayek F. A., (1931), *Price and Production*. Public Lecture at the London School of Economics, London, UK.

Hayek F. A., (1976), *The Denationalization of Money*. Institute of Economic Affairs, London, UK.

Jeanne, Olivier, (2007), "International Reserves in Emerging Market Countries: Too Much of a Good Thing?" in W. C. Brainard and G. L. Perry, *Brookings Papers on Economic Activity*, Brookings Institution, Washington, DC, 1 - 55.

Lucas Jr, Robert E, (1972), "Expectations and the Neutrality of Money," *Journal of Economic Theory* 4, no. 2: 103 - 124.

Marx, Karl (1847), The Poverty of Philosophy, in *Marx - Engels Collected Works: Volume* 6: *Marx and Engels, 1845 - 1848*. New York: International Publishers, 1976.

Minsky, Hyman P. (1965), "Money Market Prospects: 1965." Hyman P. Minsky Archive. 439.

Mundell, Robert (1961), "The Theory of Optimal Currency Areas," *The American Economic Review* 51, 657 – 664.

Popper, Karl R. (1961), *The Poverty of Historicism.* London: Routledge & Kegan Paul.

Smith, Adam, and Edwin Cannan (2003), *The Wealth of Nations.* New York, N. Y: Bantam Classic, 2003. Print.

Wray, L. Randall (2012), *Modern Monetary Theory: A Primer on Macroeconomics for Sovereign Monetary Systems.* Palgrave McMillan, UK.

# 比较之窗

## Comparative Studies

# 韩国财阀和企业变化的动力学

菲利普·阿吉翁　谢尔盖·古里耶夫　赵康哲

## 一、引言

发展中国家需要根据其发展水平选择不同的增长模式。熊彼特增长理论（Aghion and Howitt，1992；Aghion et al.，2014）认为，究竟是选择“依赖投资”还是“依靠创新”的增长模式，主要取决于一国与全球生产率前沿的距离。远离生产率前沿的经济体可以通过采用其他国家发明的技术，利用投资驱动模式追赶发达经济体。这种增长模式需要大量的资本投资，很多投资通常还得由国家或大型企业集团集中协调进行。随着经济体越来越接近前沿，就需要转向创新驱动模式：增长动力来自新技术的发明，而不是从其他国家引进。创新驱动的增长模式不仅需要高技能劳动力、投资于先进的研发，也离不开充满活力的竞争环境，即不同企业之间的竞争及其市场进入与退出。

由于政治经济因素对制度变迁的影响，从投资驱动的增长模式向创新驱动模式的转型可能会出现延缓。投资驱动模式催生了强大的利益集团，它们希望维持现状，所以可能会抵制创新驱动的增长模式。在这种情况下，投资驱动的

---

* Philippe Aghion，法兰西学院院士、伦敦政治经济学院（LSE）经济学教授；Sergei Guriev，欧洲复兴开发银行首席经济学家、巴黎政治学院经济学教授、欧洲经济政策研究中心研究员；Kangchul Jo，伦敦政治经济学院博士研究生。——编者注

** 感谢欧洲复兴开发银行、伦敦政治经济学院的研讨会及与会者。感谢欧洲复兴开发银行韩国信托基金提供的财务支持。本报告仅代表作者本人的观点，并不代表作者所在机构或者文中提到的其他机构的观点。——作者注

增长模式可能会长期存在，从而对生产率增长和经济发展产生不利影响，导致经济陷入“中等收入陷阱”（Gill and Kharas，2007）。

本文试图通过分析韩国企业层面的数据，细致地研究1997—1998年金融危机后韩国增长模式从投资驱动向创新驱动转型的过程，这一转型大幅降低了现有企业集团（财阀）的政治影响力。韩国是熊彼特增长理论的典型实验场。对近几十年韩国经济转型的描述通常包括三个关键要素（Chang，2003）。第一，在1997—1998年亚洲金融危机之前，韩国经济非常依赖财阀模式。财阀附属的成员企业和银行之间相互支持（通过获得补贴资金、提供显性和隐性的救助担保），有效地限制了非财阀企业（和外国直接投资者）的市场进入。以财阀为基础的经济模式确实在工业化、投资和出口增长方面取得了成功，这与熊彼特增长框架非常吻合。① 第二，亚洲金融危机破坏了财阀模式的合法性，并为改革提供了机会之窗。韩国也曾讨论过促进竞争性改革的蓝图，但正是在这场危机中，来自国际货币基金组织施加的压力为改革提供了关键动力。第三，重组业绩不佳的财阀，消除进入壁垒，取消对财阀成员提供的隐性金融支持。这为韩国经济打开了竞争之门，有助于其转向创新驱动的后工业化模式。②

虽然上述叙述看似符合宏观经济趋势，但此前从未使用分类数据对之进行检验。本文通过研究韩国制造业企业的普查数据，试图了解1998年改革是否确实导致更多的非财阀企业进入市场，以及它们在过去由财阀主导的行业中是否实现了生产率增长。

我们发现，与上述推测一致，危机过后，在以前由财阀主导的行业中，非财阀企业的生产率（劳动生产率和全要素生产率）取得了相对较快的增长。不仅如此，改革后，非财阀企业进入市场的数量在所有行业中都在显著增加。

最后，我们研究了公司层面的专利活动数据。我们发现，危机之前财阀企业每年的专利增长稍快于非财阀企业。危机过后，财阀企业每年的专利申请数量停止增长，而非财阀企业的专利申请数量却在加速增长。在所有行业中，非

① 1963—1997年，韩国人均GDP（国内生产总值）以每年7%的平均速度增长，成为历史上令人印象最深刻的经济增长时期之一。

② 例如，根据美国专利及商标局（USPTO）的数据，1992年，德国向美国专利及商标局提交的专利申请为韩国的8倍，而2003年仅为1.8倍。自2012年以来，韩国在申请美国专利方面已经超过德国。2015年，韩国向美国专利及商标局提交的专利申请比德国多30%（尽管韩国的人口约为德国的一半，而且无论是名义GDP还是购买力平价折算出的GDP，韩国都不到德国的一半）。

财阀企业都出现了加速申请专利的趋势。

专利申请活动的演变与企业的利润变化相一致。危机过后，所有行业中的非财阀企业利润都有所增加。而财阀企业的利润只在危机前财阀数量较少的行业中有所增加。在以前由财阀主导的行业中，财阀企业的利润在危机过后没有明显变化。

本文的其余部分结构如下。第二部分讨论相关的文献。第三部分提供了了解危机前韩国经济制度和财阀作用的背景情况，并介绍了 1998 年的改革。第四部分讨论数据和研究方法。第五部分展示主要的研究结果。第六部分为结论。

## 二、文献回顾

1997—1998 年金融危机以及随后由国际货币基金组织支持的改革削弱了财阀对韩国经济的控制，从而促进了融资、企业的市场准入和生产率增长，这一事实已在文献中得到证明，尽管使用的样本数据较少。博伦斯坦等人（Borensztein and Lee，2002）已经证明，危机之前财阀企业能够优先获得信贷，危机过后财阀和非财阀企业之间已没有明显差别。危机之前信贷并没有按企业效率投放，危机之后信贷却流向了效率更高的企业，这有助于效率的提升。还有学者（Hong、Lee and Lee，2007）研究了基于现金流和投资收益率的投资规模，结果显示，危机之前财阀企业的投资要高于非财阀企业，这种差异在危机之后消失了。这两篇论文的数据来源都仅限于上市公司。

博伦斯坦等人（Borensztein and Lee，2005）分析了上市公司和非上市公司，但使用的是 32 个行业的汇总数据。他们的研究还表明，在改革之前，信贷不太可能投向效率更高的行业，获得更多信贷的行业也没有显示出更高的增长率。

米内蒂等人（Minetti and Yun，2015）使用 KISLINE 提供的 242 家公司（包括 37 家财阀企业）和这些公司获得的 1608 笔银团贷款数据。他们的分析表明，改革之前银行对其财阀企业借款人（相对于非财阀借款人）的监管动机要弱于改革之后，他们认为改革消除了银行对财阀的隐性救助担保。

唯一使用与本文相同的采矿和制造业调查数据的文献是阿斯图里亚斯等人（Asturias et al.，2017）的论文，他们还利用了智利和美国的类似数据。他们从理论和实证两方面均表明，在快速增长时期，增长中的很大一部分可以通过企业净进入解释（因此关注的是总绩效随时间的变化）。我们对韩国使用相同的数据集，但我们的重点是行业层面的结论、财阀的作用以及 1998 年改革带来的竞争环境变化。

另一篇相关论文来自赫墨斯和奥尔森（Hemous and Olsen，2017），该文表明，财阀的垄断地位降低了潜在创新者的市场规模，导致专利数量减少。他们使用的数据来自美国和日本，日本也有与韩国类似的财阀。

## 三、财阀与1998年改革

“Chaebol”（财阀）是一个韩国名词，指的是韩国的大型企业集团。① 财阀在韩国经济快速增长中发挥了关键作用，三星电子和现代汽车等一些财阀的成员企业已经成为重要的全球性企业。第二次世界大战后，韩国商人和政府建立了密切的关系，财阀应运而生。由于财阀创始人与政府高级官员之间的良好关系，他们在原日本殖民者出售其持有的资产以及外汇分配的过程中大获其利。20世纪60年代，政府实施了一系列“五年计划”以加快经济增长。政府审查大型投资项目的有效性，并将有限的外国贷款有效地用于能够培育出口导向型产业的项目。许多财阀被政府选中来承担这些项目，它们受益于各种形式的政府支持，获得了迅速的发展。随着20世纪70年代实际工资水平的上升，政府又调整了规划目标以促进重化工业的发展。政府继续为这些行业的财阀企业提供补贴，并在石油危机后为破产企业提供救助。1979年，随着长达18年的朴正熙执政时期的结束，政府对财阀的支持变得不那么明显了。但放松金融管制，包括银行私有化和取消对非银金融机构的所有权限制，为财阀提供了通过内部资本市场和集团内部交叉补贴为其投资项目融资的机会。

大多数财阀将业务分散到不相关的领域，每个附属企业如同商业集团的子公司，在集团内共享技术、品牌、人力资源和资本。财阀内形成了内部资本市场，利用贷款、债务担保、交叉持股等方式促进其业务的扩张。在20世纪90年代中后期的鼎盛时期，排名前30位的财阀占韩国GDP的16%，仅排名前5位的财阀（现代、三星、LG、大宇和SK）就占GDP的10%（Chang，2003，第11页）。

相互担保和交叉补贴实际上限制了非财阀成员获得融资的机会。② 对外资所有权

---

① 按照韩国词典的标准定义，财阀是一群资本家和商人，他们管理着若干家公司，拥有巨额财富。单词chaebol由chae（“财富或金融”）和bol（“宗族或集团，具有强烈的排他性内涵”，Haggard et al.，2003，第25页）组成。

② 联邦贸易委员会直到1998年才开始对财阀涉及债务担保和交叉补贴的反竞争行为进行有效监管（Chang，第127页、第222页、第237页；World Bank，1999，第76页）。参见World Bank（1999，第83—84页）对财阀在改革前限制独立公司获得资金方面的讨论。

的限制也有利于财阀，1997年之前，外资在韩国企业中的持股上限为股本的26%。①

然而，政府提供的隐性救助担保（Minetti and Yun，2015）、相互债务担保、交叉补贴和不透明的公司治理②却推动了对低效率经营活动的融资。集团内部的道德风险导致了过度投资：20世纪90年代，虽然财阀的资本密集度有所增加，但资本生产率却下降了一半（Chang，2003，第18页）。

效率低下和相互担保的恶性循环，最终导致了1998年危机期间财阀附属企业的破产及其连锁反应。1998年韩国破产的企业数量是前几年的两倍（Chang，2003，第5页）；1999年，排名前5的财阀——大宇集团也宣告破产（OECD，2000）。

1997年底，韩国政府申请了国际货币基金组织的资金援助，并同意实施有利于竞争的若干重要改革，对财阀进行了重组（IMF，1997a，b）。首先，政府强迫财阀将负债权益比降至200%以下，并取消相互债务担保（Chang，2003，第190页、第195页、第213页）。这项改革还要求改善公司治理、合并财务报表，并引入了对金融机构的透明监管。

改革还放宽了外国投资者的准入（1997年底将外国投资者的最高持股比例提高到50%，1998年底提高到55%）。

政府还从根本上加强了反垄断执法，包括对财阀的监管和实施传统的竞争政策（Haggard et al.，2003，第320页）。与危机前相比，1998—2000年发布的整顿令数量和征收的罚款数额分别增加了3倍和25倍（Shin，2003，第277页）。

上述措施都大大降低了非财阀企业（包括外资企业③）的进入壁垒，减少了财阀企业优先获得融资的机会，进一步为非财阀企业创造了公平的竞争环境。

## 四、数据与经验研究

### 4.1 研究方法

我们采用双重差分法作为主要研究方法。亚洲金融危机后的财阀改革为分

---

① Haggard et al.（2003，第319页）将危机前韩国的外国直接投资制度称为“亚洲最具限制性的制度之一”，它为企业在国内市场提供了实质性的保护。

② 通过附属公司之间的交叉持股，财阀创始人的家族实际上控制了整个集团，尽管他们仅拥有一小部分股份。这带来了一些问题，如对财阀的会长通过内部交易或内部转移定价机制进行转移方面缺乏问责制（World Bank，1999，第6章）。

③ 正如Yun（2003）所示，改革导致外国直接投资流量急剧增加，从危机前占GDP的0.5%增加到1998—2000年占GDP的2%。

析财阀企业的动力学提供了一个完美的准自然实验。在我们的设定中，关键的回归因子是财阀企业在行业中的市场份额及其与危机后时间虚拟变量的交叉项。主要设定如下：

$$Y_{it} = \alpha_i + \beta_1 Post\ crisis_t + \beta_2 \left( Chaebol\ share_i \times Post\ crisis_t \right) + u_{it}$$

下标 $i$ 和 $t$ 分别表示行业和年份。包括行业固定效应 $\alpha_i$ 和行业层面聚类的标准误。$Y_{it}$是我们研究的动力学因变量。我们将危机后（*Post crisis*）定义为一个虚拟变量，1998 年之前为 0，1998 年之后为 1，在 1998 年没有值。我们尝试了其他变化，比如将 1998 年纳入危机前或危机后，结果没有改变（这一结果对于用个别年份的固定效应代替危机后虚拟变量也很稳健）。对于财阀份额（*Chaebol share*）变量，我们使用危机前财阀企业在行业中的平均市场份额。由于财阀份额完全被行业固定效应吸收，我们仅用危机后虚拟变量和交叉项作为回归因子。选择滞后的财阀市场份额作为财阀份额变量的结果也很稳健。

我们使用每个因变量对所有企业进行回归分析，并分别对财阀企业和非财阀企业进行回归分析。在所有的回归中，我们排除了最高和最低 1% 的企业层面观察值，以确保我们的结果不受异常值的影响。

### 4.2 数据

“财阀”是韩语中用来表示大型企业集团的一个通用术语，为了便于分析，有必要为财阀制定一个具体标准。在本文中，根据附属企业的总资产价值，我们将每年最大的 30 家企业集团视为“财阀”。考虑这一标准有三个原因。第一，这是韩国文献中使用最广泛的一个术语；第二，这些企业集团通常受韩国政府监管①；最后，与第二点相关，在我们的样本期内，这些集团的名称和附属企业的名单资料一直可以查到。表 1 列出了每年最大的 30 家企业集团的名单。这个名单在不同年度会有所变动，其主要原因是企业的破产、合并和收购。

一些持续经营的企业集团，如大象集团（Daesang），在一些年份的榜单出

① 韩国公平贸易委员会是韩国政府的一个部门，根据《垄断规制和公平贸易法案》对财阀进行监管。它每年公布受监管的财阀名单。在实际监管中确定财阀的标准发生了许多变化，但在我们的抽样期间（1992—2003 年），除了 2002 年起纳入公共企业外，这些标准基本上保持一致。考虑到这些变化，我们以附属公司的总资产价值为基础，重点关注 30 个最大的私营企业集团（2002 年和 2003 年不包括公共企业）。

**表 1　1992—2003 年最大的 30 家企业集团（财阀）名单**

| 排名 | 1992 | 1993 | 1994 | 1995 | 1996 | 1997 | 1998 | 1999 | 2000 | 2001 | 2002 | 2003 |
|---|---|---|---|---|---|---|---|---|---|---|---|---|
| 1 | 现代 | 现代 | 现代 | 现代 | 现代 | 现代 | 现代 | 现代 | 现代 | 三星 | 三星 | 三星 |
| 2 | 大宇 | 三星 | 大宇 | 三星 | 三星 | 三星 | 三星 | 大宇 | 三星 | 现代 | LG | LG |
| 3 | 三星 | 大宇 | 三星 | 大宇 | LG | LG | 大宇 | 三星 | LG | LG | SK | SK |
| 4 | LG | LG | LG | LG | 大宇 | 大宇 | LG | LG | SK | SK | 现代汽车 | 现代汽车 |
| 5 | 双龙 | SK | SK | SK | SK | SK | SK | SK | 韩进 | 现代汽车 | 韩进 | KT |
| 6 | 韩进 | 韩进 | 韩进 | 双龙 | 双龙 | 双龙 | 韩进 | 韩进 | 乐天 | 韩进 | 浦项制铁 | 韩进 |
| 7 | SK | 双龙 | 双龙 | 韩进 | 韩进 | 韩进 | 双龙 | 双龙 | 大宇 | 浦项制铁 | 乐天 | 乐天 |
| 8 | 韩华 | 起亚 | 起亚 | 起亚 | 起亚 | 起亚 | 韩华 | 韩华 | 锦湖 | 乐天 | 现代 | 浦项制铁 |
| 9 | 大林 | 韩华 | 韩华 | 韩华 | 韩华 | 韩华 | 锦湖 | 锦湖 | 韩华 | 锦湖 | 锦湖 | 韩华 |
| 10 | 乐天 | 乐天 | 乐天 | 乐天 | 乐天 | 乐天 | 东亚 | 乐天 | 双龙 | 韩华 | 现代重工 | 现代重工 |
| 11 | 东亚 | 锦湖 | 锦湖 | 锦湖 | 锦湖 | 锦湖 | 乐天 | 东亚 | 韩松 | 斗山 | 韩华 | 现代 |
| 12 | 韩一 | 大林 | 大林 | 斗山 | 斗山 | 汉拿 | 汉拿 | 韩松 | 斗山 | 双龙 | 斗山 | 锦湖 |
| 13 | 起亚 | 斗山 | 斗山 | 大林 | 大林 | 东亚 | 大林 | 斗山 | 现代石油 | 现代石油 | 东部 | 斗山 |
| 14 | 斗山 | 东亚 | 东亚 | 东亚 | 韩宝 | 斗山 | 斗山 | 大林 | 东亚 | 韩松 | 现代石油 | 东部 |
| 15 | 泛洋 | 韩一 | 晓星 | 汉拿 | 东亚 | 大林 | 韩松 | 东国制钢 | 东国制钢 | 东部 | 晓星 | 晓星 |
| 16 | 晓星 | 晓星 | 韩一 | 东国制钢 | 汉拿 | 韩松 | 晓星 | 东部 | 晓星 | 大林 | 大林 | 新世界 |
| 17 | 东国制钢 | 东国制钢 | 汉拿 | 晓星 | 晓星 | 晓星 | 高合 | 汉拿 | 大林 | 东洋 | Kolon | 大林 |
| 18 | 三美 | 三美 | 东国制钢 | 韩宝 | 东国制钢 | 东国制钢 | Kolon | 高合 | 双龙润滑油 | 晓星 | CJ | CJ |
| 19 | 汉阳 | 汉拿 | 三美 | 东洋 | 真露 | 真露 | 东国制钢 | 晓星 | 东部 | CJ | 东国制钢 | 东洋 |

| | | | | | | | | | | | | |
|---|---|---|---|---|---|---|---|---|---|---|---|---|
| 20 | 极东建设 | 汉阳 | 东洋 | 韩一 | Kolon | Kolon | 东部 | Kolon | Kolon | Kolon | 哈纳罗电信 | Kolon |
| 21 | Kolon | 东洋 | Kolon | Kolon | 东洋 | 高合 | 亚南 | 东洋 | 东洋 | 东国制钢 | 韩松 | KT&G |
| 22 | 锦湖 | Kolon | 真露 | 高合 | 韩松 | 东部 | 真露 | 真露 | 高合 | 现代产业开发 | 新世界 | 哈纳罗电信 |
| 23 | 东部 | 真露 | 高合 | 真露 | 东部 | 东洋 | 东洋 | 亚南 | CJ | 哈纳罗电信 | 东洋 | 东国制钢 |
| 24 | 高合 | 东部 | 优成 | 海太 | 高合 | 海太 | 海太 | 海太 | 大宇电子 | 新世界 | 现代产业开发 | 现代产业开发 |
| 25 | 韩宝 | 高合 | 东部 | 三美 | 海太 | Newcore | 新和 | 世韩 | 现代产业开发 | 永丰 | 现代产业开发 | 韩松 |
| 26 | 海太 | 极东建设 | 海太 | 东部 | 三美 | 亚南 | 大象 | Kangwon实业 | 亚南 | 现代百货 | 永丰 | 大宇造船 |
| 27 | 大象 | 优成 | 极东建设 | 优成 | 韩一 | 韩一 | Newcore | 大象 | 世韩 | 东方化工 | 大象 | 大宇汽车 |
| 28 | 三和 | 海太 | 韩宝 | 极东建设 | 极东建设 | 巨平 | 巨平 | CJ | 真露 | 大宇电子 | 东远 | 现代产业开发 |
| 29 | 汉拿 | 碧山 | 大象 | 碧山 | Newcore | 大象 | Kangwon实业 | 新和 | 新世界 | 泰光 | 泰光 | 永丰 |
| 30 | 优成 | 大象 | 碧山 | 大象 | 碧山 | 新和 | 世韩 | Samyang | 永丰 | 高合 | KCC | KCC |

注：排名是基于附属公司的总资产价值。该名单是基于目前的财阀名称。例如，LG 在 1994 年之前被称为 Lucky Goldstar，而 SK 在 1997 年之前被称为 Sunkyung。自 2002 年起，公平贸易委员会将公有企业列入大型企业集团的名单，但这份名单不包括公有企业。一些财阀被分成几个集团，主要是由于创始人后代的继承。例如，现代汽车、现代石油、现代产业开发和现代百货在其创始人郑周永 2001 年去世后就与现代集团分开了。

资料来源：韩国公平贸易委员会。

现，在其他年份则未能上榜。这意味着，同一家企业在某一年可能为财阀成员，而在另一年也可能不是，这取决于其所属企业集团的财阀地位。那些在整个样本期内一直是30家最大企业集团成员的企业，其销售额占至少在一年内曾进入过30家最大企业集团之列的企业销售额的54%，这表明，与进入榜单次数相对较少的财阀企业相比，这些财阀企业显示出更高的主导地位。

我们工厂层面数据的主要来源是韩国统计局实施的年度采矿和制造业调查。① 根据韩国标准工业分类（KSIC），该调查涵盖了韩国境内经营采矿和制造业并至少拥有5名员工的所有工厂。② 由于1992—2003年99.9%的工厂接受了调查，我们事实上可以假设调查结果包括了韩国采矿和制造工厂的全部范围。微观数据中的每一个调查结果都是一个工厂，从一家企业可以拥有多个工厂的角度来看，工厂与企业是不同的。我们将保持这种区分，直到解释我们的数据收集方法，并在后面的部分中将数据中的实体称为“企业”。这项调查提供了有关工厂业务活动的广泛信息，如员工人数、销售额、制造成本、销售和管理费用，以及有形资产价值。

我们确定了1992—2003年的抽样期，因为可得的调查数据是从1992年开始的，并且我们希望考虑1997—1998年危机前后相同跨度的时期。为了充分利用丰富的微观数据，我们选择使用五级行业分类，这是韩国标准工业分类中最高的级别。根据韩国统计局的一致性，所有年份的行业分类都转换为第8代韩国标准工业分类。③ 我们关注制造工厂而忽略采矿工厂。

在微观数据中，每个工厂都用其唯一的工厂身份标识，但完全是匿名的。这是我们分析的一个主要障碍，因为我们需要在微观数据中区分出财阀的附属企业。以往分析财阀行为的大多数研究，都是通过使用其他非匿名但不太全面的数据集（如KISVALUE④）规避这一障碍。我们从另一个方面，通过直接尝

---

① 这些微观数据通过韩国统计局的MDIS（微数据集成服务）的远程访问服务获得。

② 从2008年的调查开始，人口数量已经变成至少拥有10名员工的工厂，但是在我们的样本期内，这一数字一直为至少拥有5名员工的工厂。

③ 1998年至2003年的产业分类以1992年至1997年的第8代韩国标准工业分类编码和第6代韩国标准工业分类编码为基础。

④ KIS VALUE是由NICE提供的韩国数据库，NICE是一家专门为韩国公司提供信用评级的公司。它提供了必须由外部审查人员审计的私营公司信息。根据韩国现行法律，资产超过120亿韩元（约合1000万美元）的公司需要提交外部审查员的审计报告。因此，KIS VALUE的覆盖范围比“采矿和制造业调查”的覆盖范围要窄得多。

试使用各种资源，从微观数据中识别财阀企业，解决了这个问题。据我们所知，还从未有人如此尝试过，这种数据收集方法是我们研究中最新颖的方面之一。

我们确定财阀附属制造企业的基本方法如下。首先，我们利用 OPNI 上 2001—2003 年的信息和 2000 年以前公平贸易委员会的新闻稿，编制出制造业财阀成员的名单。① 这份名单包括企业的名称、所属的财阀、企业成立的年月，以及最多五位的所在行业代码。这些变量是我们识别过程中最基本的信息。对于 2001—2003 年的财阀企业，除了五位韩国标准工业分类代码外，列表所需的所有变量都可以从 OPNI 获得，行业代码利用 DART 获得。② 对于 2000 年以前是财阀的附属企业但 2001 年以后不是的，我们只能从公平贸易委员会的新闻稿中检索企业及其所属财阀的名称。因此我们需要收集成立日期和行业分类的数据。各种数据来源，包括 DART、每家公司网站上的企业发展史部分、新闻文章和来自在线招聘网站的企业基本信息都得到了利用。一些企业的数据我们没有找到，不过这些企业所占市场份额不到所有财阀成员的 5%。

此外，我们还根据微观数据为财阀建立了企业和工厂关系。由于调查提供了所有年份的工厂身份和 2002 年以来的企业身份，我们可以在 2002 年和 2003 年为财阀成员建立稳固的企业和工厂关系。对于 2001 年之前的关系，我们使用 DART 的年度业务报告、每个企业网站的企业发展史部分和新闻文章检查每个财阀的企业和工厂的变化，以调整 2002 年和 2003 年的企业和工厂关系。③ 利用这些关系，一家企业可以拥有多个工厂和行业分类，因为如果工厂的位置或产品的行业分类不同，在调查中会对这些工厂分别对待。

在确定企业和工厂关系的同时，我们还将列表中的基本信息应用于微观数据，以确定财阀的附属工厂。我们根据企业成立的年月、行业代码、地点和销售

---

① OPNI（http：//groupopni. ftc. go. kr）是一个提供财阀附属公司详细信息的韩国网站，包括每家公司的名称、成立日期及其二级韩国标准工业分类（KSIC）代码，由公平贸易委员会管理。公平贸易委员会每年 4 月宣布指定 30 家大型财阀。这些新闻稿要么包含所有财阀企业的名单，要么包含每个财阀内部附属公司的变动。2000 年以前的名单是利用这些新闻稿编制的。韩国公平贸易委员会过去的新闻稿可在韩国发展研究所经济信息中心（KDI）（http：//eiec. KDI. re. kr）查阅。

② DART（http：//dart. fss. or. kr/）是由韩国金融监督院运营的网站，提供韩国所有上市和法定审计公司的信息。它显示了公司成立的日期、该公司生产的商品和服务的详细行业代码。

③ 不幸的是，我们不能为那些在 2002 年或 2003 年并不存在的财阀企业提供这样的联系，因为它们的企业身份是未知的。这些企业主要是在 2001 年之前倒闭、被其他公司收购或合并的财阀企业。对于这些企业，我们可以使用基本信息确定每个企业最多有一个工厂，尽管它们可能拥有多个工厂。

数据进行了识别工作。在微观数据中确定了财阀企业后，我们通过将财阀工厂的总销售额除以所有工厂的总销售额，计算出财阀在每个行业每年的市场份额。

表2展示了财阀工厂和存在财阀工厂的行业的汇总统计数据。通过识别过程，最终可以从我们构建的2620个企业—年观测对中，从微观数据中确定2058个财阀制造业企业—年观测对。整个抽样期的鉴定成功率为78.5%，年鉴定成功率一直在70%以上。财阀工厂占工厂总数的0.4%左右，但数据显示其市场份额达到33.9%，这反映出财阀在韩国经济中的强大影响力。在29%的韩国标准工业分类五级行业中，在样本期内的至少一年中存在着财阀工厂，财阀在这些行业的市场份额非加权平均值为31.2%。与财阀在所有行业中的市场份额（33.9%）相比，这意味着财阀工厂主要在工厂规模较大的行业运营。我们还应注意到，危机前财阀在行业中所占市场份额有所增加，危机后则略有下降。因此，我们的结果不是由市场结构的重大变化导致的，而是由市场行为的变化导致的。

回归中的主要因变量是生产率（行业平均劳动生产率和全要素生产率的对数）、工厂的进入与退出、就业、资本存量和资本存量的增长率，按照行业和年份计算。平均劳动生产率是用总实际增加值除以工人总数。由于增加值是以名义价值计算，我们将其除以制造业的GDP平减指数。我们遵循阿斯图里亚斯等人（2017）的方法计算每家公司的全要素生产率。与他们的方法唯一的区别是，我们使用的是增加值而不是总产出。我们以进入和退出的工厂的市场份额代表进入和退出，计算方法是将进入和退出的工厂的总销售额除以所有工厂的总销售额。工厂的资本存量是每年年初和年末资本存量的平均值。资本存量的增长率是当年价值与上年价值之比的对数。

回归中的另一个重要变量是专利数量。我们使用BvD（Bureau van Dijk）提供的Orbis历史数据库。根据之前的财阀企业列表，我们将每家企业分为财阀的附属企业和非财阀企业，并根据公布日期计算财阀和非财阀企业的专利数量。我们按年度和行业汇总了所有企业、财阀和非财阀企业的专利数量。由于大多数专利都由企业拥有，这些企业的行业分类按美国标准行业分类（US SIC）表示，我们按照国际标准行业分类第4版（ISIC Rev. 4）对行业进行分类，在后面的小节中，这也被用于构建企业层面对外部融资的依赖。① 我们假

① 在我们的样本期内，73.6%的专利属于按美国标准行业分类代表其行业分类的企业。其余的专利权属于主要行业分类为第9代韩国标准工业分类的企业所有。

表 2　财阀工厂和有财阀工厂行业的汇总统计

| | 1992—2003 | 1992 | 1993 | 1994 | 1995 | 1996 | 1997 | 1998 | 1999 | 2000 | 2001 | 2002 | 2003 |
|---|---|---|---|---|---|---|---|---|---|---|---|---|---|
| **财阀企业和工厂** | | | | | | | | | | | | | |
| 财阀企业数量 | 2620 | 229 | 238 | 233 | 232 | 236 | 279 | 269 | 239 | 163 | 178 | 162 | 162 |
| 微观数据中确定的财阀企业数量（占财阀企业总数的百分比） | 2058<br>(78. 5) | 179<br>(78. 2) | 189<br>(79. 4) | 185<br>(79. 4) | 185<br>(79. 7) | 184<br>(78. 0) | 212<br>(76. 0) | 200<br>(74. 3) | 186<br>(77. 8) | 136<br>(83. 4) | 142<br>(79. 8) | 131<br>(80. 9) | 129<br>(79. 6) |
| 微观数据中确定的财阀工厂数量（占微观数据中工厂总数的百分比） | 4455<br>(0. 39) | 269<br>(0. 35) | 309<br>(0. 34) | 315<br>(0. 34) | 342<br>(0. 35) | 375<br>(0. 38) | 427<br>(0. 46) | 424<br>(0. 53) | 459<br>(0. 50) | 346<br>(0. 35) | 391<br>(0. 37) | 408<br>(0. 37) | 390<br>(0. 34) |
| 各行业财阀工厂市场份额（%） | 33. 9 | 27. 5 | 28. 8 | 29. 7 | 31. 8 | 32. 3 | 35. 4 | 35. 9 | 37. 6 | 34. 8 | 35. 5 | 34. 2 | 34. 6 |
| **有财阀工厂的行业** | | | | | | | | | | | | | |
| 有财阀工厂的行业占比（%） | 29. 0 | 22. 9 | 24. 8 | 26. 5 | 26. 7 | 29. 4 | 30. 7 | 29. 6 | 31. 4 | 28. 2 | 30. 9 | 34. 2 | 32. 6 |
| 在有财阀工厂的行业中，财阀市场份额的平均值（%） | 31. 2 | 32. 1 | 32. 2 | 33. 8 | 34. 4 | 31. 5 | 32. 7 | 31. 6 | 30. 9 | 29. 8 | 29. 7 | 28. 5 | 28. 9 |

注：行业定义是第 8 代 KSIC，最高可达五级。

资料来源：作者根据 OPNI、公平贸易委员会、采矿和制造业调查以及其他各种数据来源的数据计算。

设每项专利的当前所有者是专利发表时的研发者。实际上，我们在回归中使用的是所有财阀和非财阀企业每年公布的新专利数量的对数。

为了计算 5.3 中使用的工厂利润，我们使用了德勒克和沃辛斯基（De Loecker and Warzynski，2012）的方法。他们的方法需要对生产函数进行估计以获得利润，我们考虑三个模型：柯布—道格拉斯生产函数，考虑内生性的柯布—道格拉斯生产函数，以及考虑内生性的超越对数生产函数。我们使用工厂的财阀成员资格作为影响最优投入需求的变量。行业利润是每个行业中工厂利润的平均值。

表 3 提供了上述变量的汇总统计数据。该表显示了在变量没有缺失值的行业中，行业层面变量的平均值和标准差。除了就业率和资本存量增长率之外，大多数变量在危机之后都有所增加。

## 五、主要的研究结果

### 5.1　市场准入与退出，生产率增长

表 4 到表 9 列出了我们的主要研究结果。在每张表中，我们先考虑整个样本（第 1 列）的结果，再考虑财阀企业的子样本（第 2 列），然后考虑在财阀不占主导的行业中非财阀企业的子样本（第 3 列），以及在没有财阀存在的行业中非财阀企业的子样本（第 4 列）。

在表 4 中我们考虑了劳动生产率的变化。危机过后，各行业的劳动生产率都在加快增长，财阀企业与非财阀企业都是如此。与非财阀主导的行业相比，在危机前有较多财阀存在的行业中，无论是财阀企业还是非财阀企业的劳动生产率增长速度都更快。

在表 5 中我们考虑了全要素生产率的变化。虽然危机后在财阀主导的行业中劳动生产率增长更为显著，但对于危机前由财阀主导的行业来说，这些行业中非财阀企业的全要素生产率增长幅度更大，表明这些行业的改革确实为非财阀企业提供了更多机会。有观点认为，在韩国经济从投资驱动模式转向创新驱动模式的过程中，财阀的反应是增加人均资本而不是进行创新，这个结果与这种观点是吻合的。我们下面对专利的研究结果证实了这一直观认识。

**表 3　各行业选定变量的汇总统计**

| | 平均值 | | | | | | 标准差 | | | | | |
|---|---|---|---|---|---|---|---|---|---|---|---|---|
| | 所有工厂 | | 财阀工厂 | | 非财阀工厂 | | 所有工厂 | | 财阀工厂 | | 非财阀工厂 | |
| | 危机前 | 危机后 | 危机前 | 危机后 | 危机前 | 危机后 | 危机前 | 危机后 | 危机前 | 危机后 | 危机前 | 危机后 |
| log（劳动生产率） | 3. 849 | 4. 220 | 4. 626 | 5. 206 | 3. 801 | 4. 154 | 0. 515 | 0. 569 | 0. 710 | 0. 781 | 0. 480 | 0. 501 |
| log（全要素生产率） | 5. 797 | 5. 999 | 8. 445 | 8. 604 | 5. 711 | 5. 918 | 0. 972 | 0. 978 | 1. 483 | 1. 546 | 0. 868 | 0. 883 |
| 进入行业的工厂占比 | 0. 119 | 0. 184 | 0. 003 | 0. 008 | 0. 119 | 0. 180 | 0. 114 | 0. 154 | 0. 021 | 0. 036 | 0. 111 | 0. 147 |
| 退出行业的工厂占比 | 0. 099 | 0. 191 | 0. 001 | 0. 007 | 0. 105 | 0. 185 | 0. 105 | 0. 160 | 0. 012 | 0. 033 | 0. 105 | 0. 155 |
| log（就业） | 7. 891 | 7. 831 | 6. 567 | 6. 046 | 7. 787 | 7. 736 | 1. 308 | 1. 311 | 1. 575 | 1. 701 | 1. 301 | 1. 321 |
| log（资本存量） | 11. 566 | 11. 911 | 11. 393 | 11. 496 | 11. 396 | 11. 727 | 1. 505 | 1. 533 | 1. 859 | 1. 932 | 1. 418 | 1. 464 |
| 资本存量增长率 | 0. 085 | 0. 033 | 0. 083 | -0. 018 | 0. 084 | 0. 038 | 0. 104 | 0. 087 | 0. 175 | 0. 143 | 0. 106 | 0. 089 |
| log（新专利数量） | 2. 001 | 3. 631 | 0. 793 | 1. 159 | 1. 624 | 3. 308 | 1. 827 | 1. 995 | 1. 738 | 2. 262 | 1. 506 | 1. 765 |
| 利润（Model 2） | 2. 485 | 2. 704 | 4. 025 | 4. 594 | 2. 454 | 2. 640 | 1. 052 | 1. 191 | 2. 653 | 3. 025 | 1. 024 | 1. 129 |

注：除去新专利总数的对数，剔除整个样本期内各变量的最高和最低1%后计算平均值和标准差。行业的定义是第8代KSIC，最高可达五级，但新专利总数的log值除外，其中行业的定义是ISICRev4，最高可达四级，新专利总数的对数是按log（1+新专利总数）计算的，以容纳0。

资料来源：作者根据采矿和制造业调查和Orbis历史数据计算。

**表 4　企业动力学：劳动生产率**

| 因变量：log（平均劳动生产率） | | | | |
|---|---|---|---|---|
| | 所有企业 | 财阀企业 | 财阀份额不为零的行业中的非财阀企业 | 财阀份额为零的行业中的非财阀企业 |
| 危机后 | 0.373***<br>(0.011) | 0.539***<br>(0.067) | 0.355***<br>(0.017) | 0.347***<br>(0.014) |
| 危机后×危机前行业中财阀的平均份额 | 0.292***<br>(0.080) | 0.301*<br>(0.153) | 0.300***<br>(0.093) | — |
| #观察值数量 | 5080 | 1463 | 2438 | 2639 |
| #行业数量 | 471 | 226 | 227 | 245 |

注：在排除整个样本期内每个因变量的最高和最低1%后进行回归。行业的定义是第8代KSIC，最高可达五级。行业固定效应和常数项包含在回归中。***、**和*表示系数分别在1%、5%和10%水平上具有统计显著性。标准误在行业层面聚类，并在括号中给出。第2列和第3列的回归使用了在样本期间（1992—2003年）财阀份额显著不为零的行业，第4列的回归使用了在样本期间财阀份额为零的行业。

**表 5　企业动力学：全要素生产率**

| 因变量：log（全要素生产率） | | | | |
|---|---|---|---|---|
| | 所有企业 | 财阀企业 | 财阀份额不为零的行业中的非财阀企业 | 财阀份额为零的行业中的非财阀企业 |
| 危机后 | 0.214***<br>(0.017) | 0.366***<br>(0.096) | 0.153***<br>(0.027) | 0.200***<br>(0.021) |
| 危机后×危机前行业中财阀的平均份额 | 0.176<br>(0.167) | −0.162<br>(0.246) | 0.465***<br>(0.171) | — |
| #观察值数量 | 5081 | 1464 | 2458 | 2622 |
| #行业数量 | 469 | 224 | 227 | 243 |

注：在排除整个样本期内每个因变量的最高和最低1%后进行回归。行业的定义是第8代KSIC，最高可达五级。行业固定效应和常数项包含在回归中。***、**和*表示系数分别在1%、5%和10%水平上具有统计显著性。标准误在行业层面聚类，并在括号中给出。第2列和第3列的回归使用了在样本期间（1992—2003年）财阀份额显著不为零的行业，第4列的回归使用了在样本期间财阀份额为零的行业。

影响的程度很重要。因为危机前财阀份额的平均值为0.32，所以在原来存在财阀的行业中，危机后非财阀企业的全要素生产率将提高15个百分点（0.465×0.32=0.15）。① 这意味着，受1998年竞争性改革影响的行业与最初

① 如果我们将这些行业与财阀份额的一个标准差进行比较，这种比较是相似的。在我们的数据集中，财阀份额的年内标准差在0.24到0.28之间非常稳定；危机前后的年内平均标准差为0.26。因此，影响的幅度是0.465×0.26=0.12。

不存在财阀的行业相比，前者的非财阀企业全要素生产率增速是后者的两倍(因此没有受到直接影响)。在图 1 中，我们表明结果不是由以前的趋势推动的。

在表 6 中我们考虑了危机前后行业中的企业准入情况。我们看到，在危机后，主要由非财阀企业推动的进入大幅增加，而以财阀为主导的行业中企业进入则较为疲弱。市场进入的规模是相当巨大的。考虑到财阀份额的平均值约为 0.34，在危机后存在财阀的行业中，企业进入率下降了 2 个百分点（约占所有进入和退出的 1/4)。

图 1A　财阀企业 TFP 对数

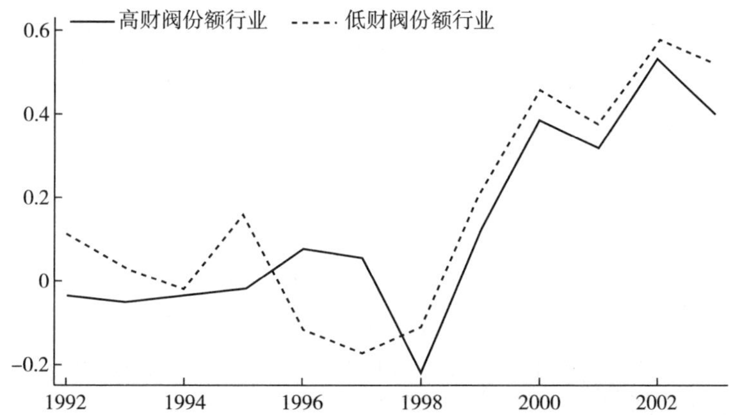


图 1B　非财阀企业 TFP 对数

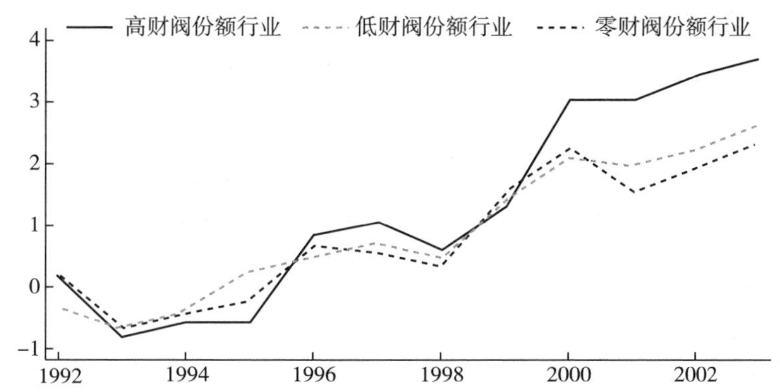


**图 1　财阀与非财阀企业在高、低和零财阀份额行业全要素生产率的对数**

注：行业按照 1992—1997 年财阀的平均份额进行分类：高（高于中位数)、低（低于中位数）和零。行业层面 log TFP 按 1992—1997 年平均值 =0 标准化。1992 年至 1997 年，财阀的平均份额中位数为 0.20。

表 6　企业动力学：进入行业

| 因变量：进入行业的企业占比 | | | | |
|---|---|---|---|---|
| | 所有企业 | 财阀企业 | 财阀份额不为零的行业中的非财阀企业 | 财阀份额为零的行业中的非财阀企业 |
| 危机后 | 0.071*** (0.005) | 0.006*** (0.001) | 0.054*** (0.006) | 0.071*** (0.006) |
| 危机后 × 危机前行业中财阀的平均份额 | -0.060*** (0.020) | -0.008 (0.006) | -0.023 (0.019) | — |
| #观察值数量 | 4662 | 2244 | 2257 | 2314 |
| #行业数量 | 473 | 227 | 227 | 245 |

注：在排除整个样本期内每个因变量的最高和最低1%后进行回归。行业的定义是第8代KSIC，最高可达五级。行业固定效应和常数项包含在回归中。***、** 和 * 表示系数分别在1%、5%和10%水平上具有统计显著性。标准误在行业层面聚类，并在括号中给出。第2列和第3列的回归使用了在样本期间（1992—2003年）财阀份额显著不为零的行业，第4列的回归使用了在样本期间财阀份额为零的行业。

在表7中我们看到危机之后退出行业的企业也有所增加，但这主要涉及危机前非财阀主导行业中的非财阀企业。在表8和表9中，我们比较了就业和资本存量（以及资本存量变化引起的资本投资）在危机前后的变化。我们发现，危机过后，在以前由财阀主导的行业中，大量资本和劳动力从财阀企业重新配置到非财阀企业。

表 7　企业动力学：退出行业

| 因变量：退出行业的企业占比 | | | | |
|---|---|---|---|---|
| | 所有企业 | 财阀企业 | 财阀份额不为零的行业中的非财阀企业 | 财阀份额为零的行业中的非财阀企业 |
| 危机后 | 0.099*** (0.006) | 0.006*** (0.002) | 0.074*** (0.008) | 0.094*** (0.007) |
| 危机后 × 危机前行业中财阀的平均份额 | -0.071*** (0.022) | 0.003 (0.005) | -0.061*** (0.019) | — |
| #观察值数量 | 4678 | 2250 | 2264 | 2227 |
| #行业数量 | 473 | 227 | 227 | 245 |

注：在排除整个样本期内每个因变量的最高和最低1%后进行回归。行业的定义是第8代KSIC，最高可达五级。行业固定效应和常数项包含在回归中。***、** 和 * 表示系数分别在1%、5%和10%水平上具有统计显著性。标准误在行业层面聚类，并在括号中给出。第2列和第3列的回归使用了在样本期间（1992—2003年）财阀份额显著不为零的行业，第4列的回归使用了在样本期间财阀份额为零的行业。

**表 8　企业动力学：就业率**

| 因变量：log（就业率） | | | | |
|---|---|---|---|---|
| | 所有企业 | 财阀企业 | 财阀份额不为零的行业中的非财阀企业 | 财阀份额为零的行业中的非财阀企业 |
| 危机后 | -0.088***<br>(0.024) | -0.081<br>(0.126) | -0.129***<br>(0.037) | -0.128***<br>(0.034) |
| 危机后 × 危机前行业中财阀的平均份额 | -0.096<br>(0.147) | -0.692**<br>(0.312) | 0.458**<br>(0.215) | — |
| #观察值数量 | 5078 | 1477 | 2449 | 2626 |
| #行业数量 | 471 | 222 | 226 | 245 |

注：在排除整个样本期内每个因变量的最高和最低1%后进行回归。行业的定义是第8代KSIC，最高可达五级。行业固定效应和常数项包含在回归中。***、** 和 * 表示系数分别在1%、5%和10%水平上具有统计显著性。标准误在行业层面聚类，并在括号中给出。第2列和第3列的回归使用了在样本期间（1992—2003年）财阀份额显著不为零的行业，第4列的回归使用了在样本期间财阀份额为零的行业。

**表 9　企业动力学：资本存量**

| 因变量：log（资本存量） | | | | |
|---|---|---|---|---|
| | 所有企业 | 财阀企业 | 财阀份额不为零的行业中的非财阀企业 | 财阀份额为零的行业中的非财阀企业 |
| 危机后 | 0.339***<br>(0.028) | 0.550***<br>(0.143) | 0.333***<br>(0.041) | 0.233***<br>(0.035) |
| 危机后 × 危机前行业中财阀的平均份额 | 0.139<br>(0.208) | -0.556<br>(0.368) | 0.567**<br>(0.220) | — |
| #观察值数量 | 5081 | 1472 | 2428 | 2648 |
| #行业数量 | 472 | 224 | 226 | 246 |
| **因变量：资本存量增长率** | | | | |
| 危机后 | -0.043***<br>(0.003) | -0.088***<br>(0.016) | -0.061***<br>(0.005) | -0.033***<br>(0.004) |
| 危机后 × 危机前行业中财阀的平均份额 | -0.015***<br>(0.016) | -0.072**<br>(0.032) | -0.007<br>(0.020) | — |
| #观察值数量 | 5085 | 1453 | 2446 | 2635 |
| #行业数量 | 473 | 222 | 227 | 246 |

注：在排除整个样本期内每个因变量的最高和最低1%后进行回归。行业的定义是第8代KSIC，最高可达五级。行业固定效应和常数项包含在回归中。***、** 和 * 表示系数分别在1%、5%和10%水平上具有统计显著性。标准误在行业层面聚类，并在括号中给出。第2列和第3列的回归使用了在样本期间（1992—2003年）财阀份额显著不为零的行业，第4列的回归使用了在样本期间财阀份额为零的行业。

## 5.2 专利

除了对生产率的分析，我们还研究了企业的专利申请（结果见表10）。由于不同的行业分类，而且只有128个行业拥有重要的专利活动（其中只有97个行业在危机前存在重要的财阀），因此样本要小得多。在这些行业中，专利申请活动在危机前后都在稳步增长（图2）。这意味着需要控制线性时间趋势。

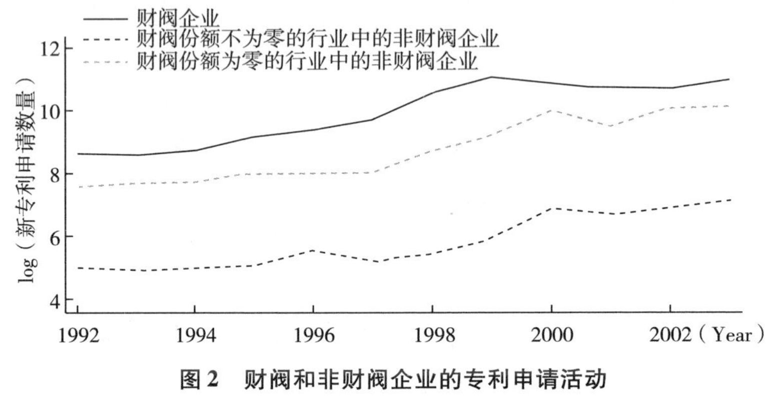


**图2 财阀和非财阀企业的专利申请活动**

表10给出了控制线性时间趋势（*trend*）、虚拟变量危机后（*post crisis*）以及危机后（*post crisis*）与时间趋势（*trend*）交叉项的回归结果。这一设定允许识别危机后专利活动的大幅变化和危机前后专利活动随时间变化的差异。我们发现，对于整个样本公司来说，线性趋势是显著为正的。然而，我们发现了一个积极的转变：危机之后，公司的平均专利数量是危机之前的两倍［exp（0.77）=2.2］。

正如第2列、第3列、第4列所示，整个样本的结果掩盖了财阀和非财阀企业之间的重要差异。危机之前，财阀企业的专利申请活动比非财阀企业的增长略快（分别为每年9%和8%）。然而危机过后情况发生了变化，财阀企业的专利增长率下降到了0。此外，对于财阀企业来说，危机后专利没有上升趋势（危机后虚拟变量的系数非常小，与零没有显著差异）。

相反，非财阀企业的结果显示出上升的趋势以及随时间的正向变化。时间趋势（*trend*）的斜率从危机前的每年8%增加到危机后的每年19%，这种差异在统计上是显著的。危机过后，非财阀企业的专利申请水平也有2.5倍的跃升［危机后虚拟变量的系数在0.85到0.95之间，exp（0.9）=2.5］。

**表 10　企业动力学：专利**

| 因变量：log（新专利数） | | | | |
|---|---|---|---|---|
| | 所有企业 | 财阀企业 | 财阀份额不为零的行业中的非财阀企业 | 财阀份额为零的行业中的非财阀企业 |
| 危机后 | 0.772***<br>(0.081) | 0.096<br>(0.117) | 0.954***<br>(0.093) | 0.852***<br>(0.082) |
| 线性时间趋势 | 0.114***<br>(0.017) | 0.094***<br>(0.022) | 0.078***<br>(0.019) | 0.077***<br>(0.016) |
| 线性时间趋势×危机后 | 0.037<br>(0.029) | -0.087**<br>(0.043) | 0.115***<br>(0.032) | 0.108***<br>(0.028) |
| #观察值数量 | 1406 | 1067 | 1067 | 1406 |
| #行业数量 | 128 | 97 | 97 | 128 |

注：行业由国际标准行业分类第 4 版定义，最高可达四级。行业固定效应和常数项包含在回归中。***、** 和 * 表示系数分别在 1%、5% 和 10% 水平上具有统计显著性。标准误在行业层面聚类，并在括号中给出。Trend = Year - 1998。

在表 11 中，我们根据危机前财阀公司在该行业中所占份额，研究了这些结果的异质性。我们加入了财阀份额与线性时间趋势的交叉项，财阀份额与危机后虚拟变量的交叉项，财阀份额与危机后、线性时间趋势的三变量交叉项。对于非财阀企业而言，财阀份额与危机后的交叉项系数和三变量交叉项系数为正，这与之前由财阀主导行业的业绩更为强劲的推测是一致的。但或许因为样本规模较小，这两个系数并不显著。然而，对于财阀企业有一些有趣的发现（因此对于整个样本来说也是如此）。危机之前，财阀企业在财阀主导行业中的专利申请活动增长较快（财阀份额与线性时间趋势的相关系数为正，且在统计上显著）。然而，危机之后，这种影响实际上完全逆转了：三变量交叉项的系数显著为负，且比危机前的系数大。因此，在以前由财阀主导的行业中，危机之后财阀企业在专利活动方面的增长较危机之前有所放缓。

### 5.3　利润

我们遵循德勒克和沃辛斯基（2012）的方法计算公司利润。我们使用三种模型：柯布—道格拉斯生产函数，考虑内生性的柯布—道格拉斯生产函数，以及考虑内生性的超越对数生产函数。我们首选的设定是使用考虑内生性的柯布—道格拉斯生产函数——正如我们在其他地方假设柯布—道格拉斯生产函数一样。其他两个设定的结果是相似的。

**表 11　企业动力学：专利（控制危机前行业中的财阀份额）**

| 因变量：log（新专利数） | | | | |
|---|---|---|---|---|
| | 所有企业 | 财阀企业 | 财阀份额不为零的行业中的非财阀企业 | 财阀份额为零的行业中的非财阀企业 |
| 危机后 | 0.775***<br>(0.098) | -0.032<br>(0.108) | 0.930***<br>(0.125) | 0.789***<br>(0.101) |
| 线性时间趋势 | 0.082***<br>(0.018) | 0.016<br>(0.017) | 0.085***<br>(0.024) | 0.081***<br>(0.018) |
| 线性时间趋势×危机后 | 0.088***<br>(0.032) | 0.039<br>(0.037) | 0.076*<br>(0.040) | 0.079**<br>(0.032) |
| 危机后×危机前行业中财阀的平均份额 | -0.020<br>(0.442) | 0.675<br>(0.505) | 0.127<br>(0.538) | 0.440<br>(0.489) |
| 线性时间趋势×危机前行业中财阀的平均份额 | 0.222***<br>(0.081) | 0.410***<br>(0.080) | -0.033<br>(0.087) | -0.024<br>(0.079) |
| 线性时间趋势×危机后×危机前行业中财阀的平均份额 | -0.351***<br>(0.131) | -0.662***<br>(0.140) | 0.204<br>(0.147) | 0.197<br>(0.138) |
| #观察值数量 | 1406 | 1067 | 1067 | 1406 |
| #行业数量 | 128 | 97 | 97 | 128 |

注：行业由国际标准行业分类第 4 版定义，最高可达四级。行业固定效应和常数项包含在回归中。***、** 和 * 表示系数分别在 1%、5% 和 10% 水平上具有统计显著性。标准误在行业层面聚类，并在括号中给出。Trend = Year - 1998。

在图 3 中，我们分别展示了在财阀高于或低于中位数的行业中，财阀和非财阀企业的利润增速随时间的变化趋势。由图可知，韩国制造业的利润增速都很高（从 2 到 6 不等）①，并且无论在危机前还是危机后，财阀企业的利润增速都高于非财阀企业。最后，与我们的观点一致，危机之前利润增速在增加，危机之后增速开始下降。

① 在财阀份额较低的行业，利润增幅通常较高。对利润增幅的跨行业比较没有提供很多有用信息，因为它是由行业特有的固定成本与可变成本比率的差异驱动的。在所有回归中，我们控制了工业虚拟变量。

图 3A 财阀企业

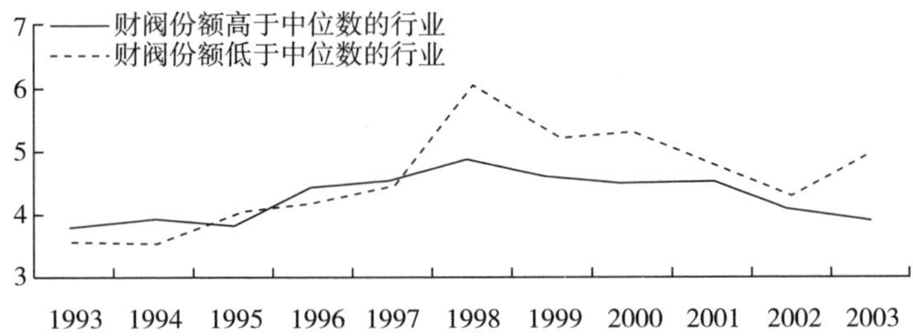


图 3B 非财阀企业

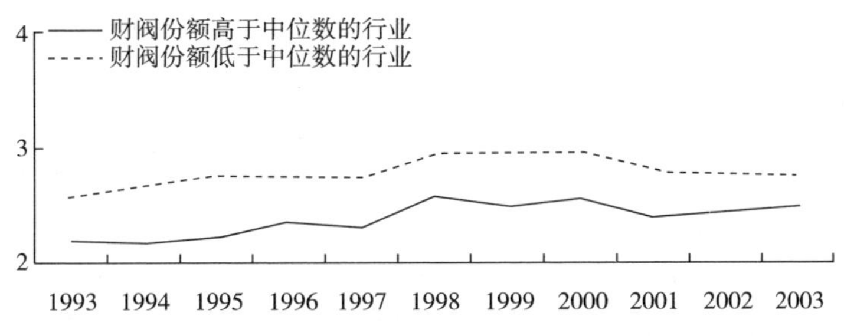


**图 3 按行业类别划分的财阀和非财阀企业的平均利润增速**

注：这些数字是财阀和非财阀企业在各个行业的平均利润，不包括每个行业类别整个样本期的最高和最低 1%。

表 12 分别列出了财阀企业和非财阀企业的回归结果。我们发现无论是财阀企业还是非财阀企业，危机后利润都增加了。然而，与其他行业相比，危机前财阀份额较高的行业中财阀企业的利润增长幅度有所不同。财阀企业利润的增加完全可以解释为危机前财阀对行业的主导程度较低（这些行业受改革影响较小）。在以前由财阀主导的行业中，财阀企业的利润增幅与零没有显著差异，而非财阀企业的利润增幅在所有行业中都是显著的正值。财阀存在程度较高与较低的行业，利润增幅没有差别。

为什么危机之后非财阀企业的利润增幅会增加？第一种可能的解释是幸存者偏差，也即利润率较高的企业更有可能度过危机。在表 13 中，我们分别列出了幸存企业的回归结果。如果利润增长完全是由于幸存者偏差，那么我们应该观察到幸存企业的利润为 0。这与我们在表 13 中发现的并不相符。虽然系数较小（因此存在一定的幸存者偏差），但它们在定性上仍与表 12 中的系数相似。因此，危机确实导致幸存企业获得更高的利润（除了以前由财阀主导行业中的财阀企业，这些行业受到 1998 年改革的影响更大）。

**表 12　企业动力学：利润**

| | 所有行业 | | | |
|---|---|---|---|---|
| | 财阀 | 非财阀 | 财阀 | 非财阀 |
| 危机后 | 0. 335 ** <br>(0. 130) | 0. 201 *** <br>(0. 020) | 0. 643 *** <br>(0. 218) | 0. 203 *** <br>(0. 025) |
| 危机后 × 危机前行业中财阀的平均份额 | — | — | -0. 927 * <br>(0. 553) | -0. 016<br>(0. 091) |
| #观察值数量 | 1292 | 2226 | 1292 | 2226 |
| #行业数量 | 216 | 227 | 216 | 227 |
| | **高于财阀份额中位数的行业** | | **低于财阀份额中位数的行业** | |
| 危机后 | 0. 278<br>(0. 187) | 0. 246 *** <br>(0. 043) | 0. 490 *** <br>(0. 179) | 0. 207 *** <br>(0. 028) |
| #观察值数量 | 665 | 759 | 490 | 757 |
| #行业数量 | 78 | 78 | 77 | 77 |

注：在排除整个样本期内每个因变量的最高和最低 1% 后进行回归。行业的定义是第 8 代 KSIC，最高可达五级。行业固定效应和常数项包含在回归中。***、** 和 * 表示系数分别在 1%、5% 和 10% 水平上具有统计显著性。标准误在行业层面聚类，并在括号中给出。在样本期间（1992—2003 年），所有行业的回归都使用了财阀份额显著不为零的行业。高于和低于财阀份额中位数的行业是基于危机前（1992—1997 年）各行业财阀销售份额的中位数。利用柯布—道格拉斯生产函数和内生生产率过程计算利润。

**表 13　企业动力学：利润（幸存企业）**

| | 所有行业 | | | |
|---|---|---|---|---|
| | 财阀 | 非财阀 | 财阀 | 非财阀 |
| 危机后 | 0. 260 ** <br>(0. 112) | 0. 180 *** <br>(0. 021) | 0. 488 *** <br>(0. 184) | 0. 188 *** <br>(0. 025) |
| 危机后 × 危机前行业中财阀的平均份额 | — | — | -0. 710 * <br>(0. 420) | -0. 047<br>(0. 096) |
| #观察值数量 | 1134 | 2215 | 1134 | 2215 |
| #行业数量 | 174 | 226 | 174 | 226 |
| | **高于财阀份额中位数的行业** | | **低于财阀份额中位数的行业** | |
| 危机后 | 0. 242<br>(0. 177) | 0. 213 *** <br>(0. 044) | 0. 395 ** <br>(0. 178) | 0. 194 *** <br>(0. 028) |
| #观察值数量 | 604 | 748 | 472 | 756 |
| #行业数量 | 71 | 78 | 74 | 77 |

注：在排除整个样本期内每个因变量的最高和最低 1% 后进行回归。行业的定义是第 8 代 KSIC，最高可达五级。行业固定效应和常数项包含在回归中。***、** 和 * 表示系数分别在 1%、5% 和 10% 水平上具有统计显著性。标准误在行业层面聚类，并在括号中给出。幸存企业是指在 1992—1997 年首次出现在样本中，最后一次出现在 1999—2003 年，且至少出现 3 年的企业。在样本期间（1992—2003 年），所有行业的回归都使用了财阀份额显著不为零的行业。高于和低于财阀份额中位数的行业是基于危机前（1992—1997 年）各行业财阀销售份额的中位数。利用柯布—道格拉斯生产函数和内生生产率过程计算利润。

对于非财阀企业利润增长的另一种解释是这些企业的创新活动。如上节所示，危机后，各行业的非财阀企业都增加了专利申请，这与危机后它们的利润增长是一致的。与此同时，与其他行业相比，以前由财阀主导的行业中财阀企业的专利申请活动有着明显的不同，这也与它们的利润变化一致。

## 六、结论

本文分析了 1997—1998 年亚洲金融危机前后韩国企业的动态变化，以及通过削弱财阀主导地位来推动市场竞争的改革。我们发现，在危机前由财阀主导的行业中，改革后非财阀企业的劳动生产率和全要素生产率显著提高。此外，尽管财阀和非财阀企业的劳动生产率都有所提高，并且程度相似，但在以前由财阀主导的行业中，非财阀企业在危机后的全要素生产率增幅更大。

此外，我们发现，改革后所有行业中的非财阀企业进入数量都有显著增加。最后，危机过后，非财阀企业也大幅增加了它们的专利活动。这些结果符合新熊彼特理论的观点，即随着危机削弱了财阀的力量，经济增长将从投资驱动型更多地转向创新驱动型。

（对外经济贸易大学金融学院　赵心茹　译）

## 参考文献


Aghion P，Howitt P.（1992）．“A Model of Growth through Creative Destruction，” *Econometrica* 60（2），323－351.

Aghion，Philippe，Ufuk Akcigit，and Peter Howitt（2014）．“What Do We Learn From Schumpeterian Growth Theory?” In *Handbook of Economic Growth.* Edited by P. Aghion and S. Durlauf. Vol. 2，515－563. Amsterdam，Elsevier.

Asturias，Jose，Sewon Hur，Timothy J. Kehoe，Kim J. Ruhl（2017）．“Firm Entry and Exit and Aggregate Growth.” NBER Working Paper 23202.

Borensztein，Eduardo，and Jong-Wha Lee（2005）．“Financial Reform and the Efficiency of Credit Allocation in Korea.” *Journal of Policy Reform* 8（1）：55－68.

Borensztein，Eduardo，and Jong-Wha Lee（2002）．“Financial Crisis and Credit Crunch in Korea：Evidence from Firm-level Data.” *Journal of Monetary Economics* 49：853－875.

Chang，Sea-Jin（2003）. *Financial Crisis and Transformation of Korean Business Groups.* Cambridge University Press.

De Loecker，Jan and Frederic Warzynski（2012）．“Markups and Firm-Level Export Status.” *American Economic Review* 102（6）：2437－2471.

Eeckhout, Jan and Jan De Loecker (2018). "Global Market Power." CEPR Discussion Paper 13009.

Gill, Indermit, and Homi Kharas. (2007). "An East Asian Renaissance: Ideas for Economic Growth." World Bank, Washington, DC.

Haggard, Stephen, Wonhyuk Lim, and Euysung Kim (2003). *Economic Crisis and Corporate Restructuring in Korea: Reforming the Chaebol.* Cambridge University Press.

Hahn, C. (2000). "Entry, Exit, and Aggregate Productivity Growth: Micro Evidence on Korean Manufacturing", OECD Economics Department Working Papers, No. 272, OECD Publishing, Paris.

Hemous, David, and Morten Olsen (2018). "Long-Term Relationships: Static Gains and Dynamic Inefficiencies." *Journal of the European Economic Association* 16 (2): 383 – 435.

Hong, Kiseok, Jong-Wha Lee, and Young Soo Lee (2007). "Investment by Korean Conglomerates before and after the Crisis." *Japan and the World Economy* 19: 347 – 373.

IMF (1997a). "Republic of Korea-IMF Standby Agreement: Summary of Economic Program." International Monetary Fund Press-Release, December 5, 1997.

IMF (1997b). Press Conference of Stanley Fischer. International Monetary Fund Press-Release, December 5, 1997.

Kim, Minho, Jiyoon Oh, and Yongseok Shin (2017). "Misallocation and Manufacturing TFP in Korea, 1982 – 2007." *Federal Reserve Bank of St. Louis Review* 99 (2): 233 – 44.

Klette, Tor Jakob and Samuel Kortum (2004). "Innovating Firms and Aggregate Innovation." *Journal of Political Economy*, Vol. 112, No. 5, pp. 986 – 1018.

Lane, Nathaniel (2017). "Manufacturing Revolutions. Industrial Policy and Networks in South Korea." Mimeo, Monash University.

Minetti, Raoul and Sung-Guan Yun (2015). "Institutions, Bailout Policies, and Bank Loan Contracting: Evidence from Korean Chaebols," *Review of Finance*, *European Finance Association*, Vol. 19 (6): 2223 – 2275.

OECD (2000). OECD Economic Surveys: Korea. OECD Publishing, Paris.

Rajan, R., Servaes, H., Zingales, L. (2000). "The Cost of Diversity: The Diversification Discount and Inefficient Investment." *Journal of Finance* 55: 35 – 80.

Rajan, R., Zingales, L. (1998). "Financial Dependence and Growth." *American Economic Review*, Vol. 88, No. 3, pp. 559 – 86.

Shin, Kwangshik (2003). "Competition Law and Policy." In Haggard, S., Lim, W. and Kim, E., eds, *Economic Crisis and Corporate Restructuring in Korea: Reforming the Chaebol.* Cambridge University Press.

Wei, Shang-Jin, Zhuan Xie, and Xiaobo Zhang (2017). "From 'Made in China' to 'Innovated in China': Necessity, Prospect, and Challenges." *Journal of Economic Perspectives* 31 (1): 49 – 70.

World Bank (1999). "Republic of Korea: Establishing a New Foundation for Sustained Growth." World Bank Report No. 19595 KO. Washington, DC.

Yun, Mikyung (2003). "Foreign Direct Investment and Corporate Restructuring After the Crisis." In Haggard, S., Lim, W. and Kim, E., eds, *Economic Crisis and Corporate Restructuring in Korea: Reforming the Chaebol.* Cambridge University Press.

# 特稿

Feature

Comparative

# 减贫政策干预的五点建议

## 班纳吉和许成钢的对话

阿比吉特·班纳吉　许成钢

首先，让我们来看看全球的贫困趋势。目前，贫困线以下的绝对总人口数已经下降，而贫困人口占世界人口的比例下降幅度更大。这是令人瞩目的转变，可喜可贺。中国在此变化中发挥了重要的作用。

每当我们谈到加强消除贫困的斗争时，我认为，首先要记住的是，贫困人口已经大大减少。事实上，还值得一提的是，随着经济结果的改善，如人均GDP和穷人收入的提高，其他方面的结果也随之改善，这是更加令人振奋的事实。例如，在过去10—15年间，死于疟疾的儿童人数急剧减少。从2010年到2017年，非洲疟疾死亡人数下降了40%或50%（见图1）。这些都是了不起的事实，我们应该深感高兴。这也说明人们不仅越来越富裕，而且过去活不到五岁的孩子如今能活过五岁，母亲不会死于分娩，各种美好的事情接连发生。

今天，我想谈的框架包含五个要点，这五点也许没有多少人支持。

第一，我们从研究中看到，大量研究花无数的时间在讨论全球趋势。我刚才也提到了一些全球趋势，但是我认为，要指导政策，我们就需要弱化对全球

* Abhijit Banerjee，麻省理工学院经济系教授，2019年诺贝尔经济学奖得主；许成钢，长江商学院经济学教授。本文根据两位作者在2019年11月9日“财新峰会”上的对话整理而成。感谢许成钢教授在文章整理过程中提供的大力帮助。

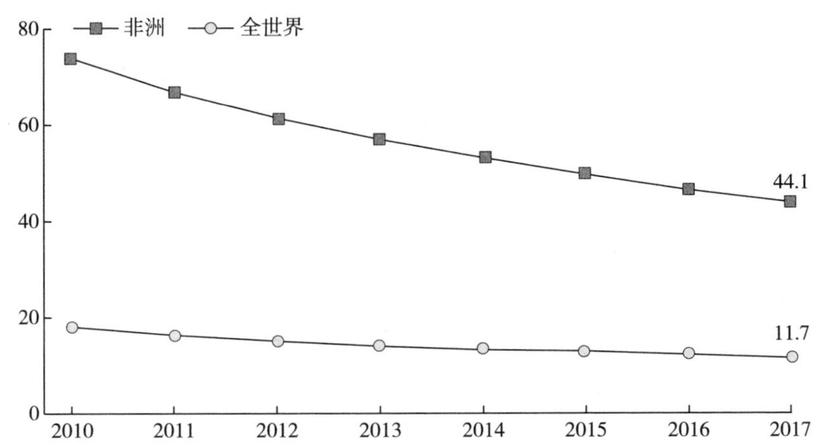

**图 1　疟疾死亡率趋势图（2010—2017 年，全世界和非洲每 10 万人群死亡人数）**

趋势的关注。我们花大量时间预测中国是否正在人均水平上超越美国，哪些方面已经赶上，哪些方面可能还没有赶上，这类全球趋势的预测虽然有趣，但大多数时候并不正确。我在这里给大家举一个 1989 年的例子。《华尔街日报》一直凭其智慧预测未来趋势。他们想预测未来 50 年会有哪些辉煌无比的增长故事。自那之后 30 年过去了，正是我们观察其预测结果的好时机。那么，《华尔街日报》都预测了些什么呢？他们预测的第一个赢家是孟加拉国。这个预测相当准确，因为当时孟加拉国被认为属于没有希望的国家之一，亨利 · 基辛格（Henry Kissinger）称其"一无是处"。然而，孟加拉国做得非常好。在过去几年里，孟加拉国的经济增长率位居世界前列，而且一直在加速增长。它已不再是世界上最贫穷的国家之一。

《华尔街日报》预测的第二个赢家是泰国。你或许知道，泰国有点儿像 B 级片演员。有那么一段时间，泰国几乎没有增长，然后突然有点起色，但这算不上辉煌的成功故事。最后一个会把你逗乐的预测是津巴布韦。根据《华尔街日报》的预测，津巴布韦将成为下一个伟大的非洲增长典范。然而，众所周知，津巴布韦已经几近崩溃。显然，世事起落、祸福难料，虽然也有一些让我们为之兴奋的发展，但津巴布韦显然不是一个成功的增长实例。

那么，《华尔街日报》预测哪个国家不能成功实现增长呢？答案是中国。中国被预测为落后国家之一。鉴于《华尔街日报》的这些预测记录，我不想因为预测而让自己尴尬，所以我不打算做预测。相反，我想要探讨的是，假定我们无法确切地判断经济增长到底会如何发生，我们应该做些什么。

第二，我认为美国乃至全世界都很痴迷根本性变革。大家都想推倒重来，采取某些颠覆性的措施，但对此又不甚了了，只是认为它们会改变一切。

在我看来，这么多年来的一个好消息是，人们在一些不那么革命性的、更边际的领域取得了进展。当然，其间也有一些根本性变革，如邓小平领导下的中国政策改革就是其中之一。但我认为，也有很多人们不曾注意到的细小变化对我们所有人来说不仅是能够做到的，而且极其重要。

我这里要提到的这种细小变化就是预防性医疗产品的使用率。这也是我们的研究工作之一。我们的研究旨在说明，当降低预防性医疗产品（比如蚊帐、净水药片、驱虫药丸）的价格时，疟疾这样的疾病感染会发生什么变化。这些物品都很平常但没有得到使用。人们不断因疟疾死亡，却不使用蚊帐。为什么人们突然就用上了蚊帐呢？这些曲线的背后都有相同的故事（见图2）。大致说来，蚊帐没有得到使用的原因是价格太高，它们的定价接近市场价格。而当你把价格降到近乎零时，人们就会使用蚊帐了。有一种说法认为，人们免费获得某样东西时，就不会使用它。这种观点是没有根据的。

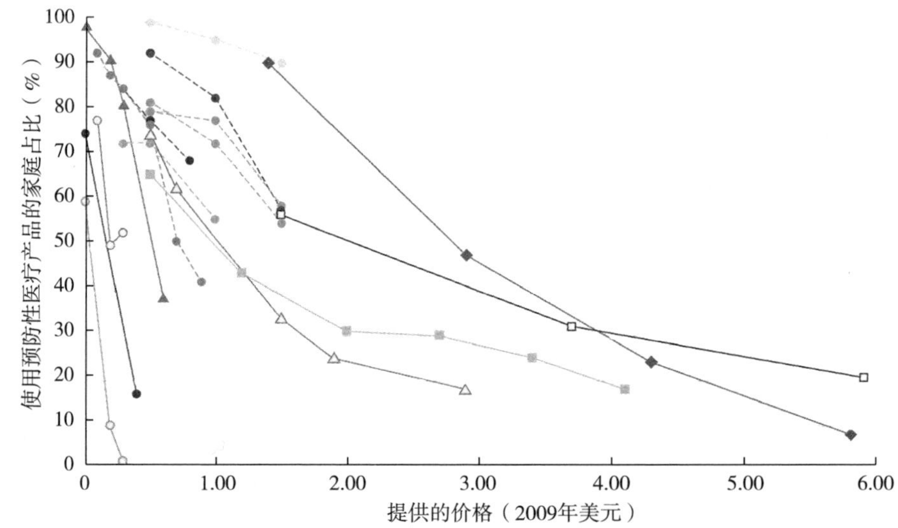


**图2　预防性医疗产品在不同价格下的使用率**

事实上，这也正是我们的研究结论。我们的研究证据显示，如果价格下降，就会有更多的人使用。当更多的人使用时，就会有更多的生命得到挽救。我们常常假定，任何东西都需要定价。但实际上我们的研究表明，如果你免费或低价给人们提供某种预防性医疗产品，他们就会使用这些产品。而当他们使用时，生命就得到挽救。

这里的基本要点在于，这些都是寻常的变化，需要细致的实验才能发现，但并不需要革命。然而，这些变化挽救了无数人的生命。从图 1 中，您可以看到幸存孩子的数量发生的变化。因此，我想传达的信息是我们需要关注“改进”（augument），而不仅仅是瞄准根本性变革。如果可以推动根本性变革，那当然好，但如果不能，也没有关系，我们依然可以做很多改进工作。

第三，不要忽视显而易见的事情。我们在减贫方面已经有过很多尝试，小额贷款就是具有标志性意义的尝试之一。一种广为流传的说法是，在小额信贷的助力下，人们的创业热情会喷薄而出，所有国家都将发生根本性变革。但是，我们对小额信贷开展了一系列随机对照实验。研究表明，它既没有带来改进，也没有引发根本性变革。人们依然贫困如初！

于是，人们大失所望，甚至不知道该怎么办。现在，麻省理工学院的一些学生决定做一些显而易见的事情。他们想确认，“大家认识谁是真正优秀的企业家但没有资本的吗？”就这样，他们去印度一些低收入社区四处搜寻。他们问那里的人，你知道谁会成为优秀的企业家吗？你知道附近有好的企业家吗？然后有人会说：“知道啊，他就是！”于是他们惊奇地发现，大多数人都说，“知道，实际上这里就有一个。但他只是个小企业家。”

之后，他们把 100 美元当作礼物送给这些潜在的企业家，既送给那些被预测会成功的人，也送给那些被预测不会成功的人。一切完成后，出现了一个引人注目的事实：那些被预测为非常成功的人，即预测组排名前三分之一者，每月的资本回报率为 25%，其他的则基本为零。我想让大家从中明白的一点是，提出问题是很容易的。我们经常做一些自认为很复杂的事情，而不是做显而易见的事情。有时候做显而易见的事情效果更佳。

第四，寻找好的解决方案时，不要把创新和新事物混为一谈。在发展中国家，很多事情都是创新的，但并不是新鲜事物。新鲜并非创新的必要条件。这恰恰是美国当前环境中发生的事情。我们总是宣称一切都是新的，一切都是变革性的，一切都是美好的，可实际上非常平凡的事物也助益匪浅。这就是我要提出的观点，尤其是所有技术都可以提供帮助。许多国家已经在尝试使用各种技术提高农业产量，我知道中国也在致力于这样做。又如，研究人员给印度和肯尼亚农民发短信，提醒他们每周使用三分之一杯某种肥料。他们使用了 20 世纪 90 年代的短信技术，成本很低。这一做法谈不上新颖、创新或了不起，但非常有效。研究结果表明，农业产量提高了 10%—15%。同样，这一做法也并非什么根本性变革，却非常重要。

最后的第五点也是我们在《贫穷的本质》（*Poor Economics*）一书中提出的核心思想，即我们经常制定错误的政策，因为我们不会去问穷人是怎么想的，也没有设身处地为他们着想，而是假设他们应该以某种方式行事。如果某件事是好的，那么对他们也应该是好的，他们就应该做这件事。我们并不理解为什么有些事情行不通。例如，改良炉灶在发展中国家是一项十分先进的技术，在 6—8 年前非常流行，还得到希拉里·克林顿的支持。

改良炉灶旨在解决因使用炉灶和不清洁燃料引起的室内空气污染问题。世界上有很多贫困人口因使用炉灶而吸入了大量颗粒物，尤其是儿童吸入过多这类颗粒物后，肺部很可能变得像吸烟者。改良炉灶项目的工作人员设计了一种新炉子，以排放炉灶产生的烟雾，净化室内空气。这是一个很好的项目，得到了许多人的支持，包括克林顿夫人和其他有识之士。有大量资金投入这个项目。那么，改良后的新炉灶是什么样的呢？它们是固定在墙上的，有一个烟囱可以把烟从屋顶排出去。

结果，没人使用这种新炉灶。整个项目以失败告终。这不是因为大家不在乎空气质量，而是设计者忽略了一个关键因素，那就是在天气良好的时候，负责做饭的人（通常是妇女）喜欢把炉子搬到外面，挨近邻居，边做饭边聊聊八卦，唠唠家常，看着孩子们玩耍。人们更喜欢这种一举多得的做饭方式，而把炉灶固定在墙上以后，根本就不能把它挪到外面。

设计者忘记了做饭也是一种社交活动，人们可以聚在一起做这件事。从这个意义上说，我觉得他们犯错，是因为没有考虑到穷人是怎么过日子的。倘若我们想改变穷人的生活，就需要了解他们的生活和生存方式。我们必须思考他们会如何使用物品，而不是我们自己想要什么以及我们会如何使用物品。

以上这些就是我们的一些研究案例。我大致上持乐观态度，并认为，只要我们细心，一次解决一个问题，认真思考问题的根源，而不仅仅是弥补问题，我们就能成功。不要一想到空气很脏，就弄台机器来净化它，而完全忽略了人们想要如何生活。我认为，假如我们理解了我们所提的建议与人们生活方式之间的联系，同时牢记要一步一个脚印，我们就能解决问题。让我们去做实验吧，让我们去仔细测量吧，让我们看看什么是有效的，什么是无效的。让我们诚实地对待结果。我相信我们已经在减贫方面取得巨大的进步，我们还可以取得更大的进步。

**许成钢：**我首先介绍阿比吉特·班纳吉。他是我的高年级同学，是一位杰出的经济学家。在他学术生涯的早期，在理论经济学方面做出了极其重要的贡献。后来，他的研究领域有了重大转变，从纯理论经济学家转变为从事实验的发展经济学家。他目前的研究重点是贫困与不平等，这些是包括发展经济学在内的经济学中最基本的问题。为什么有些国家在发展，有些国家却裹足不前？还有政策问题：为什么一些主要政策不成功？我们应如何设计政策，如何审查政策？班纳吉教授的重要贡献包括经济增长与发展、不平等与贫困、教育与发展等基本理论。他获得诺贝尔奖的重要贡献之一是方法论，特别是随机对照实验（RCT）。他将随机对照实验这一在医学临床研究中行之有效的方法，应用到经济学中。现在，我将与班纳吉教授进行对话。

我想根据你的案例提一个非常简单的问题。你表示疟疾死亡率已经大幅下降。我们能再多了解一点吗？是什么原因，或者说是什么因素促成了这种稳步下降？

**班纳吉：**我想我已经做过解释，但我肯定说得不够清楚。我认为最大的一个因素是用杀虫剂处理过的蚊帐的价格大幅下降。这一技术是众所周知的。多年来人们已经知道，让孩子睡在用杀虫剂处理过的蚊帐里，蚊子会死亡，孩子则不会感染疟疾。这早就不是新鲜事。

不幸的是，人们觉得这种蚊帐很贵，承担不起，因此都不使用。于是，在我亲爱的同事、斯坦福大学教授帕斯卡琳·达帕斯（Pascaline Dupas）的鼓励下，政府降低了此类蚊帐的价格。她在一系列实验中表明，降低价格确实提高了儿童使用蚊帐的比率。降价遭到诸多阻力，因为有一个普遍的理论认为，如果降价，人们就不会尊重他们得到的东西。如果蚊帐降价，他们只会滥用蚊帐。

事实上，为了验证这一点，她不得不在晚上派人去检查孩子们是否睡在蚊帐里。如果他们睡在蚊帐里，就不会感染疟疾。事情就这么简单！正是降低蚊帐的价格导致了疟疾的减少，而这很大程度上归功于达帕斯提出的证据。

**许成钢：**非常好！我的下一个问题有关实证工作的方法论，尤其是随机对照实验方法。这个方法在医学临床研究中已经并不新颖，但将其引入社会科学却是创新。将随机对照实验从医学临床转变到社会科学问题，研究对象和环境都有巨大的改变，我想知道，其中的主要挑战是什么？

**班纳吉：**我认为有两个挑战：挑战之一是遵从率。在一项医学实验中，譬如有 70 人，其中 35 人服用一种药丸，另外 35 人服用另一种药丸，大家照此行事。他们每周都来，通常都是病情严重的人，所以他们有很强的动力参与。

在社会科学实验中，你知道，我们经常有 300 万人。他们中的一小部分实际上会直接受到干预的影响，但我们不知道他们是谁。我们可以在村庄做实验，选择一些村庄，对它们干预，而对其他的村庄不干预。在被选中进行干预的村庄里，可能有 10% 的人口受到干预的影响，其余的则不受影响。我们使用大量的样本，以确保能够实际检测到这样的效果。

我们的研究里可能有一万个村庄，于是测量时必须考虑一个事实，即大多数人不会受到影响。所以，我们的随机对照实验研究在整个统计思维方式和控制方法上与医学中的随机对照实验并不相同。

**许成钢：**在社会科学家尝试进行随机对照实验研究时，如何能在这个实验中获得有意义的结果，这些实验的做法一定需要遵循一些隐含的假设。

第一个隐含假设是，研究者的目标应该是客观的发现，而不是有意偏向某些政策；不是取悦政府。第二个隐含假设是，研究人员以及在研究中试图设计的政策，都必须尊重穷人的基本权利。因此，要发现的内容，或想要设计的政策，都只能以受试者的自由选择为基础。

我特意阐述这两个重要问题，是因为在不同环境中，有些研究人员可能会违反这些隐含假设。我想听听你对此的回应。

**班纳吉：**这个问题很有意思。我认为，整个学术界都应该清楚地意识到这一点。我们的实验不能随心所欲，否则会造成伤害，所以“不伤害”内嵌于我们的研究之中。如今，这相当于一个基准。假设政府正在实施一个项目。这个项目或许对人们很不利，当我们对它进行评估时，并不是选择这个项目，而是说："你们要做这个项目，我们将项目随机指派给某些人。"因此，并不是我们决定大多数事情的道德维度。政府、非政府组织和私人公司采取行动，我们通常只是安排谁参与项目谁不参与。政府规定把项目发给100个人，那么我们会尝试影响哪100人参与该项目，但并不是我们决定采取什么干预措施。也就是说，我们并不做未启动的项目，我们只是评估已经启动的项目，而不是开展我们自己的项目。当我们开展我们自己的项目时，会有意识地建立一个机构化的评估委员会，让它参与进来。我们不能做项目，更不能为所欲为。

**许成钢：**在你总结的五个要点中，第二个要点提到了改进而不是根本性变革。因此我想回到"根本性变革或改革"的话题上来。我想说的是，如果我们讨论的环境中已经存在私有产权，个人有选择的权利，我会同意你说的"强调根本性变革可能并不是很有用"。然而，假如在我们所处的环境中，最基本的所有权和个人选择受到限制，甚或人们完全没有私有产权，个人没有投资就业等方面的选择权。在这种情况下，赋予人们产权和选择权的根本性变革应该是非常重要的。让我再说的具体一点，在你的研究中，你强调个人选择。所以，在个人可以自由选择的地方，如果不了解穷人，我们就无法设计出有效的政策。但是，在个人根本没有产权，人们对自己做什么和不做什么没有个人选择的权利，他们必须在集体中工作。在这种情况下，赋予他们自由和产权的根本性变革，应该是重要的。实际上，这样的根本性变革才奠定了你做实验的基础。对此，你怎么看？

**班纳吉：**这是一个非常重要的问题。我并不是说，我关于改进而不是根本性变革的观点在任何情况下都是正确的。我是说，的确在有些地方，根本性变革也是必须的。

在你举的例子中，请想想产权的演变过程，曾经有很多小实验，涉及很多个人的改变。我就不谈中国了，毕竟我对中国的了解不多，让我们聊聊美国的产权。产权并非一蹴而就，而是许多法院判决的结果。它始于某项法律，但随后施加了诸多限制，这些后来又被取消，法律也以不同的方式得到修订。不同时期还通过了不同的法律。《州际贸易法案》旨在限制某些财产的使用者，另外还有《谢尔曼法案》。法律上出现各种各样的变化，逐步定义什么是合法的财产所有权，什么不是。这并不是说有一种东西叫自由财产所有权，另一种东西叫非自由财产所有权。即使在最显而易见的资本主义国家，所有权也有一定的限制。这些限制可能是对的，也可能是错的，但它们随着时间演变。总之，我也认同，根本性变革是必不可少的。但我认为，在很多情况下，比如创建产权制度，实际上是逐步推进的。以美国为例，产权制度的确立也花了大约200年时间。不同的法院判决有不同的解释。有《谢尔曼法案》《州际贸易法案》等不同的法案，每一部法案都有其影响。即使在界定产权时，有没有自由产权也并非我们说了算。实际上我们总是渐进地变化，每一个变化都可以进行测试、评估，并确定它是不是好的变化。

**许成钢：**你们在教育与发展、教育与穷人方面做了很多研究。能简要总结一下你在这方面的主要发现吗？

**班纳吉：**我认为我们的研究有两个关键发现：第一个发现是消极的，即你认为会起作用的很多事情都不起作用。例如，我们可以改变班级规模，更改教科书，可以向人们提供更多教科书，给他们制作更多图表。但如果基本的教学方式错误，所有这些都不起作用。

第二个较为积极的结果是，如果你改变教学风格，就可以改进。也就是说，要因材施教，而不是齐整划一地施教，完全不管孩子能学什么、学过什么、知道什么。如果你带的是五年级的孩子，但他们不识字，那你教他们历史，他们当然什么都学不到。所以我们必须面对一个事实，即发展中国家的孩子，他们来自不同的背景，他们学习的进度不同。除非我们能适应这种速度差异并帮助孩子，否则他们无法学习。但你若教授他需要学习的东西，他会学得很快。事实上，迎头赶上是非常快的事。

总之，我们关于教育的研究得出了两个事实。第一，如果坚持让每个孩子都学相同的课程，这行不通。第二，如果因材施教，他们会很快赶上。

**许成钢：**你是否可以赠送我们几句话，概述一下你对中国研究人员的建议。

**班纳吉：**我觉得，中国是研究质量持续迅速提升的国家之一。当前我读了很多在中国做的研究，质量相当高，进步非常快。因此，我首先要说的是祝贺你们。在过去10—15年里，中国科研人员的素质有了极大的提高。大家有目共睹，越来越多高质量的研究从中国出来。其次，我认为高质量数据的可用性，以及政府大规模项目的实施，使中国成为研究许多发展问题的一个非常有趣的地方。这种学习绝不仅仅与中国有关。

（颜超凡　译）

# 后记：随机对照实验的基本原则

许成钢

科学的最基本部分之一是实验和观察。但长期以来能否做实验，是人们区别社会科学与自然科学的最大特点之一。这个特点使人们质疑社会科学，包括经济学是不是科学，或者能否成为科学。2019 年诺贝尔经济学奖授予班纳吉等三人，从科学贡献方面，是因为他们系统地把随机对照实验方法引入经济学。这或许改变了社会科学不能做可控实验的历史。

随机对照实验在临床医学中的使用已经有上百年的历史，但应用在社会科学场景，则是最近二十几年才开创的。随机对照实验在技术上并不复杂，但能否在实验中得到有意义的结果，依赖是否遵从一系列的基本原则。这些原则实际上是科学的共通原则，但在社会科学里，人们往往会有意无意地忽略这些基本原则。当这些原则被忽略时，不仅得不到有科学价值的实验结果，而且会误导科学的发展，误导政策制定。这本身也是长期以来人们怀疑社会科学不能使用实验方法的部分原因。

我在提问中提到的两个基本隐含假设就是这些基本原则。第一个基本原则是关于研究者的。任何科学研究的目标，都只能是发现客观现象。在自然科学里，这比较简单。但在社会科学问题里，涉及很多人的大规模实验，涉及政策目标时，甚至需要获得或者寻求政府帮助，此时如何保证研究者的目标只限于客观的发现，是一个实质性的重大挑战。研究者必须不有意偏向某些政策，不取悦政府。当有些结果使政府不愉快时，仍然能坚持客观。

第二个基本原则是关于实验的受试对象。在临床研究中，如何对待病人，存在一系列道德和法律方面的基本原则。在社会科学研究中，相关的问题变得更基本。有时存在的问题的严重性使得实验的执行面临基本困难。之所以做随机对照实验，是为了用这个方式，发现社会中的人对相关问题的真实反应。但是，只有受试者享有相关的自由，才能在实验中发现其真实的反应。但他们是否享有自由，是科学研究者和实验设计者无法控制的。这是社会科学是否可以系统地进行可控实验的基本问题。例如，在一个民众感到压抑的环境里做实验，如果实验的问题正与人们感受到的压抑相关，在压抑的环境中，实验得到的结果，更可能是人们在被压抑的环境中被迫的扭曲反应。因此，在个人享有更多自由的社会中，实验更容易获得客观结果。在个人自由受到严重限制的社会中，实验方法会更困难，甚至不可行。

赋予还是限制社会中所有的个人基本权利，尤其是自由和产权，会从基本上影响实验环境。因此，我接下来向班纳吉提出的问题是，赋予人们自由和产权的变革，不仅重要，而且实际上是为对照实验奠定基础。但是，由于时间限制，我没有机会展开和解释。因此，他可能没能完全理解我提出的基本问题。他认为美国的产权是逐步定义、逐步改进的，这是事实。但是过于强调这一点，就忽略了一个更基本的事实：美国从殖民地时期开始，就是以私有产权为基础的。在这个基础上，至少拥有私有产权的个人享有基本的自由。后来的改进是在这个基础上产生的。更重要的是，这个制度与个人的产权和自由被系统剥夺的专制社会形成基本对照。这些认识依赖跨国比较。而随机对照实验通常是非常局部的。如何在随机对照实验中面对这些问题，仍是有待解决的挑战。

# 比较制度分析

Comparative
Institutional Analysis

Comparative

# 政府与经济增长
## 能力和约束

诺埃尔·约翰逊　马克·小山

## 1. 引言

当今世界最富裕的国家都既拥有发达的市场经济，又拥有强大的中央集权政府。相比之下，全球最贫困的民众往往生活在市场运转不良、政府孱弱失败的地方。有强大政府的富裕社会同有孱弱政府的贫困社会的分化，是较为晚近的现象。迟至1800年，世界大多数人口还生活在贫困之中，大部分地方的政治权力处于分散割裂的状态。

自1800年之后，发达国家经历了双重剧变。这些国家今天的生活水平对前现代社会的人来说难以想象，普通人的富裕程度约为其先祖的10—15倍。伴随着财富的空前增长，政府的范围和规模同样发生了剧烈变化。经合组织国家如今的税收约占GDP的20%—40%，相比之下，前工业化社会的税收很少能超过GDP的5%。

---

* Noel D. Johnson，乔治·梅森大学经济系助理教授；Mark Koyama，乔治·梅森大学经济系副教授；两人均为乔治·梅森大学莫卡斯特中心（Mercatus center）研究员。作者感谢 Hans Joachim-Voth、Tuan-Hwee Sng 和 John V. C. Nye 提供的有益建议与交流。本文第4节的一些内容另见于 Johnson 所著的一篇文章“Taxes，National Identity，and National Building：Evidence from France”。原文发表于 *Explorations in Economic History*，Vol. 64，2017年4月。

在解释为什么某些国家能成功实现经济发展，某些国家未能成功时，政治经济学与发展经济学的近期研究都强调政府能力的重要性。本文指出，政府能力有助于解释能引导市场发展和经济增长的制度的持久性。人们已经认识到，全球最富裕国家的特征是有着长期延续的中央集权政治制度（Bockstette et al.，2002；Chanda and Putterman，2007；Borcan et al.，2014；Besley and Persson，2009，2011，2013；Dincecco and Katz，2014）；而在缺乏中央集权历史的国家（Herbst，2000；Gennaioli and Rainer，2007；Michalopoulos and Papaioannou，2013），或内部分裂严重的国家（Michalopoulos and Papaioannou，2014），贫困现象尤其普遍且难以改善；此外，政府能力孱弱的国家特别容易爆发国内战争与冲突（Blattman and Miguel，2010；Besley and Persson，2011）。本文既承认政府的掠夺性行为经常是经济停滞的原因，也认为运转良好的政府能够为可持续经济增长提供必要的制度框架。

政府能力（state capacity）是指政府收取税收、维护法律和秩序，以及提供公共品的能力。此概念起源于政治学家与财政社会学家的著作（Tilly，1975，1990；Skocpol，1985；Mann，1986；Ertman，1997），这些学者的研究又沿袭了与奥托·辛策（Otto Hintze）和约瑟夫·熊彼特（Joseph Schumpeter）有关的德国学术传统。①后来，此概念被纳入发展经济学、国际机构与主流经济学的词典（近期的综述可参阅 Bardhan，2015）。②本文试图对欧洲和世界其他国家的强能力政府的崛起展开历史分析，并希望更深刻地理解政府能力同现代经济增长启动之间的关系。③

要理解政府能力重要性，对经济史的研究是关键所在。从历史上看，运行良好的政府的出现是较为晚近的现象。对许多前现代时期的政治实体而言，采

---

① 参阅收录在 Hintze（1906，1975）中的文章，以及熊彼特的经典著作——他区分了中世纪的领地国家与现代税收国家（Schumpeter，1954，1918）。Finer（1999a，b，c）对政府历史所做的开创性研究也值得认可。

② 政府能力的概念首先吸引了研究发展的学者，当时正在讨论有关“发展型政府”（developmental states）在东亚经济增长中的作用（参阅 Wade，1990；Haggard，2004）。Besley and Persson（2009，2010，2011）对此概念做出了理论贡献，此外，McBride et al.（2011）、Herrera and Martinelli（2013）也为这一新兴研究领域做出了理论贡献。

③ 与此相关的是，Dincecco（2015）对近期有关高效政府在欧洲兴起的研究做了综述。Philip Hoffman 在经济史学会（Economic History Association）的主席演说里也呼吁经济史学家关注政治如何影响经济成果的问题，他提到，“对于政府采纳的法律、规范和政策，及其提供的商品和服务到底由何种因素决定，我们还所知甚少”（Hoffman，2015a，第 305 页）。

用“国家政府”（state）一词来描述甚至不合时宜：直至中世纪晚期，欧洲许多地方还没有这样的政府。奥托·辛策注意到，封建统治者“缺乏主权国家的特性，即对边境之外的独立性和对边境之内的排他权”（Hintze，1906，1975，第 192 页）。中世纪欧洲的特点是分裂的政权、彼此重叠与争夺的管辖地域以及私人性质的军队，作为现代意义的政府还无迹可寻（Strayer，1970）。“国家政府”一词直到 16 世纪末才拥有了它在现代英语中的含义（Skinner，2009）。这种变化不仅仅是语义上的转变，“当‘state’、‘l'etat’、‘stato’或‘Der Staat’等词汇在现代早期被人们采用时，是用以表示新的政治体验”（Oakeshott，2006，第 361 页）。

政府能力可以理解为包含两个部分。首先，强能力的政府必须能够在其声称统治的全部领土范围内实施其法规（法律能力）；其次，这样的政府必须能够从经济体中获得充足的税收，以落实其政策（财政能力）。由此，政府能力可以同政府的规模或范围区别开来。有着膨胀却低效的公共部门的政府，在政策实施与税收获取上或许较为无能。而历史学家认为，18 世纪的英国政府尽管在经济中的作用非常有限，却有着强大的政府能力。类似的是，政府能力要求在政治和法律上有一定程度的集权，但这不能完全等同于政治集权化。封建社会的统治者把许多法律和财政决策权授予地方上的领主，其政府能力确实较弱。然而将政治权力集中到中央也可能导致效率低下，从而削弱政府能力（Oates，1999）。温加斯特（Weingast，1995）则指出，联邦制政府给高效治理与经济发展同时提供了有利环境。

本文将首先回顾欧洲和世界其他地区在现代早期的政府发展历史（第 2 节）。欧洲不同区域建设强大政府能力的道路各不相同，我们将指出，这些差异对随后的经济和政治进程具有重大影响。在东亚，帝制中国未能投入政府能力建设是它在 1850—1950 年遭受经济和政治磨难的部分原因。而日本在德川幕府时期较强大的政府能力，则为后来成功的现代化与经济增长进程奠定了基础。另外，困扰撒哈拉以南非洲国家的许多问题也能追根到薄弱而分裂的政府上。

在第 2 节确立了政府能力提升与现代经济增长的关联性之后，本文第 3 节将分析连接政府能力与现代经济增长的潜在因果机制。我们将介绍几个相关的历史案例研究，表明欧洲在现代早期兴起的更高效政府带来了更大的市场融合，改善了法治的实施，并促进了统一的国民身份认同。

本文第 4 节将探讨，是哪些因素让某些社会成功建立起高效政府。我们将把有关政府能力的经济史研究文献同有关发展的深层决定因素的研究文献结合起来。关于可持续经济增长的深层决定因素的近期研究得出了如下启示：地理和人口方面的特征（例如人力资本水平或民族及语言的分化程度）都是发展水平与政治制度效力的关键预测指标。最后的第 5 节将予以总结，展望未来的研究领域。

## 2. 通向现代政府的不同路径

贝斯利与佩尔松的近期研究，让人们关注到人均 GDP 与政府能力指标（通常定义为人均税收）的重要关联（Besley and Persson，2011）。这一正向关联具有稳健性，并适用于广泛的“政府实力”（state strength）定义。该发现是对政府能力概念的更普遍的重新认识的一部分。例如阿西莫格鲁等人指出，“今天广泛认为贫困国家的政府能力薄弱或缺乏是其发展面临的一个主要障碍，大多数贫困国家的政府没有能力或意愿提供基本的公共品，包括法律执行、秩序维护、教育和基础设施等”（Acemoglu et al.，2014，第 1 页）。

对政府能力的这一再度重视源自如下的广泛共识，即经济与政治制度是经济增长的关键决定因素（有关文献包括但不限于 North and Thomas，1973；North，1981，1990；Acemoglu et al.，2005a；Greif，2006；Acemoglu and Robinson，2012）。制度至关重要，是因为它们构造的激励能将经济活动引到对社会具有生产性还是非生产性的用途中。这样的“制度转向”不再聚焦于某项具体政策是否有益，而是关注特定的经济或政治制度如何为最先出现于西欧、后来扩散至世界其他地区的经济增长提供了必要先决条件。①然而，制度研究文献带来了更进一步的疑问：假如对于何种制度能带来可持续经济增长已有一定程度的共识，那又是何种因素让某些社会采纳了这些促进增长的制度，却妨碍了其他社会加以效仿？

政府能力给上述疑问提供了一个回答。由强大、团结并受到制约的政府统治的经济体能够更好地克服既得利益集团的影响，避免灾难性的经济政策。而被孱弱政府统治的社会更容易受寻租、腐败与内战的拖累。因此，政府能力可

① 制度研究方面的文献（特别是 North，1981，1990）在苏联解体后的影响力或许可以归因于如下事实：这套理论既能解释为什么依靠政府计划的经济体容易失败，也能说明为什么引进某项孤立的制度（如私有化或价格机制），有可能效果不佳（Boettke，2001）。

以给市场扶持型制度提供补充，为经济发展创造有利环境。这一理念早已为亚当·斯密知晓，他提到了和平、司法与适度征税的重要性（Smith，1763）。但一直到最近几年，该话题才回到经济史与发展经济学讨论的核心位置。

现代早期（1500—1800 年）的欧洲统治者为追求国家实力和战争胜利而加强政府能力建设。经济的繁荣与发展可以说是实现这些目标的手段，他们并没有预见出现现代经济增长的可能性，很多政策在短期还具有破坏性。与张夏准（Chang，2002）等非正统发展经济学家的说法相反，那个时期鲜有政府引导的“产业政策”取得成功的明确案例。①

正如亚当·斯密同样认识到的那样，强大的政府也可能阻碍经济增长，导致经济停滞。加强政府能力与持续经济增长之间的联系是有条件的，取决于政府政策是否给市场运行和市场扶持型制度提供了补充。20 世纪的经验告诉我们，在缺乏法治或市场经济的环境下建设政府能力的尝试没能带来持续的经济增长。②另外无需赘言的是，“像政府那样思考”既有优点，也存在缺陷（Scott，1999）。

在发展经济学与政治经济学的讨论中承认政府能力的重要性，这值得肯定。相比近来强调的经济学家的临床诊断式角色（通过设计实验来评估微观层面的政策干预效果），将关注点转向政府能力可以促使经济学家投入社会科学领域更普遍关心的宏大议题——政府构建与政治秩序——而这些问题总是离不开对历史的了解和领悟。

### 2.1 欧洲的政府能力建设

经济史在此类研究文献中发挥的第一个作用很明确：给长期的政府能力成长提供有关数据。欧洲国家金融数据库（European State Finance Database）与多位学者的研究，让我们今天可以追踪主要西欧国家自 17 世纪中叶以来的中央政府财政收入增长（Bonney，1995；Dincecco，2009；Karaman and Pamuk，2013）。对英格兰等在中央集权上更为早熟的国家，还可以把税收收入追溯到中世纪时期（Barratt，1999；O’Brien and Hunt，1999）。

人均税收是广泛采用的财政能力指标。图 1 展示了部分欧洲国家在1500—

① 参阅 Juhász（2016），该研究分析了拿破仑统治时期对幼稚产业实施保护的可能结果。

② 举一个当代的例子，近期有项研究采用综合控制法估算了查韦斯主义（chavezismo）在委内瑞拉造成的巨大经济损失（Grier and Maynard，2016）。

1900 年的财政收入增长情况，对该图的一个解读是，各个政体的人均税收增长表明它们的政府能力在此时期有类似幅度的强化。然而在图 1 描绘的总数据背后，造成政府实力扩张的制度却有着极大的差异，不同国家经历了不同的政治发展史，即通向现代国家的不同路径。所以，我们有必要更深入地了解不同欧洲国家各自的历史进程。

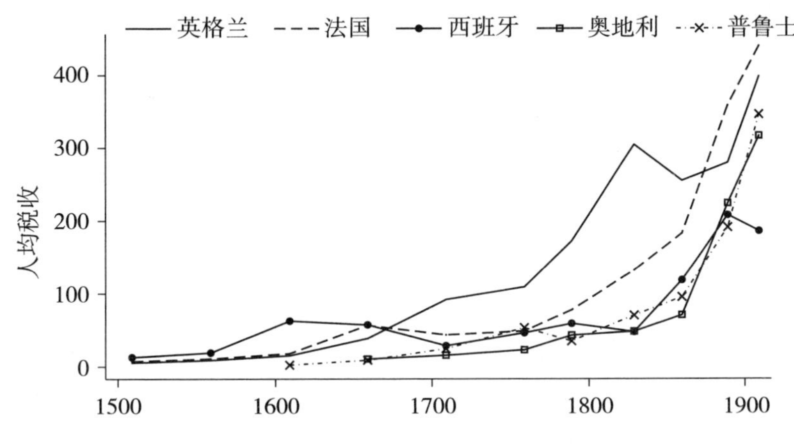


**图 1　欧洲五个强国的人均税收（对数值）**

资料来源：Karaman and Pamuk（2013）。

人均税收指标没有揭示历史全貌。采用分散化财政制度——如实施包税制（tax farming）——的某个国家，从国民那里获得的税收份额可能同采用官僚化财政机构的另一个国家相当。但关键在于，前一国家没有动力去推行更具有普遍性的法规，而后一国家则有。关于政府能力的历史研究文献的一个贡献是拆解了财政和法律制度的大量细节，让我们能挖掘人均税收等标准指标背后的故事。

例如就英国而言，政府能力建设的复杂进程被揭示了出来。到 18 世纪，英国的财政军事政府已有能力通过税收和借款动员巨大的资源（Brewer, 1988; Vries, 2015）。英国政府在制度经济学研究文献中被视为成功典范，是因为它既有庞大的财政能力，又对君主权力有所约束，并满足法治的某些指标（North and Weingast, 1989；Barker, 1995；Weingast, 1995；Acemoglu et al., 2005b; Acemoglu and Robinson, 2012）。可是这一成功源于何处？英国如何有能力建设起一个既有庞大财力又遵守法治的现代政府？

在回答以上疑问时，历史学家非常强调英格兰长时期作为一个连续且相对中央集权的政治实体的重要意义。如下论述颇具代表性："17 世纪的英格兰政府……幸运地继承了极为久远的政治统一和有效中央集权统治的传统。尽管有充分发展的地方主义情结和群属忠诚度，现代早期的英格兰依然是个单一制国家。不存在中央政府政令无法贯彻的族裔或领土的飞地"（Prest，1998，第 16 页）。按照这一观点，得益于土地和民众的基本同质性，英格兰从中世纪以来就拥有了统一的法律体制与财政体制。①这使它成为罕见的连贯一统的中世纪政治实体。②

在议会中，英格兰有着全国性代表机构（而法国和西班牙当时仅有地区和省级的分级会议和议会）与较为统一的政治精英群体（Mokyr and Nye，2007）。近期的研究强调了中世纪英格兰君主利用议会加强王国管理的能力。如斯塔萨瓦奇（Stasavage，2010）认为，由于信息成本的影响，代议制在规模较小的政体中运行效果最好。地理上的紧凑让英格兰相对于法国拥有一大优势，因为后者的王国过于庞大，难以用单一的代表机构治理。布克雅尼斯则指出，正是英格兰君主利用权势迫使议会保持出席率，才确保其成为代表实体（Boucoyannis，2015）。具有全国性和代表性特征的议会的形成，让爱德华一世这样的英格兰统治者能够筹集到巨额税收，以抗衡欧洲大陆更为强大的法国统治者。

英格兰的财政和法律制度较早走向集权化，有助于建立一个支持约束君主权力的政治联盟，从而使英格兰政府可以在 17 世纪末大幅提升其军事实力。诺思与温加斯特的经典著述（North and Weingast，1989）强调了在 1688 年之后实施宪政约束的重要性：君主权力受到制约是英格兰（以及 1707 年后的不列颠）的政府和经济取得成功发展的前提条件。虽然这一论点招来了历史学

① 盎格鲁 - 撒克逊人在 9—10 世纪建立起相对集权的君主统治，后来被诺曼王朝统治者基本原封不动地继承下来（Campbell，2000，第 10 页）。爱德华一世统治期间（1275—1307 年）形成了一套共同的惯例（Gras，1912，1918）。盎格鲁 - 撒克逊法律体系原本较为分散破碎，但诺曼征服之后，在亨利二世治下（1154—1189 年）被纳入一套普通法之中（Berman，1983，第 445—458 页）。这或许是依靠英格兰君主的实力实现的（Glaeser and Shleifer，2002）。Barker 写道："与多变的地方习俗不同，普通法是一套适用于全英格兰的法律，它必然是集权化的产物。"（Barker，1995，第 181 页）Arthur Hogue 认为："金雀花王室的非凡实力对普通法体系在整个王国内的发展至关重要。"（Hogue，1966，第 33 页）

② 中世纪的英格兰王国是个地理上紧凑的政治实体。然而，即使在英格兰，政府权势也受到地理因素的限制。王室权威在人口密集的东南部最强盛，而对诺森伯兰、康沃尔以及邻近威尔士边界的地区，控制就松散得多。

家的大量批评（可参阅有关论文集：Coffman et al.，2013），其主要构想仍极具影响力。经济史学家当前的共识是对其加以修订，突出内战与共和政体时期（1642—1660 年）的重要性，把它们作为英格兰宪政与财政历史上共同的分水岭（O'Brien，2011；Jha，2015），另外还强调政治精英群体以及政党形成发挥的关键作用——在 1690—1720 年实现了限制王室权力的政治平衡，同时给政府授予了过去难以想象的征税、开支和借款权力（Carruthers，1996；Stasavage，2002，2003；Cox，2016）。

从图 1 可以明显看出，光荣革命后议会地位变得至高无上，使政府能力得以急剧提升。在光荣革命与《联合法案》（Act of Union）之后，英国变成了一个以前所未有的规模征税（Hoppit，2000；O'Brien，2011），并且大量发行债务（Dickson，1993，1967；Ventura and Voth，2015）的财政军事强国。另外与一般观点相反，1688 年后崛起的政府并未显著增强对既有财产权利的保护，而是做了重新安排，在许多情况下解除或抛弃了过去的封建产权或习惯产权，以扶持更适宜商业化农业投资或者工业用土地开发的产权类型（Bogart and Richardson，2009，2011）。①

诺思与温加斯特将 1688 年看作宪政里程碑：带来了更有效的财产权利保护和法治（North and Weingast，1989）。后续研究已在许多方面推翻了这一论点。在 1688 年之后的一个半世纪里，规则与法律的确变得更有普适性，然而这一进程有过很多反复。尽管如布鲁尔所述（Brewer，1988），税收在 1688 年之后的时期变得更为现代化与官僚制度化，英国政府的其他部门在组织上仍维持着世袭性质，现代化是个缓慢而渐变的过程，例如，公开的公务员录用考试直至 1870 年才被引入。在商业组织领域，1720 年的《泡沫法案》（Bubble Act）严厉制约了组建股份公司的资格，公司法规直到 19 世纪 20 年代才开始放开，股份公司的完全合法化更是要等到 1844 年（Harris，2000）。与之类似，限制宗教自由的法律在整个 18 世纪依旧存在（Machin，1999）。不过，政府能力的强化总体上伴随着诺思等人所说的走向“开放准入”（open access）的趋势（North et al.，2009）。

英格兰能够以如此早熟的形式发展出财政能力，原因之一是其民众和地理

① Brewer（1988）创造了“财政军事国家”（fiscal-military state）这一术语，以描述光荣革命之后的汉诺威王朝。近期的一些著作则将财政军事国家的源头追溯至 17 世纪 80 年代（Pincus，2009）或 17 世纪 40 年代（O'Brien，1988，2001，2011）。

自很早以来便具有较强的同质性。通过英格兰与西班牙的历史经验对比，沃斯提出在初始同质性较强的地方，政府能力建设的过程会大不相同（Voth，2016）。英格兰能够成功建设起政府能力，应部分归功于较高的初始凝聚力。另有学者认为，法国维持包税制的历史比英格兰更长，是由于法国各地的经济情况差异大得多。而英格兰的初始异质性较低，使其君主能够早于法国和其他欧洲国家，更高效地从包税制转向直接征收消费税和关税（Johnson and Koyama，2014b）。沃斯及其合作者的另一文献在研究军事竞争对统治者的政府能力投资激励的影响时，也突出了同质性的作用（Gennaioli and Voth，2015）。他们认为，在英格兰这类初始同质性较高的国家，1500 年之后军事竞争加剧带来了对政府能力投资的显著激励。而在西班牙或波兰等异质性较高的王国，与英格兰相比，统治者为中央集权投资注定会更为困难，需要付出更高代价，因此未必会形成投资激励，克服地方既得利益集团的尝试反而可能危及整个王国的稳定。

与英格兰不同，中世纪的法国是个封建附庸的集合体，凭借领主们对王室的效忠松散地聚合起来（Goubert，1969；Major，1994；Collins，1999）。在中世纪，通过战争与联姻，多个封爵与王国被纳入法国国王的属地：1349 年的多芬，1477 年的勃艮第，1486 年的普罗旺斯，1532 年的布列塔尼，1678 年的弗朗什-孔泰等就是其中一些。

由此导致法国的政府建设历程不同于英格兰。面对地方掌权者们远为激烈的抵抗，这一进程明显更为漫长拖沓。即使在弗朗索瓦一世（1515—1547 年在位）通过一系列改革对王国实施集权化和标准化之后，各地方仍存在不同的财政与法律制度，国王在税区（d'election）可以直接征税，在自治区（pays d'etat）则必须同地方统治精英谈判协商。①这一遗产导致法国直到大革命时依然在法律和财政上处于分割状态（Rosenthal，1992）。但正如可以追溯到托克维尔（Tocqueville，1998）的历史传统观点强调的那样，旧制度下的法国的政府能力在 17 世纪确实有显著提高（Bonney，1999；Collins，1995；Johnson，2006；Johnson and Koyama，2014b）。而且下文的第 3.5 节将谈到，这些变化发挥了关键作用，为后来的国民身份认同的形成搭建了舞台，进而推动了宪政和

① 要想了解更多关于现代早期法国法律体系的碎片化及其代价的内容，可参阅 Hamscher（1976）。

法治的建立。

政府能力投资同样发生在18世纪的普鲁士和哈布斯堡王朝，早于对行政首脑施加约束。历史学家把普鲁士看作杰出的财政军事国家，依靠霍亨索伦王朝的坚定意志建立起来（Brewer and Hellmuth，1999）。普鲁士跻身强国之列，部分是由于统治者能够对财政能力加以投资，并设立了强大的常备军。①

用蒂利的话说（Tilly，1990），普鲁士和俄国等国是沿着更具强制色彩的道路成为现代国家的。由于人口较少，普鲁士政府起初依靠本地征兵结合外国雇佣兵来扩张其军队规模。以行政区为基础的征兵制度在1733年实施，要求从各区征募确切数量的农民（Busch，1997）。尽管经常被视为杰出的财政军事国家，普鲁士在18世纪的官僚制度化水平在某些历史记述中被夸大了。普鲁士政府虽有能力大幅增加税收收入，但直至18世纪末期仍需依赖包税制（Kiser and Edgar，1994）。

俄国在彼得一世改革后的历程更具强制色彩，农民被征召为军队终身服役，贵族也必须为政府服务（Duffy，1981；Dukes，1990）。②政治学家与历史社会学家长期以来都在思考，东欧社会走向现代国家的不同道路如何导致它们在20世纪更容易陷入专制统治（例如Moore，1966）。

政府能力建设的努力在哈布斯堡王朝面临类似障碍，这一庞大帝国统治着众多的族裔和语言群体。民族及语言多样性给现代国家构建进程带来了更大挑战。③ 不过同英国、法国与普鲁士等竞争对手相似，哈布斯堡的统治者也有能力推动政府能力建设。玛莉亚·特蕾莎女公爵及其子约瑟夫二世开展了多项改革，为现代国家奠定了基础。其中包括1749年的大规模行政机构重组，以及多项限制神职人员的特权、把教会土地纳入征税的措施，最后的高潮是基于1789年的新土地普查推行的重大税收改革。法律制度也实施了类似的规范化，1755年通过了反对迷信与巫术的法律，结束了猎巫审判。到1768年，剥夺了领主们在自己的法庭实施死刑的权力。1776年，王室把司法酷刑列为非法行

① 腓特烈二世的私人助理贝伦霍斯特（Georg Heinrich von Berenhost）最先提出这一常被后人重复的观点："普鲁士不是一个拥有军队的国家，而是一支拥有国家的军队，这个国家不过是军队的驻地"。

② 因此在这些例子中，税收收入占GDP的比例只能算现代早期国家的资源动员能力的下界。

③ 这样的对比不宜过分解读。在17世纪上半叶，霍亨索伦王室拥有的领地的内部差异很大，在文化和政治上大相径庭。勃兰登堡因其糟糕的土质而被称作"神圣罗马帝国的沙盒"。普鲁士曾被波兰统治了一个世纪，而不在神圣罗马帝国之内。

为。此类改革被有的学者评价为“虽然零散却具体实在，并有深远影响”（Evans，1991，第189页）。

约瑟夫二世推行了更为激进的中央集权改革，建立了职业化官僚机构，并将德语作为所有行政活动的官方语言。官员在维也纳接受培训，有着公正执行法规的声誉。通过了给予新教徒和犹太人宽容的法令。玛莉亚·特蕾莎的改革较为尊重各王国的独特性，约瑟夫二世则试图将这些分隔的领地融合为单一的国家。他的政策只取得了部分成果，较为激进的改革被继任者推翻。不过有位历史学家仍注意到这些改革的一个成果：“至少在哈布斯堡的世袭领地，中央政权就可以发号施令的合法主权观念已经渗入仅为专有特权和私人特权提供保护的法律概念中”（Hutton，1980）。因此，普鲁士与哈布斯堡领地的历程与英格兰不同。前者的初始异质性让高效的财政和司法制度建设要经历更为困难的过程。由此导致它们转向能够实施更普遍法规的政府机构晚于英格兰，并可能对这些国家在20世纪的历史产生影响。

相比之下，西班牙长期被视为傲慢专制的代表性国家，政府管制与财政负担造成经济停滞和衰落。但在如今的研究文献中，它却成为因未能建立中央集权化政府而付出代价的案例。

政府能力观念有助于解释西班牙的失败。约翰·林奇（John Lynch）与约翰·艾略特（John Elliott）等历史学家曾指出，虽然16—17世纪的西班牙君主拥有庞大的个人权势和财富，却无法创建跨越其王国各个部分的统一的财政和法律制度（Elliott，1992；Lynch，1992）。西班牙王室的政府建设行动基本上局限于卡斯提尔地区。在其他地方，例如16世纪的阿拉贡，“半独立的领主们拥有若干不利于王室及其属臣的封建特权，卡斯提尔人被排斥在机构外，执行并独立实施不同的法律，税收也需要由议会审查”（Lynch，1992，第290页）。这一近期研究的总体观点是，西班牙帝国的最终失败不在于传统上认为的过度借款或开支，问题是出在税收来源方面，以及未能建立统一的财政国家（Drelichman and Voth，2014）。①

格拉夫的研究为此提供了更多证明（Grafe，2012），他把西班牙的特征概括为城邦共和国联盟。这些城邦共和国以及地方精英和领主得以把其“自由”

---

① Kennedy（1987）等许多传统著述认为，是过度借债引发了西班牙的衰落，但这一观点已经被Drelichman and Voth（2010，2011，2014）推翻。

维持到现代早期。内部的关税壁垒妨碍了贸易，间接税在地方层级上征收和开支。直至波旁王朝登基后，才试图把分散的西班牙各王国完全统一起来。基于爱泼斯坦的研究（Epstein，2000），格拉夫把西班牙未能建立起中央集权化政府视为其一体化危机的核心原因，制约了伊比利亚半岛上统一市场经济的发展（Grafe，2012）。即使当波旁王朝统治者在18世纪试图增税的时候，他们在全国范围内推行普遍税收的努力也告失败（Tortella and Comin，2001，第159页）。近期的一项研究试图扩展这方面的分析，考察了西班牙的脆弱政府能力对其在新大陆各殖民地建立的制度的影响（Hough and Grier，2015）。

### 2.2 欧洲以外的政府能力投资

欧洲之外的各国又有怎样的经历？受孟德斯鸠（Montesquieu，1748，1989）与魏特夫（Wittfogel，1957）的启发，有一派研究文献把东亚经济发展失败归咎于过度征税、危害产权的暴虐政府（例如Jones，1981；Rosenberg and Birdzell，1986；Landes，1998）。亚洲各庞大帝国的统治者当然拥有极大的权势，可以动员巨量的资源营造标志性建筑，发动规模浩大的战争。例如，乾隆皇帝麾下的军队名义上超过100万人。然而，前现代帝国的统治者有效“治理”其领土的能力是受到局限的。清朝政府用前现代标准看确实拥有高度官僚制度化的组织，可是相对于其人口与统治者声称的庞大领土而言，帝国官吏机构的规模极小。与之类似，奥斯曼帝国皇帝也管理着辽阔的疆域，原则上拥有绝对的权威。不过即便在权力巅峰期，奥斯曼帝国的许多地方仍处于高度自治状态，如埃及、北非和伊拉克等，甚至在帝国的核心地区，皇帝的裁量权也相当有限。①此外，在整个奥斯曼帝国时期，财政体制都是高度分权化的（Balla and Johnson，2009；Karaman and Pamuk，2010；Coşgel et al.，2009；Coşgel，2015）。

类似的是，近期研究确认中国古代的税负较低（Ma，2011，2012，2013；

① 奥斯曼帝国君主的权力受限制，已在历史研究文献中被频繁讨论过。例如，Shaw（1976，第165页）提到：“事实上，奥斯曼帝国体系的本质决定了苏丹只能拥有非常有限的权力。首先，苏丹的权力范围被局限于如下功能：汲取帝国财富，推广伊斯兰和臣民信奉的其他宗教的制度与实践，扩展和保卫帝国领土，维护领土内的秩序等。因此，奥斯曼臣民生活中的许多重要方面需要自治管理，交给米列特社区、行会、社团、宗教团体和其他形成奥斯曼社会联合性基础结构的群体……直到19世纪，奥斯曼帝国才在西方的影响下实际确立了独裁统治和中央集权，而欧洲人传统上误以为它早就建立了。”

Rosenthal and Wong, 2011; Sng, 2014; Vries, 2015; Ma and Rubin, 2016), 这一事实具有积极意义，因为清政府的政策没有妨碍产品和服务市场的有效运转 (Pomeranz, 2000; Shiue and Keller, 2007; Li et al., 2013)。不过，现代早期的中国政府在许多方面的效力如何依然是值得讨论的议题。中国政府征收的税收较低是否源于财政能力低下或儒家意识形态影响，仍存在某些争议。看到“重税依然是政治禁忌”，邓钢采用主流政治意识形态中的“治理之下” (under governance) 加以描述 (Deng, 2015, 第 328 页)。罗森塔尔等提出，“中国的成功国家治理逻辑……强调轻税，一般而言避免干预商业活动” (Rosenthal and Wong, 2011, 第 174 页)。①另一方面，有学者令人信服地指出清朝中央政府征收的较低税收是脆弱的政治平衡之表现——统治者需要用古代的技术水平来治理过于庞大的帝国 (Sng, 2014)。清朝政府依赖土地税，根据土地价值每年征收一个固定税收。②这一税种的征收给了地方官员很大的裁量权，他们可以收取贿赂，或者为自身利益做其他操纵。该研究设计了一个正规模型，推测出在统治者面临的委托代理问题越严重的地方，其征税能力越薄弱 (Sng, 2014)。与模型一致的是，有关证据显示在距离京城更远的地区，税负明显更低，并且自 18 世纪中期之后显著下降。③与之相似，弗里斯的研究把清政府的低税收诠释为政府能力较低的政治均衡的表现 (Vries, 2015)。马德斌等人正在开展的研究把以上观点整理为更具一般性的模型，以解释为什么中国统治者没有选择对财政能力建设做投资 (Ma and Rubin, 2016)。④

没有什么证据表明，普通中国人因为大清帝国在 18 世纪未能建立起财政军事国家而蒙受损失。相反，在清朝全盛时期 (1680—1794 年)，经济持续扩张。中国农民拥有安全的土地产权 (Pomeranz, 2000)。新大陆农作物的引进

---

① 也可参阅 Wong (2001, 第 76—77 页)。

② 直到 1850 年后，清政府才实行了厘金这一消费税 (exercise tax) 或国内税 (internal tax)，税收所得用于地方支出。政府一开始引入这一税种是为了支付镇压太平天国所需的军费，征收厘金被视为清帝国政治去中心化和内部分裂程度加剧的标志。

③ Sng (2014) 写道：“清政府的轻税往往被视为遵循儒家仁政理想的一个直接后果。但是与儒家提倡的 10% 的税率相比，清政府的税收收入过于微薄，因此难以用意识形态信念来解释。”

④ 类似的，一些学者将清政府提供粮仓和防洪等公共品的能力视作康乾盛世时期 (1660—1794) 政府有效发挥效力的证据 (比如 Wong, 1997, 2012)。还有学者 (Rosenthal and Wong, 2011, 第 175 页) 称：“清政府成功保持了水路通畅，维持了灌溉用的水利工程，建立了巨大的粮储和其他帮助提升物质稳定与经济增长的项目。” 其他学者则认为这些尝试不时遭遇失败，清政府到 19 世纪后无力继续提供支持 (Vries, 2015)。

以及复种的推行让农业产量能跟上人口增长的步伐（Yang，2014）。不过，清朝政府的羸弱与缺陷在19世纪暴露出来，未能抵挡西方殖民强国自19世纪30年代之后的侵略，也难以维持太平天国运动所破坏的国内秩序（例如 Kuhn，1980）。

日本在16世纪末平息战乱后，也不再面临国内地缘政治争斗，因此在现代早期缺乏建立财政军事国家的激励。可是与中国不同，被西方国家于19世纪中叶的威胁唤醒后，日本迅速推动了统治机构的中央集权化，并对财政能力加以投资建设。日本政府在铁路的快速扩张中扮演了关键角色。有研究认为，这一基础设施投入对企业资本和经济整体效率发挥了因果效应（Tang，2014）。其他研究则指出，正是因为日本在地理上较为紧凑，才使得精英群体有能力协调实施现代化计划（Sng and Moriguchi，2014；Koyama et al.，2015）。日本由此可以快速建立现代政府，从而模仿和采纳西方的成功政策经验。这让他们既能够抵御西方帝国扩张的潜在威胁，又可以实施相关政策，使其在20世纪实现快速追赶式增长。作为对比，清帝国的庞大规模使政府难以渗透到全国每个角落的地方社群，以同时维持当地秩序和推行改革政策（Kuhn，2002）。

政府能力概念的分析工具对理解现代东亚国家的经济发展模式同样有帮助。在关于殖民统治对东亚国家影响的长期探讨的基础上（Kohli，1994；Haggard et al.，1997），近期研究采用了更为细致的经济计量技术，以深入识别过去的政府能力投资对当前发展成果的作用。马丁利（Mattingly，2015）分析了日本殖民统治对“满洲”地区政府能力建设的影响。日本人对政府能力建设做了投资，但通过攫取性机构实施统治。“满洲”地区与邻近的内蒙古的省级边界划分，是把原本统一的同质性区域人为隔开。借助这个特点，马丁利采用断点回归方法对“满洲”地区与邻近的内蒙古地区做了对比分析。结果发现，日本的统治带来了较强的政府能力和较高的经济发展水平，而且这些优势一直维持至今。戴尔等人（Dell et al.，2015）的研究同样利用了断点回归方法来考察越南的政府能力建设的影响，结果发现在1698年时由中国式官僚政府统治的越南北部村庄，相比由柬埔寨帝国用较为原始、更具世袭色彩方式统治的其他地区的村庄，在今天有着更高的政府能力和纳税遵从度，经济也更为繁荣。

还有学者分析了政府能力在中国更近期经济史上的作用（Lu et al.，2016）。该研究以四川省为重点，沿着中央红军的长征路线收集关于政府能力的数据。研究者观察到，红军长征经过的各县拥有的共产党员人数更多。假如红军选择的路线是外生决定的，那么在控制地理因素后，这一历史对未来发展的影响只能是通过当地的政府能力来实现。他们发现，对政府能力的这一测度——党员干部的人数——同 1978 年市场改革引入后若干经济发展指标存在正相关，包括人均粮食产量增长、教育成果与当地基础设施建设等。但党员干部的人数对 1978 年之前的粮食产量存在负面影响，对此可以做出逻辑一致的解释：当政府能力同市场形成互补时，它可以对经济发展发挥积极作用，例如 1978 年后的改革时代；而当政府试图直接取代市场时，这种积极作用则会消失。

困扰当今非洲国家的许多经济问题亦可归咎于孱弱而掠夺性的政府（Bates, 2008）。近期针对非洲的政府建构历史的大量研究，把现代非洲政府能力薄弱的原因追溯到奴隶贸易及随后的殖民统治行动上。有学者认为，奴隶贸易对非洲的制度建设有负面因果关系影响，导致了缺乏信任的文化，并可能破坏了前殖民地时期的国家形成（Nunn，2008；Nunn and Wantchekon，2011）。殖民政权采用了攫取性税收制度，但在行政管理或公共服务上鲜有贡献（Herbst, 2000；Frankema, 2010, 2011）。例如，有研究把英属非洲殖民地的财政制度特点总结为：最小化努力，而非最大化收入（Frankema，2011）。非洲各殖民政府获取的税收收入通常较低，建立财政官僚机构的努力极有限（Frankema and van Waijenburg, 2014）。另有学者详细分析了法属西非殖民地政府能力投资的类似失败案例，发现当时的小规模殖民地政府的成本是由非洲民众负担（Huillery, 2014），①但这并不意味着那些政府造成的财政负担就比较轻，例如，有研究特别关注了法属非洲殖民地广泛使用强制劳动的现象（van Waijenburg，2015）。

其他因素同样有助于理解非洲政府的无能和脆弱性。多位学者的研究强调了前殖民地时期部族层面的制度对现代政府能力水平的重要性（Gennaioli and Rainer, 2007；Michalopoulos and Papaioannou，2013）。贝茨（Bates，1983）认为，在前殖民地时期的非洲，中央集权国家更有可能沿着生态圈分界线形成，以提供防卫和促进贸易。芬斯克的研究则为此提供了计量支持证据（Fenske，2014）。不过，非洲与欧洲之间最惊人的差异在于，战争在国家构建过程中发挥了不同作用。

大量研究文献证实了战争对现代早期欧洲政府能力崛起所起的关键作用

① 这一研究也揭示了非洲内部的多样性和异质性。非洲的法属和英属殖民地国家极为相似，但是每个殖民帝国内部都存在差异。英国在东非的统治比在西非更具攫取性，只有在毛里求斯才对财政能力和官僚机构建设有所投资（Frankema，2011）。

（Tilly，1990；Besley and Persson，2011，2013；Dincecco and Prado，2012；Gennaioli and Voth，2015；Hoffman，2015a）。然而在撒哈拉以南非洲，近期研究却表明战争并未促成强大或更具凝聚力的国家的形成，反而导致了政府的孱弱（Dincecco et al.，2015）。随着新的数据来源出现，以及学者把田野实验（见本文第4.2节的介绍）等创新方法引入研究，我们可以期待：更多研究将聚焦于撒哈拉以南非洲普遍且长期存在的政府孱弱问题的根源。

与之相反，美国在南北战争之后的19世纪下半叶大幅扩充了政府能力。经济学家传统上认为，19世纪后期的政府崛起是对美国经济当时迅猛增长的响应（例如Glaeser and Shleifer，2003）。可是近期的研究却指出，政府能力提升发挥的积极作用给驱动19世纪后期经济增长加速的活跃创新提供了前提。阿西莫格鲁等人利用邮局站点的数量作为政府“基础设施实力”的代理指标，发现全国范围的邮政系统的发展为19世纪后期美国的创新进步提供了必要制度条件（Acemoglu et al.，2016）。初步实证分析表明，专利数量与邮局站点数量间存在正向联系。①

## 3. 政府能力与现代经济增长

现在，我们可以审视政府能力成长与现代经济增长启动之间的联系机制。从表面上看，政府能力与经济增长的联系在前工业化时代是很不清晰的。税收和债务的增加通常而言并非促进经济发展的秘方。此外在现代的发展研究文献中，政府能力带来的好处通常关系到公共服务（如教育、医疗等）与基础设施（如道路和电力等）的有效提供。②可是现代早期的欧洲各国政府直至1800年后才普遍对教育或基础设施做大规模投资。欧洲国家财政能力在1500年后增强所带来的政府收入主要是用于战争，而非其他公共品。③

---

① 其他对美国经验的近期研究探讨了政府建设对公共健康的影响。Troesken（2015）认为，美国的案例是在捍卫联邦制度、赋予经济和政治自由的宪法条款，同提供公共健康之间做了权衡取舍。

② 近期有研究分析了决定官僚机构表现和基础设施支出的原因，其中包括Rasul and Rogger（2016）、Burgess et al.（2015）。

③ 防御通常被视为公共品。但是，这一时期的战争在某种程度上被统治者视为私人产品，他们享有战争带来的荣耀，却几乎不承担输掉战争的损失（参阅Hoffman and Rosenthal，1997；Hoffman，2015b）。当然也有少数例外情况，比如英国《济贫法》就是政府提供的保险或公共品（Greif and Iyigun，2013）。

### 3.1 防范外来掠夺

政府最重要的职能或许是提供防卫，通常这是指抵御其他国家的侵略。前现代时期的政治实体经常卷入战争。在现代早期，尤其是对俄国和法国这样的好战国家，处于战争的时候要多于维持和平状态（Voigtlander and Voth，2013）。战争有经济上的代价，特别是毁坏农田——例如英法百年战争中的扫荡行动——以及给受到围困的城镇造成的破坏。①现代早期国家在1700年之后建立领土边界与限制战争破坏的能力，似乎对斯密式经济增长的发生起到了重要作用。

该论点得到了对其他历史时期的近期研究的支持。奥伯等研究欧洲远古历史的古典学者认为，古希腊出现过一段时期的持续经济增长（Ober，2015）。类似的是，中世纪欧洲也有过集约型增长时期，尤其是意大利北部的城邦（Fouquet and Broadberry，2015）。然而这样的“增长极盛期”被外来入侵打断，因为兴盛的城邦缺乏充足的规模和实力来对抗马其顿、罗马、西班牙或法国的军队。②经济增长在缺乏强大的政府能力时不能自我维持，恰恰是因为经济上取得成功的社会对于掠夺者产生的吸引力。这一难题类似于科克斯等人讨论的“暴力陷阱”（Cox et al.，2015）。而正是政府能力的增强才让西欧各国得以在18世纪和19世纪摆脱这一暴力陷阱。

荷兰共和国是现代早期最为繁荣的经济体，某些经济史学家在那里发现了现代增长的萌芽（例如Vries and van der Woude，1997；van Zanden and van Leeuwen，2012）。荷兰经济在17世纪末之后放缓，很大程度上是由于同路易十四的法国的一系列战争造成的沉重负担。相比之下，更强大的政府能力无疑对防止18世纪的英格兰陷入同样命运发挥了重要的“消极”作用，使其能够在推进工业革命的同时与法国打第二场百年战争。我们能否更进一步，把政府为现代经济增长提供某些先决条件所发挥的积极作用也加以明确阐述？

---

① Sumption（1990）极具感染力地描述了中世纪战争的破坏性。

② 一些经济史学家推测宋朝在11—12世纪已经实现了一场类似于工业革命的变革，但相似地，这场繁荣被金人和蒙古的先后入侵终止（参阅Jones，2003，1988）。Ko et al.（2017）探究了中国对于外部侵略的脆弱性和外部侵略导致的增长的时断时续。Glodstone（2002）率先使用了“增长极盛期”（growth efflorescences）这一术语。

## 3.2 政府与市场的相互补充

另一个机制是市场运转与政府能力之间的互补性。运行良好的市场不仅是经济资源有效配置的前提，还给长期的可持续经济增长提供了必要条件。然而市场不能在制度真空中运转，它们需要有明确界定和可靠执行的产权，并依赖治理机制对主张和纠纷予以裁决。

此类治理机制不见得必须由政府——号称在划定领土内拥有唯一合法武力使用权的组织——来提供。历史上有过很多案例，市场参与者在没有政府强制机制的情况下通过私人秩序发展出了自己的治理机制（Greif，1989，2006；Clay，1997；Clay and Wright，2005；Leeson，2014；Stringham，2015）。中世纪有大量贸易的发生并不依赖任何单一政治实体的强制机制。无论是对非人格化贸易的开展或对行为规则乃至法治的出现而言，政府显然都并非必需。不过历史记录却表明，在工业革命之前的若干世纪，商业和贸易越来越多发生在公共秩序制度支持的范围内。①因此，对西欧的现代经济增长启动的描述不能脱离公共秩序制度在这一时期发挥的更大作用。

更强大的政府崛起促进了更深入的市场一体化。经济史学家早已指出，中世纪和现代早期的欧洲市场是分裂的（Heckscher，1955；Epstein，2000）。交通运输成本极高，特别是陆路运输：通过陆路运输粮食等笨重商品很不经济，每250 英里就会使价格翻一番（Masschaele，1993）。障碍不仅是技术性，也有制度性的因素。国内贸易壁垒和通行费导致交易成本极高，对所有欧洲国家的贸易都制造了障碍（Dincecco，2010）。

有多项研究试图对现代早期的欧洲市场一体化程度做量化分析（Shiue and Keller，2007；Bateman，2011；Chilosi et al.，2013；Bernhofen et al.，2016），它们表明，总体而言市场直到 19 世纪才充分一体化。当然在现代早期，已出现若干因素推动走向更大市场统一的趋势，包括路网和运河的改进，17 世纪后与战争有关的暴力活动减少等。最为关键的因素之一是法国和普鲁士等强势政府发挥的作用，压制了地方精英群体抽取租金的企图。有两个案例可以为此提供佐证：沿莱茵河征收的通行费与德意志关税同盟（Zollverein）。

有学者研究过通行费对沿莱茵河贸易活动的窒碍作用（Heckscher，1955）。在

① 有关总结可参阅 Ogilvie and Carus（2014）。这并不排除未来转向更少依赖第三方强制。

中世纪商业革命时期，贸易活动沿着莱茵河兴盛起来，它是连接北海与德意志西部的主要商业通道（Lopez，1971）。随着贸易量增大，临河的各个城市与诸侯国设立起众多收费站。贸易税对德意志地区的地方统治者与贵族们极为重要，因为他们缺乏对其子民征收其他税种的能力（Middleton，2005）。农业产品难以课税，因为产量较低，且各地的土地所有者较为强势。而城市也足够强大，能确保对领地统治者的独立性。相反，内河交通比较容易征税："贩运者难以随便隐瞒其货物的数量或价值，如果没钱付费，征税人可以扣押实物来凑数"（Clapp，1907，第6页）。

在中世纪，神圣罗马帝国的皇帝与领地毗邻莱茵河的选帝侯曾试图对通行费征收权加以规范和限制。然而随着皇帝的权势衰落，通行费和其他收费的数额再度激增（Spaulding，2011，第204页）。这一局势在三十年战争（1618—1648年）末期恶化到了谷底。帝国权力的衰退"让莱茵河沿岸各诸侯与掌权者获得了自由，通过随意敲诈货船来充实自己的金库"（Clapp，1907，第5页）。

这样的通行费高昂且不统一。费率不会公布，而是根据货物类型与"官员们的判断和腐败程度"做调整（Clapp，1907，第7页）。葡萄酒之类的奢侈品的费率远远超过更为廉价、更易变质的商品。①斯波尔丁指出，"大多数统治者努力使其通行费率保密"，但无论如何，"实际支付的通行费都是船长同征收官员之间现场谈判的结果"（Spaulding，2011，第210页）。于是每个征收官员都有实施价格歧视的裁量权，这让商人们非常难以做出计划，因为不可能预见必须支付的费用："从鹿特丹逆流而上的货船从来无从知道新设立了哪些收费站，以及在老收费站会被收取多少金额"（Clapp，1907，第7页）。

到中世纪后期，沿整个莱茵河大约有62个收费站。16世纪的一位商人在巴塞尔到科隆之间的31个站点支付了通行费，或者说每9英里一个收费站（Heckscher，1955，第57页）。到17世纪90年代，据称沿莱茵河每6英里就有一个收费站（Ozment，2004，第126页）。收费站的总数无从确证。克拉普报告说，1790年在斯特拉斯堡到荷兰边界的埃梅里希之间有31个收费站。在美因茨与荷兰边界之间，有权征收通行费的包括汉诺威、美因茨、帕拉丁与特里尔等地的选帝侯，还有普鲁士国王、黑森－莱茵费尔亲王，以及科隆的天主教会（Spaulding，2011，第213页）。美因茨的主教因为"在他的7个收费站（平均每9英里一个）

① 将一桶红酒从美茵茨运送到科隆，在这115英里的旅程中，可能需要支付32塔勒的通行费，而一吨鲱鱼只需要支付8塔勒（Clapp，1907，第10页）。

收取的费用超过其他任何领主”而变得声名狼藉（Heckscher，1955，第 57 页）。

如此繁重的通行费带来的一个问题是，它迫使贸易转向成本更高的陆上交通。例如，货物运输先走陆路，然后由威悉河运往不来梅，会比走直接向北的路线更便宜（Clapp，1907，第 10 页）。这是双重边际效应问题的经典案例：每个关卡收费者都不考虑其通行费给河流的总贸易水平可能造成的影响，于是无论从私人还是社会角度来看，费率都会变得过高，而贸易量变得过低。

莱茵河上严重缺乏财政效率的旧制度被 1789 年之后的事变所粉碎。法国军队于 1794 年入侵，并在之后的 20 年占领了莱茵兰地区。法军入侵标志着“同过去的决裂，延续数个世纪的传统制度、思维和行动方式被一扫而光”（Diefendorf，1980，第 23 页）。这也符合阿西莫格鲁等人提出的论点（Acemoglu et al.，2011），即法国对德意志的入侵整体上改变了旧政权的征税制度，给持续经济增长提供了必要条件。沃斯等人设计的正式模型（Gennaioli and Voth，2015）有类似结论，表明战争压力可能给部分（而非全部）欧洲国家带来了激励相容的选择，由此得以克服地方上的寻租安排，实现财政体制的中央集权化。除取消农奴制、废除行会限制和解放犹太人外，法国人还撤销了大部分通行费，并且对河流运输实施了标准化管理（Spaulding，2011）。这需要创设现代的财政官僚机构来负责征税。斯波尔丁指出：“在整个莱茵河航路中，贸易量都大大增长”。通过科隆的贸易量从 1789 年的区区“150 万英担（每英担为 50 公斤）”猛增到 1807 年的“5 239 972 英担，增幅达 346%”。美因茨州的增幅更达到 400%（Spaulding，2011，第 217 页）。在拿破仑政权被击败后，这一成功做法被接任的普鲁士政权延续下来。随着德意志经济在 19 世纪的扩张，莱茵河成为越来越重要的商业大动脉。

德国各州之间的关税障碍在 19 世纪被废除后，也出现了类似的大发展。神圣罗马帝国的分裂特性导致贸易壁垒在现代早期大量增加。德意志关税同盟背后的理念是减少这些贸易壁垒，实现地区市场一体化。同盟是由该地区的霸主普鲁士推动，并以普鲁士内部在更早期（1818 年）废除内部关税的行动为基础（Huning and Wolf，2016）。从这个意义上讲，德意志关税同盟代表着普鲁士在经济上把德国统一到自己麾下的尝试。①有学者利用小麦价格的数据，

① 普鲁士力图拆分与之竞争的关税同盟，比如 Mitteldeutsche Hanndelsverein（Ploeckl，2013，第 389 页）。Pleockl（2015）用一个关于联盟外部性的模型分析了这一事件的发展。

发现该同盟的组建使价差大幅下降了30%（Keller and Shiue，2014）。铁路的引进等变革措施和其他制度改革则进一步促进了市场一体化。①以上两个案例共同提供了重要说明，显示现代早期的政府力量如何摧毁阻碍市场统一的壁垒，为斯密式经济增长铺平道路。

### 3.3 更高效的官僚机构

自韦伯（Weber，1922，1968）以来，很多学者认为高效而公正的官僚机构是1800年之后欧洲兴起的现代国家的一个关键特征。然而现代官僚机构设立与持续经济增长之间的联系并非显而易见。持续的经济增长发生在18世纪的英格兰与19世纪的北美地区，均早于两个国家的现代官僚机构的发展。帝制中国则从宋朝之后就有了职业化的贤能主义官僚机构（Chen et al.，2016）。还有，我们很清楚共产主义和其他社会主义经济体的官僚机构在经济计划方面的失败。②官僚机构受到信息和激励问题的困扰（Tullock，1965）。与之类似，关于计划和产业政策在东亚四小龙增长中发挥了关键作用的论断，也已被证明言过其实（例如Haggard，2004）。

那么，有效运转的官僚机构同经济增长之间究竟存在何种关联？这里有几个要点值得强调。首先，无论需要政府提供何种范围的服务，效率都至关重要。③即使政府行动的范围受到严格限制，官僚机构的质量也关系重大。其次，掌握着高效行政机器的政府能更好地克制既得利益集团，并抵制受损方的寻租企图。阿西莫格鲁及其他人的研究表明，潜在受损方阻碍改革或创新的行动给经济增长造成了严重影响（Acemoglu and Robinson，2000；Coşgel et al.，2012，等）。再次，能够以不会产生巨大无谓损失的方式征税是个重要机制。有强大财政能力的政府采取的征税办法不会给相对价格造成严重扭曲

① 这和Ploeckl（2013）关于德意志关税同盟对巴登的市场准入和投资的更微观层面的分析一致。

② von Mises（1922）和Hayek（1948）的著作已经清楚地说明了官僚无法对经济增长或发展做有效“计划”。对这一讨论的完整总结，可参阅White（2012，第32—67页）；关于印度等发展中国家的经济计划分析，可参阅White（2012，第246—274页）。

③ 有效提供是指，公共品能以成本有效且不腐败的方式提供。值得注意的一点是，与Samuelson（1954）相反，决定产品是否必须由公共部门提供的并非产品的技术特性。公共品的特性（如排他性的程度）是由制度决定的。如今通常被视为公共性质的产品，在过去许多社会和许多时候是由私人提供的，比如灯塔（Coase，1974）或警察（Koyama，2014）。在我们看来，政府能力指的并不是政府提供的服务的范围，而是它能以何种效率提供属于其职责的服务。

(Lindert, 2004)。从许多前现代政权采用的强制劳役与兵役转向正规税收，也具有类似的效率促进作用。而以这种方式征税，要求有公正的、不过分腐败的官僚机构。①

在欧洲，正规官僚机构的发展是个渐进过程，至19世纪后半叶才进入高潮，不过其根源由来已久。在德意志地区，正规官僚机构的出现是更为古老的“官房学派”（cameralist，又译重商主义）传统的延续（Backhaus and Wagner，1987），并以中世纪德意志各地兴起的大学为基础。有学者详细描述了14世纪的教会分裂如何导致德意志各地大学的发展（Cantoni and Yuchtman，2014），显示很大部分毕业生是出自法学专业，在公共行政部门就职。另有研究指出，在宗教改革时期采纳义务教育法的德意志城市培养了大量杰出人士，其中许多是官吏，同时这些城市在1600—1800年也实现了更快的增长（Dittmar and Meisenzahl，2016)。②正如厄特曼所称，“正是从这一巨大的可用人才库中……统治者选出了新的官员队伍”（Ertman，2005，第170页）。到18世纪，越来越职业化管理的政府已遍布斯堪的纳维亚与德意志地区（Ertman，2005，第169—172页）。

这些行政化的官僚政府在北欧与中欧的创建，并未在现代早期转化为快速经济增长——神圣罗马帝国依然是当时的经济落后地区——却给现代时期留下了极为有益的遗产，并帮助培育了对今天意义重大的“良好治理”的文化与传统。有学者分析了约瑟夫二世在哈布斯堡王朝实施官僚制度改革的现代遗产，利用断点回归方法对现代东欧国家开展跨国比较，发现曾被哈布斯堡王朝统治的地区在今天有着较低的腐败水平和较高的信任度（Becker et al.，2016)。

## 3.4 普遍规则与法治

上文提到，政府能力提高未必会促进经济增长，能力强大的政府也可能实施破坏性的经济政策。此处的关键在于，当政府受到法律约束时，政府能力可

---

① 控制腐败是关键所在，因为贿赂给个人与国家间的交易带来了不稳定性，是对小型企业或个人征收的难以逃脱的税款，却通常对垄断者和大型参与者有利（Rose-Ackerman，1978）。因此，成熟的税务官僚机构在尽可能减少政府对经济活动的消极影响中起着重要作用。

② 为了证明因果关系，他们用宗教改革前关键年份里发生的瘟疫作为工具变量。瘟疫的暴发冲击了地方特权阶级，让新教和新的义务教育法更容易被采纳。

以发挥对增长有益的作用。这样说的一个理由是，能力强大的政府可以执行普遍规则（general rules），它与社会科学家常说的法治密切相关。

尽管“法治”（rule of law）的概念由来已久，但此术语是在戴西（Dicey，1908）之后才被广泛采用。在诺思的著作中（North，1990），法治成为经济学与政治学讨论的核心议题，此后被后共产主义转型议题所关注，并在阿西莫格鲁等人的研究中再度成为焦点（Acemoglu et al.，2001，2005b）。阿西莫格鲁与罗宾逊的研究指出（Acemoglu and Robinson，2012），法治经常同“包容性制度”或对政府权力的限制有关。针对法治的法学研究得出了类似结论，它们往往强调普遍和稳定的规则的重要性。①哈耶克曾指出（Hayek，1960），由于普遍规则具有可预见性，个人便可以对自己的生活做出规划，从而使个人自由的范围最大化，并限制统治者对权力的任性使用。诺思等人探讨了法治对产生开放准入秩序所需的条件的重要性，在这种社会中，个人和组织有同等权利进入市场并参与竞争，无需依靠他们同掌权者的私人关系（North et al.，2009）。基于以上研究思路，我们采用了对法治的一种最小范围的定义，即某个社会由对全体成员同等适用的普遍规则来治理的程度。

能力弱小的政府无法落实或强制执行普遍规则，而能力强大的政府则未必会执行普遍规则。历史记录表明，当统治者对政府能力投资的时候，他们通常会遇到使规则变得更具普遍性的强烈激励。这往往只是因为，当规则和制度变得更具普遍适用性后，对异质性民众实施集中式财政与行政规则的成本会降低。这方面的例子包括，弗朗西斯一世（1515—1547年）于1539年在法国引入《维莱科特雷法令》（Edict of Villers-Cotterêts），路易十四（1642—1715年在位）的部长们引入《路易法典》（Code Louis）等。此类法令是为巩固法国王室的势力，但起到了使全国范围的法律制度标准化的附加作用（Hamscher，2012）。②

① 例如，Lon Fuller（1969）对法治给出了程序性定义，法治要求：（1）法律平等，即法律平等地适用于所有个体；（2）对法律有公开且清晰的定义；（3）法律具有稳定性；（4）有一个公开透明、受一般规则引导的立法过程；（5）有一个独立的司法机构；（6）开放的法庭和其他法律机构；（7）一致适用于所有个体的规则。

② 参阅 Johnson（2013）、Johnson and Koyama（2014b）的讨论。

## 3.5 民族国家形成

借用奥尔森的著名说法（McGuire and Olson，1996），现代早期的各国政府类似于“坐寇”，征税并发动战争，依赖民众的顺从而非支持。1850 年后最为成功的现代政府的一项重要成就，则是让税收逐渐来自民众的准自愿性质的遵从。这一成就是基于如下认知：现代政府在大多数民众眼中具有合法性。政府的合法性来源于人们各自的信念。有学者认为（Scheve and Stasavage，2012），战争动员在设立遗产税方面起到了关键作用，因为战争既产生了扩大财政收入的需要，又培育了当其他人提供军事服务时，富人也应该出钱的观念。合法性要求有意识形态的支持，但人们必须能够对这一意识形态达成共识并采取协调行动。这就要求对政府的宗旨目标做广泛宣传，或者借助民族主义或宗教等既有的正统价值观。民族主义从来就是现代国家合并组建时采用的一种特别有效的意识形态（Gellner，1983；Anderson，1991；Hobsbawm，1991）。

发展经济学家曾指出，偏好异质性——在缺乏共同国民身份认同时的常见现象——通常与公共品提供不足、内战风险较高和收入水平较低有关联（Easterly and Levine，1997；Alesina et al.，1999，2003；Arbatli et al.，2015）。相反，同质性较高的偏好会降低公共品提供的成本，让人们更容易就集体决策开展协调（Buchanan and Tullock，1962，第 113—116 页）。此类观点非常受经济史学家重视。①

这意味着，高效政府的出现依赖于一定程度的文化、语言和民族同质性。政府构建必须伴随着国民的构建。英国和法国这样最为成功的现代国家发展成为民族国家，而哈布斯堡、奥斯曼和沙俄帝国等更庞大的多民族国家没有那么成功，最终走向解体。当然，文化、语言乃至（一定程度上的）民族的同质性本身也是政策制定者可以影响的变量。②沿着这一思路，越来越多的研究文献分析了政府能力与国民身份认同之间的相互作用。

阿莱西纳和赖克设计了一个模型，分析某个统治者或精英集团在何种条件

① Hao and Xue（2016）的近期研究表明，以中国姓氏距离（surname distance）度量的族群分化与 20 世纪早期的学校建设不足相关。

② 民族和语言的分化并不是外生的，相反，它是过去发展的产物，某些和政府明确推行的国民建构计划有关（参阅 Alesina and Reich，2015），而另一些是自发运动的产物，比如关注民族主义的某些学者强调的与古印刷媒体兴起有关的运动（如 Anderson，1991）。

下会对民众的偏好一致化做投资（Alesina and Reich，2015）。他们认为，民主化的威胁给统治者带来了重要启示，以培育共同的国民偏好。他们采用的模型包含多种可能选择，包括统治者不去培育国民偏好，而倾向于“分而治之”，即欧洲统治者在其殖民地普遍采用的策略。

引入义务教育等国家构建政策要求有一定水平的政府能力。因此在缺乏政府能力的地方，国家构建的努力会受限或缺乏。相比政府能力较高的地方，政府能力较低的统治者更有可能采用以分而治之为原则的做法。

## 3.6 法国旧政权的财政能力与国民身份认同

政府能力投资与国家构建的关系并不限于1800年之后的时期。约翰逊分析了一个具体案例：法国旧政权的财政能力投资与全国政策的支持度提高存在何种因果联系（Johnson，2015）。托克维尔在《旧制度与法国大革命》中提出，大革命中的许多民主和宪政改革之所以能出现，是因为波旁王朝在前一个世纪的若干政策削弱了封建体制的制度基础。有研究发现，法国王室得以在17—18世纪提升其财政和法律能力（Root，1987；Kwass，2000；Johnson and Koyama，2014b）。约翰逊认为，王室的政府能力扩张的一个意外后果是，新引入的制度替代和淘汰了之前的封建制度（Johnson，2015）。这进而导致贵族和非贵族的关注点从地方利益转向与全国性制度改革有关的事务。

约翰逊认为，法国政府能力在18世纪末的内部差异，是路易十四的财政部长柯尔贝尔（Jean-Baptiste Colbert）于1664年推行的改革的后果（Johnson，2015）。柯尔贝尔创立了一个关税同盟，包含大约一半的王室控制区。①作为重

① 被排除在该关税同盟之外的省份包括：Angoumois、Artois、Auvergne、lower Navarre、Béarn、Brittany、Cambrésis、Foix、Dauphiné、Flanders、Forez、Franch-Compté、Gascony、Guyenne、Hainaut、Ile-de-Rhé、Ile d’Oléron、Languedoc、Limousin、Lyonnais（in parts）、Marche、Provence、Roussillon、Rouergue、Saintonge，以及Vivarais。这个关税同盟的核心省份是基于中世纪晚期创造的五个包税区。历史上的这五个包税区是：（1）traite foraine，le rêve et le haut passage de Champagne et de Normandie；（2）la traite foraine de Normandie；（3）le traite domaniale de Champagne，Picardie，Normandie，et Bourgogne；（4）la douane de Lyon；以及（5）les droits d’entrée sur l’épicieries，drogueries et grosses denrées。1589年，布吕（René Brunet）成功地将这些地区稳固地统合在了一个统治者之下，这场整合完成于亨利三世治下（1574—1589年）宗教战争十分活跃的时期，他迫切需要财政收入（Roux，1916，第70—73页）。至于柯尔贝尔时代五大关税辖区的边界的解释，或许也可以归因于16世纪各位君主的短期愿望，通过包税制来增加贷款，以满足其借款的需要（Johnson and Koyama，2014a）。

商主义者，柯尔贝尔创立该关税区——所谓五大包税所辖区（Cinq Grosses Fermes）——的一个主要目标是促进内部贸易并对外部贸易征税。他随时借助王室权威，以压制辖区内部的封建性税收和管制。王室税款对跨越关税同盟边境与内部的贸易产品都要征收（Heckscher，1955，第 103—106 页；Bosher，1964）。约翰逊测算出，1784 年五大辖区内部的人均税收比外部平均高出 40% 左右（Johnson，2015）。

约翰逊利用三级会议陈情书（Cahier des Doleances）的数据对托克维尔的推测做了检验（Johnson，2015）。这些文件是在 1788 年爆发大革命前夕，由路易十六要求法国的每个城镇提交，让各个阶层（教士、贵族和其他人等）分别写下他们希望在即将召开的三级会议（Estates General）上讨论的“申诉”。之前有研究对文件做了整理（Hyslop，1934），包含法国的 200 个地区，并为其中涉及的各种地方和全国性制度创立了编号。例如，登记了某份文件是否要求统一度量衡，希望对所有阶层适用同样的法律，希望废除封建税费，希望废除农奴制，要求实施更统一的法典等。约翰逊的研究通过一个指数来反映每个地区的申诉对全国或地方性议题的关注程度（Johnson，2015）。该指数的范围从 1 到 3，1 代表对地方性议题的关注，3 代表对全国性议题的最强烈关注，如要求实施统一度量衡等。

图 2 显示，托克维尔的论述是正确的，受集中化程度更高的制度管辖的地区，确实会使民众的关注点从地方性议题更多转向全国性议题。该图揭示了陈情表中反映的对全国性制度的支持度，同某个地区是否属于五大辖区内的强大王室制度管辖的关系。图中的每个点均代表一个城镇，陈情表文件为当地的每个阶层做了编号。图中的实线代表五大辖区的边界，每个像素的颜色深度取决于对全国性制度的支持指数的反距离加权数值。颜色越深，代表对全国性制度的支持度越大。从该图可以明显看出，对全国性制度的支持度在五大辖区的边界上存在显著的非连续性。约翰逊利用断点回归分析发现，这一非连续性有经济显著性，并且在控制若干地理、政治和文化变量影响后具有稳健性（Johnson，2015）。五大辖区内的城镇在 1789 年更多支持全国性而非地方性的制度，并且在 1817—1821 年的富裕程度更高。此外，这一收入差别的根源可以追溯到各个地区利用正规金融机构和为公共品缴费的意愿。对法国而言，专制君王推动的财政能力发展提供了必要的准备，以赢得普通民众支持基础更广泛、包容性更大的制度，进而促进稳定的经济增长。

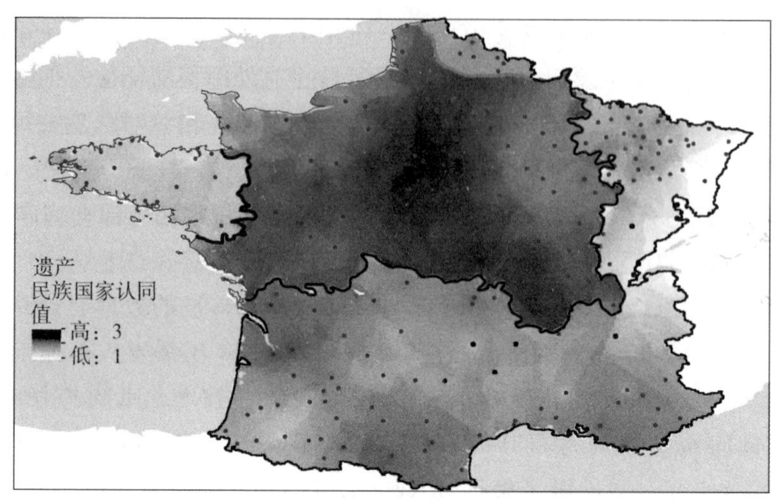


**图2　1789年国民会议记录中的国民认同状况**

注：更深的颜色代表文件记录中的贵族和第三等级人士对“国王”和“法国”的认同度更高（根据Hyslop，1934）。图中的每个网格点的赋值，是基于周围提交文件的12个城镇的反向加权距离（所用的距离指数的默认值为2）。五大辖区由作为分界线的黑粗线标出。

总体来看，此类研究提供的证据表明，欧洲的能力强大的政府通过若干机制对经济发展做出了贡献：让经济体更为强健，以抵御战争等负面冲击；帮助实现国内市场统一；为较为公正的官僚机构化管理和法治奠定了基础。还有，作为一个自我强化的过程，政府建设本身有助于让之前异质性较强的民众为共同目标（如提供更具普遍性质的法规）联合起来。当然，此类机制本身不足以完全解释那些国家的政府能力最初是如何发展起来。在下一节中，我们将探讨更深层的决定因素，以理解为什么政府建设的行动能在世界某些地方取得成功，而在其他一些地方遭遇失败。

## 4. 高效政府的深层决定因素

哪些因素使某些社会建设起高效政府——有能力提供基本公共品，同时在范围和规模上受到制约？为回答这一问题，我们将对增长经济学和政治经济学的近期发现加以回顾，并探讨它们可能给关注政府能力议题的经济史学家提供何种启示。

### 4.1　国家形态的历史

近期许多发现凸显了现代经济和政治成就背后的深层决定因素的重要性。

科明等人认为（Comin et al.，2010），1500 年时的技术发展水平对今天的收入水平有强大的预测力。在 1500 年时从不掌握当时的任何技术到全部掌握，会使如今的人均 GDP 提高 5.9—13.3 倍。另有学者通过对长期持续的这一现象和其他情形的分析，发现三个因素在解释现代经济发展上发挥了稳健影响：地理、农业转型，以及国家形态的长期历史（Spolaore and Wacziarg，2013）。

对经济增长起源的实证研究经常采用布克斯泰特等人（Bockstette et al.，2002）设计的古代政府指标作为政府能力的代理变量。该研究（Bockstette et al. 2002）及后续成果（Chanda and Putterman，2007；Putterman and Weil，2010）借助了一个简单的理念：针对每个现代国家，计算从零年开始，每 50 年时期里，该国被部落以上层级的政府统治的时期长短，以及这样的政府是本土产生还是外来占领。由此得出一个粗略的指标，反映某个国家拥有本土政府的历史。结果发现，在 1500 年时的政府历史能最好地预测现代的发展水平。①

普特曼等人对这一政府历史指标做了改进，以反映构成现代国家的人群拥有过的政府的历史（Putterman and Weil，2010）。对美国和澳大利亚等欧洲殖民者定居的国家，他们的指标反映的政府历史测度比之前的指标高得多，并且与今天的政治制度之间存在正向关联——包括行政部门所受约束、财产征用风险、政府效力等通行的测算指标。②③

此类研究很有启示性，但仍属于跨国分析，对于政府与经济增长的关系，不可避免地缺乏历史研究能够带来的丰富内容。要看到更细致的图景，我们仍需更多微观层面的历史研究，并关注把政府历史同现代发展成果联系起来的作用机制。

---

① 在 1500 年的时候，国家形态历史的代表性指数水平如：埃塞俄比亚 = 1，中国 = 0.906，西班牙 = 0.562，美国和澳大利亚 = 0。

② Borcan et al.（2014）将对国家形态历史的度量进一步回溯到国家和农业的起源时期。他们发现了一个倒 U 型关系，国家形态历史和经济发展之间存在着非线性关系：也就是说，虽然国家历史和现代发展之间存在着高度正相关，但是国家历史的平方值和现代发展之间呈高度负相关。这一关系适用于各大洲以内和之间：拥有最悠久国家历史的现代国家，与国家历史更短的邻国相比，如今在经济上表现更差。有趣的是，他们认为这一非单调关系早在 1500 年时就已存在。

③ 在最初的分析中，Bockstette et al.（2002）并未考虑这一度量方式，因此更晚近的国家历史比更早期的国家历史的影响更大。后来的研究（Borcan et al.，2004）则对所有时期赋予了相同影响权重。

### 4.2 文化

文化是值得强调的第二个因素。近期研究确认，文化是可以开展严肃的科学考察的关键变量，从这方面的成果中可以得出几个要点。第一，若干研究表明文化价值观可能极具延续性（Guiso et al.，2006，2008；Nunn and Wantchekon，2011；Voigtlander and Voth，2012；Alesina et al.，2013；Grosjean and Khattar，2014）。第二，关于代际价值观传递的理论模型表明，文化延续性的一个重要机制是父母培育其子女的文化价值观的激励（Bisin and Verdier，2001）。第三，文化价值观与制度变革存在互补性，这可以有力地解释为什么制度改革行动在某些时候成功，在某些时候失败（Greif，1994；Tabellini，2008；Alesina and Giuliano，2015）。

值得深入探讨的一个推测是，高效政府的建设需要某种文化环境，政治独立或政府自治的历史可能是今天的政府能力建设的重要决定因素。若干研究正是采用了这一思路。塔贝里尼分析了有关证据，探讨包容性政治制度传统对欧洲地方层面文化的影响（Tabellini，2010）。圭索等人发现（Guiso et al.，2016），在中世纪有政治独立历史的意大利北部城市，如今的公民社会资本（civic capital）水平较高，反映在人均非营利组织数量、器官捐赠水平等指标上。

相应地，该机制也能在相反方向产生作用。专制或掠夺式的制度传统可以破坏对社会有益的价值观。洛斯等人把人类学研究同创新现场实验相结合，发现刚果的库巴王国（Kuba Kingdom）显然对其现代后裔的亲社会习俗有排斥作用。与无国家历史的邻近人群的后裔相比，他们在一系列实验游戏中的窃取行为更多，贡献更少（Lowes et al.，2016）。另有学者分析了中国清朝的迫害行动的后果（Xue and Koyama，2016），发现这些迫害减少了地方层面的慈善组织数量，给地方公共品提供与对待政治积极主义和政府的文化态度都造成了长期影响。更深入和细致地认识文化因素，将有助于我们更好地理解它在何时何地对政府发展产生重大作用。

### 4.3 公民社会

本小节把政府能力同关于公民社会和社会资本的研究结合起来。在托克维尔的启发下（2000），帕特南（Putnam，1994）与福山（Fukuyama，1995）等社会科学家非常关注社会资本对自由民主制度取得成功的重要性。

他们的研究提出了某个社会的社会资本水平同政治机构和政府机构的能力的关系问题。在分析从“自然国家”向“开放准入秩序”的转轨时，对于开放准入秩序能够容许独立于政府的组织出现，诺思等人相当重视（North et al.，2009）。因为这个特点与自然国家形成了鲜明对比，后者会压制此类组织，把公民社会作为对政治权力的威胁。

在过去的理论模型中，社会资本与政府经常被当作替代关系（例如 Aghion et al.，2010）。近期的研究则指出，高效政府与社会资本之间存在重要互补性。阿西莫格鲁与罗宾逊在描述走向包容性制度的道路时关注政府与社会的共同演化，认为繁荣而富裕的公民社会既是政府成功发展的额外成果，又是重要补充：“政府能力与社会组织以协同作用的方式相互哺育”（Acemoglu and Robinson，2016）。他们把这一论点用于分析本文第 2.1 节介绍过的英格兰的案例，指出：“多铎王朝的政府建设受益于如下事实，公民社会已形成了约束它的社会习俗。社会要求政府执行法律和推进减贫，在社会影响政府的同时，政府也在影响社会”（Acemoglu and Robinson，2016，第 15 页）。这个重要观点指出，在英国历史上，高效政府伴随着更为富裕发达的公民社会和市场经济共同演化。针对市场或民主制度移植到某些缺乏此类发展经历的社会时为何经常失败的问题，这给出了另一种解释。

当然，还需要更多研究去理清社会资本与政府能力的关系。阿西莫格鲁等人通过对塞拉利昂的酋长制度的研究（Acemoglu et al.，2014），发现由人数较少的酋长控制的地区往往拥有更高水平的社会资本，表明这些地区联系紧密的精英群体能够利用现有社会资本来巩固自身地位。其他学者的研究也发现，认为社会资本与包容性政治制度之间存在简单因果关系，是过于幼稚的看法（Satyanath et al.，2016），例如在德国，纳粹党发展最成功的恰恰是社团密度较高的地区。

## 5. 总结

本文回顾了近期的经济史研究成果对理解政府在经济发展中的作用的贡献。在如今的发展经济学和政治经济学研究中，“历史至关重要”的观念已被普遍接受。我们指出，为充分认识现代政府的演化以及政府建设同经济增长的关系，非常需要给历史“解压缩”。为此，我们把分析聚焦在特定的作用机制上，由此可以通过对经济史的解读来深刻认识政府建设与经济增长过程。

我们得到的第一个认识是，现代政府的构建过程存在极大国别差异。对英格兰的案例研究凸显了制约国王行政权力的重要性（North and Weingast，1989；Acemoglu et al.，2005b）。然而，对王室权力的制约并未避免（反而还加剧了）波兰－立陶宛王国在现代早期的衰败。于是我们非常关注法国、普鲁士和哈布斯堡王朝在现代政府建设中采用的不同道路。这一进程往往带有暴力性质，代价惨重，但正如有关莱茵河的财政管理与德意志关税同盟兴起的案例所示，由此留下的制度遗产促进了后来的经济增长。

对世界其他地区——如东亚和拉丁美洲——的政府建设进程的比较研究尚处于婴儿期，但我们相信它们同样会给如今的政策制定者带来有益的洞见。东亚的政府现代化是为了应对西方列强带来的地缘政治威胁。而在独立之后，撒哈拉以南非洲国家面临的最大挑战之一依然是建设高效的政府。

我们从回顾中得到的第二个明确认识是，经济发展与政府建设都是漫长而渐进的过程。这意味着久远的过去对现代发展机遇仍在发挥作用。卢卡斯在一篇著名论文中对菲律宾和韩国做了对比（Lucas，1993），它们在1960年均为贫困国家，但韩国在之后的几十年里以超过6%的速度增长，而菲律宾不到2%。卢卡斯认为这样巨大的差距不可思议——韩国已成为全球发达经济体，而菲律宾仍挣扎于贫困——他为此特别关注造成奇迹的某些政策和制度因素。

然而，在这两个国家1960年人均GDP水平相近的事实背后，却存在着根本性的差异。特别是，它们有着截然不同的中央集权政府历史。在沦为日本殖民统治及遭遇二战后的分裂之前，韩国有过漫长的持续政府形态的历史。相反在菲律宾的整个历史上，政治权威很少越过马尼拉的周边地区。尽管两国在1960年的人均GDP接近，建设现代政府并实现持续经济增长的任务，在菲律宾却注定会比在韩国困难得多。展望未来，这意味着对现代政府如何兴起、如何建设财政与法律能力的研究，可能会对制定经济改革、私有化及抑制腐败的可行计划有所参考。

如前文所述，我们从历史上观察到的政府能力与经济增长的联系存在或然性。现代经济增长的起源来自市场交换和贸易的扩张，由此带来了更发达复杂的劳动分工（给创新带来了回报）以及有助于刺激创新的文化和非经济因素的变化（Howes，2016；McCloskey，2016；Mokyr，2016）。在此过程中，能力强大的政府的重要作用在于它们创造了恰当的制度条件，能够容许增长和创新的发生，或至少可以保护它们免受战争或寻租的破坏。

持续经济增长在19世纪的出现同强大而有限的政府有关。20世纪试图利用政府权力改造社会的宏大志向要么彻底失败，要么至少做了部分回调。本文的焦点是近期关于现代政府兴起与积极经济成就的关系的研究，但并不希望给人如下的印象，即我们忽略了政府多么容易给经济造成破坏（例如 Shleifer and Vishny, 1998; Easterly, 2001）。把政府能力研究与政治经济学研究中关注政府失败的内容结合起来，是未来大有希望的路线。还有，19世纪后期以来现代政府的兴起同公共医疗和教育投资之间的联系，是政府能力同长期经济表现的另外两个重要联系渠道，也有待未来的研究。最后，我们认为对文化、社会资本、身份认同与政府能力的长期关系的研究才刚刚开始，将来大有可为。

（中国人民大学　王靖宜　译　余　江　校）

## 参考文献


Acemoglu, Daron, Cantoni, Davide, Johnson, Simon, Robinson, James A., 2011. The consequences of radical reform: the French Revolution. *Am. n Econ. Rev.* 101 (7), 3286 - 3307.

Acemoglu, Daron, Chaves, Isaías N., Osafo-Kwaako, Philip, Robinson, James A., 2014. Indirect rule and state weakness in Africa: Sierra Leone in comparative perspective. Technical Report, National Bureau of Economic Research.

Acemoglu, Daron, Moscona, Jacob, Robinson, James A., 2016. State capacity and American technology: evidence from the 19th century. *American Economic Review*, Papers and Proceedi ngs, Forthcoming.

Acemoglu, Daron, Robinson, James A., 2000. Political losers as a barrier to economic development. *Am. Econ. Rev.* 90 (2), 126 - 130.

Acemoglu, Daron, Robinson, James A., 2012. *Why Nations Fail*. Crown Business, New York.

Acemoglu, Daron, Robinson, James A., 2016. Paths to inclusive political institutions. Mimeo.

Acemoglu, Daron, Johnson, Simon, Robinson, James A., 2001. The colonial origins of comparative development: an empirical investigation. *Am. Econ. Rev.* 91 (5), 1369 - 1401.

Acemoglu, Daron, Johnson, Simon, Robinson, James A., 2005a. Institutions as a fundamental cause of long-run growth. In Aghion, P., Durlauf, S. (Eds.), *Handbook of Economic Growth1*. Elsevier, 385 - 472 (chapter 6).

Acemoglu, Daron, Johnson, Simon, Robinson, James, 2005b. The rise of Europe: Atlantic trade, institutional change, and economic growth. *Am. Econ. Rev.* 95 (3), 546 - 579.

Aghion, Philippe, Algan, Yann, Cahuc, Pierre, Shleifer, Andrei, 2010. Regulation and distrust. *Q. J. Econ.* 125 (3), 1015 - 1049.

Alesina, Alberto, Devleeschauwer, Arnaud, Easterly, William, Kurlat, Sergio, Wacziarg, Romain, 2003. Fractionalization. *J. Econ. Growth* 8 (2), 155 – 194.

Alesina, Alberto, Reich, Bryony, 2015. Nation Building. NBER Working Papers 18839, National Bureau of Economic Research, Inc.

Alesina, Alberto, Giuliano, Paola, 2015. Culture and institutions. *J. Econ. Lit.* 53 (4), 898 – 944.

Alesina, Alberto, Giuliano, Paola, Nunn, Nathan, 2013. On the origins of gender roles: women and the plough. *Q. J. Econ.* 128 (2), 469 – 530.

Alesina, Alberto, Baqir, Reza, Easterly, William, 1999. Public goods and ethnic divisions. *Q. J. Econ.* 114 (4), 1243 – 1284.

Anderson, Benedict, 1991. *Imagined Communities: Reflections on the Origin and Spread of Nationalism.* Verso Books, London.

Arbatli, Cemal Eren, Ashraf, Quamrul H., Galor, Oded, 2015. The Nature of Conflict. NBER Working Papers 21079, National Bureau of Economic Research, Inc.

Backhaus, Juergen, Wagner, Richard E., 1987. The cameralists: a public choice perspective. *Public Choice* 53 (1), 3 – 20.

Balla, Eliana, Johnson, Noel D., 2009. Fiscal crisis and institutional change in the Ottoman Empire and France. *J. Econ. Hist.* 69 (03), 809 – 845.

Bardhan, Pranab, 2015. State and development: the need for a reappraisal of the current literature. *Journal of Economic Literature.* Forthcoming.

Barker, J. H., 1995. Personal insert a space here liberty under the common law of England, 1200 – 1600. In Davis, R. W. (Ed.), *The Origins of Modern Freedom in the West.* Stanford University Press, Stanford, 178 – 202.

Barratt, Nicholas, 1999. English royal revenue in the early thirteenth century and its wider context, 1130 – 1330. In Ormrod, M., Bonney, M., Bonney, R. (Eds.), *Crises, Revolutions, and Self-Sustained Growth.* Shuan Tyas, Stamford, Lincolnshire.

Bateman, Victoria N., 2011. The evolution of markets in early modern Europe, 1350 – 1800: a study of wheat prices. *Econ. Hist. Rev.* 64 (2), 447 – 471.

Bates, Robert, 1983. *Essays on the Political Economy of Rural Africa.* University of California Press, Berkeley.

Bates, Robert H., 2008. *When Things Fell Apart, State Failure in Late-Century Africa.* Cambridge University Press, Cambridge.

Becker, Sascha O., Boeckh, Katrin, Hainz, Christa, Woessmann, Ludger, 2016. The empire is dead, long live the empire! long-run persistence of trust and corruption in the bureaucracy. *Econ. J.* 126 (590), 40 – 74.

Berman, Harold J., 1983. *Law and Revolution, the Formation of the Western Legal Tradition.* Harvard University Press, Cambridge, Massachuestts.

Bernhofen, Daniel, Eberhardt, Markus, Li, Jianan, Morgan, Stephen, 2016. The evolution of markets in China and Europe on the eve of industrialisation. Mimeo.

Besley, Timothy, Persson, Torsten, 2009. The origins of state capacity: property rights, taxation, and politics. *Am. Econ. Rev.* 99 (4), 1218 – 1244.

Besley, Timothy, Persson, Torsten, 2010. State capacity, conflict, and development. *Econometrica* 78 (1), 1 - 34.

Besley, Timothy, Persson, Torsten, 2011. *Pillars of Prosperity.* Princeton University Press, Princeton, New Jersey.

Besley, Timothy, Persson, Torsten, 2013. Taxation and Development. CEPR Discussion Papers 9307, C. E. P. R. Discussion Papers.

Bisin, Alberto, Verdier, Thierry, 2001. The economics of cultural transmission and the dynamics of preferences. *J. Econ. Theory* 97 (2), 298 - 319.

Blattman, Christopher, Miguel, Edward, 2010. Civilwar. *J. Econ. Lit.* 48 (1), 3 - 57.

Bockstette, Valerie, Chanda, Areendam, Putterman, Louis, 2002. States and markets: the advantage of an earlystart. *J. Econ. Growth* 7 (4), 347 - 369.

Boettke, Peter, 2001. *Calculation and Coordination.* Routledge, London.

Bogart, Dan, Richardson, Gary, 2009. Making property productive: reorganizing rights to real and equitable estates in Britain, 1660 - 1830. *Eur. Rev. Econ. Hist.* 13 (01), 3 - 30.

Bogart, Daniel, Richardson, Gary, 2011. Property rights and parliament in industrializing Britain. *J. Law Econ.* 54 (2), 241 - 274.

Bonney, Richard, 1995. *The Rise of the Fiscal State in Europe c. 1200 - 1815.* Clarendon Press, OUP, Oxford.

Bonney, Richard, 1999. *Economic Systems and State Finance.* Oxford University Press, Oxford.

Borcan, Oana, Olsson, Ola, Putterman, Louis, 2014. State History and Economic Development: Evidence from Six Millennia, Working Papers in Economics 602, University of Gothenburg, Department of Economics.

Bosher, J. F., 1964. *The Single Duty Project: a Study of the Movement for a French Customs Union in the Eighteenth Century.* University of London Press, London.

Boucoyannis, Deborah, 2015. No taxation of elites, no represenation: State capacity and the origins of represenation. *Polit. Soc.* 4 (3), 303 - 332.

Brewer, John, 1988. *The Sinews of Power.* Harvard University Press, Cambridge, MA.

Brewer, John, Hellmuth, Eckhart, 1999. *Rethinking Leviathan: the Eighteenth-Century State in Britain and Germany.* Oxford University Press, Oxford. German Historical Institute in London.

Buchanan, James M., Tullock, Gordon, 1962. *The Calculus of Consent.* University of Michigan Press.

Burgess, Robin, Jedwab, Remi, Miguel, Edward, Morjaria, Ameet, Padró i Miquel, Gerard, 2015. The value of democracy: evidence from road building in Kenya. *Am. Econ. Rev.* 105 (6), 1817 - 1851.

Büsch, Otto, 1997. *Military System and Social Life in Old-regime Prussia, 1713 - 1807: the Beginnings of the Social Militarization of Prusso-German Society.* Humanities Press, Atlantic Highlands, N. J..

Campbell, James, 2000. *The Anglo-Saxon State.* Hambledon and London, London.

Cantoni, Davide, Yuchtman, Noam, 2014. Medieval universities, legal institutions, and the commercial revolution. *Q. J. Econ.* 129 (2), 823 – 887.

Carruthers, Bruce G. , 1996. *City of Capital: politics and Markets in the English Financial Revolution.* Princeton University Press, Princeton, New Jersey.

Chanda, Areendam, Putterman, Louis, 2007. Early starts, reversals and catch-up in the process of economic development. *Scand. J. Econ.* 109 (2), 387 – 413.

Chang, Ha-Joon, 2002. *Kicking Away the Ladder—Development Strategy in Historical Perspective.* Anthem Press, London.

Chen, Ting, Kai-sing Kung, James, Ma, Chicheng, 2016. Long live Keju! the persistent effects of China's imperial examination system. Mimeo.

Chilosi, David, Murphy, Tommy E. , Studer, Roman, Coşkun Tunçer, A. , 2013. Europe's many integrations: geography and grain markets, 1620 – 1913. *Explor. Econ. Hist.* 50 (1), 46 – 68.

Clapp, Edwin J. , 1907. *The Navigable Rhine.* Houghton Murray Company, Boston.

Clay, Karen, 1997. Trade without law: private-order in stitutions in Mexican California. *J. Law, Econ. Org.* 13 (1), 202 – 231.

Clay, Karen, Wright, Gavin, 2005. Order without law? Property rights during the California gold rush. *Explor. Econ. Hist.* 42 (2), 155 – 183.

Coase, R. H. , 1974. The lighthouse in economics. *J. Law Econ.* 17 (2), 357 – 376.

Coffman, D'Maris, Leonard, Adrian, Neal, Larry, 2013. *Questioning Credible Commitment: Perspectives on the Rise of Financial Capitalism. Macroeconomic Policy Making.* Cambridge University Press, Cambridge.

Collins, James B. , 1995. *The State in Early Modern France.* Cambridge University Press, Cambridge.

Collins, James B. , 1999. State Building in Early-Modern Europe: The Case of France. In Lieberman, V. (Ed.), *Beyond Binary Histories: Re-imagining Eurasia to c.* 1830. University of Michigan Press, Ann Arbor, 159 – 190.

Comin, Diego, Easterly, William, Gong, Erick, 2010. Was the Wealth of Nations Determined in 1000 BC? *Am. Econ. J.: Macroecon.* 2 (3), 65 – 97.

Coşgel, Metin M. , 2015. The Ottoman empire. In Monson, A. , Scheidel, W. (Eds.), *Fiscal Regimes and the Political Economy of Premodern States.* Cambridge University Press, Cambridge, 404 – 428.

Coşgel, Metin M. , Miceli, Thomas J. , Rubin, Jared, 2012. The political economy of mass printing: Legitimacy and technological change in the Ottoman empire. *J. Comp. Econ.* 40 (3), 357 – 371.

Coşgel, Metin, Miceli, Thomas, Ahmed, Rasha, 2009. Law, statepower, and taxation in Islamic history. *J. Econ. Behav. Org.* 71 (3), 704 – 717 (The Economic Performance of Civilizations: Roles of Culture, Religion and the Law).

Cox, Gary W. , 2016. *Marketing Sovereign Promises: Monopoly Brokerage and the Growth of the English State.* Cambridge University Press, Cambridge.

Cox, Gary W. , North, Douglass C. , Weingast, Barry, 2015. The violence trap: a political-economic approach to the problems of development. Working Paper, Hoover Institution, Stanford University.

de Tocqueville, Alexis, 2000. *Democracy in America*, introduced by Harvey C. Mansfield, Delba Winthrop, edn, University of Chicago Press, Chicago.

de Vries, Jan, van der Woude, Ad., 1997. *The First Modern Economy: Success, Failure, and Perseverance of the Dutch Economy, 1500 – 1815.* Cambridge UP, Cambridge, U. K..

Dell, Melissa, Lane, Nathan, Querubin, Pablo, 2015. State capacity, local governance, and economic development in vietnam. memo.

Deng, Kent, 2015. Imperial chinaunder the song and late qing. In Monson, A., Scheidel, W. (Eds.), *Fiscal Regimes and the Political Economy of Premodern States.* Cambridge University Press, Cambridge, 308 – 342.

Dicey, A. V., 1908. *Introduction to the Study of the Law of the Constitution.* MacMillan and Co. Limited, London.

Dickson, P. G. M., 1993, 1967. *The Financial Revolution in England.* Gregg Revivals, Aldershot.

Diefendorf, Jeffry M., 1980. *Business and Politics in the Rhineland, 1789 – 1834.* Princeton, New Jersey.

Dincecco, Mark, 2009. Fiscal centralization, limited government, and public revenues in Europe, 1650 – 1913. *J. Econ. Hist.* 69 (1), 48 – 103.

Dincecco, Mark, 2010. Fragmented authority from ancien régime to modernity: a quantitative analysis. *J. Instit. Econ.* 6 (03), 305 – 328.

Dincecco, Mark, 2015. Therise of effective states in Europe. *J. Econ. Hist.* 75 (03), 901 – 918.

Dincecco, Mark, Katz, Gabriel, 2014. State capacity and long-run economic performance. *Economic Journal*, Forthcoming.

Dincecco, Mark, Fenske, James, Gaetano Onorato, Massimiliano, 2015. Is Africa different? Historical conflict and state development. Working Paper.

Dincecco, Mark, Prado, Mauricio, 2012. Warfare, fiscal capacity, and performance. *J. Econ. Growth* 17 (3), 171 – 203.

Dittmar, Jeremiah, Meisenzahl, Ralf R., 2016. State capacity and public goods: Institutional change, human capital and growth in early modern germany. CEP Discussion Paper 1148, Center for Economic Performance.

Drelichman, Mauricio, Voth, Hans-Joachim, 2010. The sustainable debts of phillip ii: a reconstruction of castile's fiscal position, 1566 – 1696. *J. Econ. Hist.* 70 (4), 813 – 822.

Drelichman, Mauricio, Voth, Hans-Joachim, 2011. Serialdefaults, serial profits: returns to sovereign lending in habsburg spain, 1566 – 1600. *Explor. Econ. Hist.* 48 (1), 1 – 19.

Drelichman, Mauricio, Voth, Hans-Joachim, 2014. *Lending to the Borrower from Hell.* Princeton University Press, Princeton, N. J..

Duffy, Christopher, 1981. *Russia's Military Way to the West, Origins and Nature of Russian Military Power 1700 – 1800.* Routledge Kegan & Paul, London.

Dukes, Paul, 1990. *The Making of Russian Absolutism 1613-1801 2nd edn.* Routledge, London.

Easterly, William R., 2001. *Elusive Quest for Growth: economists' Adventures and Misadventures in the Tropics.* MIT Press, Cambridge, MA.

Easterly, William, Levine, Ross, 1997. Africa's growth tragedy: policies and ethnic divisions. *Q. J. Econ.* 112 (4), 1203 – 1250.

Elliott, John H., 1992. A Europe of composition monarchies. *Past Present* 137, 48 – 71.

Epstein, S. R., 2000. *Freedom and Growth, the Rise of States and Markets in Europe, 1300 – 1700.* Routledge, London.

Ertman, Thomas, 1997. *Birth of Leviathan.* Cambridge University Press, Cambridge.

Ertman, Thomas, 2005. Building states-inherently a long-term process? An argument from comparative history. In Lange, M., Rueschemeyer, D. (Eds.), *States and Development: Historical Antecedents of Stagnation and Advance.* Palgrave MacMillan, London, 165 – 182.

Evans, Robert H. W., 1991. Maria Theresa and Hungary. In Scott, H. (Ed.), *Enlightened Absolutism: Reform and Reformers in Later Eighteenth-Century Europe.* Houndmills, UK, pp. 189 – 208.

Fenske, James, 2014. Ecology, trade, and states in pre-colonial Africa. *J. Eur. Econ. Assoc.* 12 (3), 612 – 640.

Finer, S. E., 1999a. *The History of Government from the Earliest Times vol. I.* Oxford University Press, Oxford.

Finer, S. E., 1999b. *The History of Government from the Earliest Times vol. II.* Oxford University Press, Oxford.

Finer, S. E., 1999c. *The History of Government from the Earliest Times vol. III.* Oxford University Press, Oxford.

Fouquet, Roger, Broadberry, Stephen, 2015. Seven centuries of European economic growth and decline. *J. Econ. Persp.* 29 (4), 227 – 244.

Frankema, Ewout, 2010. Raising revenue in the British empire, 1870 – 1940: how 'extractive' were colonial taxes? *J. Glob. Hist.* 5, 447 – 477 (URL: http://journals.cambridge.org/article_S1740022810000227).

Frankema, Ewout, 2011. Colonial taxation and government spending in British Africa, 1880 – 1940: maximizing revenue or minimizing effort? *Explor. Econ. Hist.* 48 (1), 136 – 149.

Frankema, Ewout, van Waijenburg, Marlous, 2014. Metropolitan blueprints of colonial taxation in British and French Africa, c. 1880 – 1940. *The J. Afr. Hist.* 55, 371 – 400.

Fukuyama, Francis, 1995. *Trust: the Social Virtues and the Creation of Prosperity.* The Free Press, New York.

Fuller, Lon L., 1969. *The Morality of Law.* Yale University Press, New Haven.

Gellner, Ernst, 1983. *Nations and Nationalism 2nd edition (2008) edn.* Cornell University Press, Ithaca.

Gennaioli, Nicola, Voth, Hans-Joachim, 2015. State capacity and military conflict. *Rev. Econ. Stud.* 82 (4), 1409 – 1448.

Gennaioli, Nicola, Rainer, Ilia, 2007. The modern impact of precolonial centralization in Africa. *J. Econ. Growth* 12 (3), 185 – 234.

Glaeser, Edward L., Shleifer, Andrei, 2002. Legalorigins. *Q. J. Econ.* 117 (4), 1193 – 1229.

Glaeser, Edward L., Shleifer, Andrei, 2003. The rise of the regulatory state. *J. Econ. Lit.* 41 (2), 401 – 425.

Goldstone, Jack A., 2002. Efflorescences and economic growth in world history: rethinking the "rise of the west" and the industrial revolution. *J. World Hist.* 13 (2), 323 – 389.

Goubert, Pierre, 1969. *L'Ancien Règime.* Paris.

Grafe, R., 2012. *Distant Tyranny: markets, Power, and Backwardness in Spain, 1650 – 1800, Princeton Economic History of the Western World.* Princeton University Press.

Gras, Norman S. B., 1912. The origin of the national customs-revenue of England. *Q. J. Econ.* 27 (1), 107 – 149.

Gras, Norman S. B., 1918. *The Early English Customs System.* Harvard University Press, Cambridge MA.

Greif, Avner, 1989. Reputation and coalitions in medieval trade: evidence on the Maghribi traders. *J. Econ. Hist.* 49 (4), 857 – 882.

Greif, Avner, 1994. Cultural beliefs and the organization of society: a historical and theoretical reflection on collectivist and individualist societies. *J. Polit. Econ.* 102 (5), 912 – 950.

Greif, A., 2006. *Institutions and the Path to the Modern Economy.* Cambridge University Press, Cambridge, U. K.

Greif, Avner, Iyigun, Murat, 2013. What Did the Old Poor Law Really Accomplish? A Redux, IZA Discussion Papers 7398, Institute for the Study of Labor (IZA).

Grier, Kevin, Maynard, Norman, 2016. The economic consequences of Hugo Chavez: a synthetic control analysis. *J. Econ. Behav. Org.* 125 (C), 1 – 12.

Grosjean, Pauline, Khattar, Rose, 2014. It's Raining Men! Hallelujah?, Discussion Papers 2014 – 29, School of Economics, The University of New South Wales.

Guiso, L., Sapienza, P., Zingales, L., 2006. Does culture affect economic outcomes? *J. Econ. Persp.* 20 (2), 23 – 48.

Guiso, Luigi, Sapienza, Paola, Zingales, Luigi, 2008. Alfred Marshall Lecture Social Capital as Good Culture. *J. Eur. Econ. Assoc.* 6 (2 – 3), 295 – 320.

Guiso, Luigi, Sapienza, Paola, Zingales, Luigi, 2016. Long-term persistence. *Journal of the European Economic Association*, Forthcoming.

Haggard, Stephan, 2004. Institutions and growth in East Asia. *Stud. Comp. Int. Dev.* 38 (4), 53 – 81.

Haggard, Stephan, Kang, David, Moon, Chung – In, 1997. Japanese colonialism and korean development: a critique. *World Dev.* 25 (6), 867 – 881.

Hamscher, Albert N., 1976. *The Parlement of Paris Afterthe Fronde, 1653 – 1673.* University of Pittsburgh Press, Pittsburgh.

Hamscher, Albert N., 2012. *The Royal Financial Administration and the Prosecution of Crime in France*, *1670 – 1789.* University of Delaware Press, Newark.

Hao, Yu, Xue, Melanie Meng, 2016. Friends from afar: migration, cultural proximity and primary schooling in the Lower Yangzi, 1850 – 1949. *Explorations in Economic History*, Forthcoming.

Harris, Ron, 2000. *Industrializing English Law: Entrepreneurship and Business Organization, 1720 – 1844.* Cambridge University Press, Cambridge.

Hayek, F. A. , 1948. *Individualism and the Economic Order.* University of Chicago Press, Chicago.

Hayek, F. A. , 1960. *The Constitution of Liberty.* Routledge, London.

Heckscher, Eli F. , 1955. *Mercantilism vol. I.* George Allen & Unwin LTD, London (translated by E. F. Soderlund).

Herbst, Jeffrey, 2000. *Statesand Power in Africa: Comparative Lessons in Authority and Control.* Princeton University Press, Princeton, N. J. .

Herrera, Helios, Martinelli, César, 2013. Oligarchy, democracy, and state capacity. *Econ. Theory* 52 (1), 165 – 186.

Hintze, Otto, 190, 6, 1975, Military organization and the organization of the state. In Gilbert, F. (Ed. ). *The Historical Essays of Otto Hintze.* Oxford University Press, Oxford, pp. 178 – 215.

Hobsbawm, Eric, 1991. *Nations and Nationalism Since 1780: Programme, Myth, Reality.* Cambridge University Press, Cambridge.

Hoffman, Philip T. , 2015a. What do states do? Politics and economic history. *J. Econ. Hist.* 75, 303 – 332.

Hoffman, Philip T. , 2015b. *Why Did Europe Conquer the World?* . Princeton University Press, Princeton, NJ.

Hoffman, Philip T. , Rosenthal, Jean-Laurent, 1997. The political economy of warfare and taxation in early modern Europe. In Nye, J. V. , Drobak, J. (Eds. ), *The Frontiers of the New Institutional Economics.* Academic Press, San Diego, California, 31 – 55.

Hogue Hogue, Arthur R. , 1966. *Origins of the Common Law.* Indiana University Press, Indianapolis.

Hoppit, Julian, 2000. *A Land of Liberty? England 1689 – 1727.* Clarenden Press, Oxford.

Hough, Jerry F. , Grier, Robin, 2015. *The Long Process of Development: Building Markets and States in Pre-Industrial England, Spain, and their Colonies.* Cambridge University Press, Cambridge.

Howes, Anton, 2016. The improving mentality: innovation during the British Industrial Revolution, 1651 – 1851. Mimeo.

Huillery, Elise, 2014. The Black Man's Burden: the cost of colonization of French West Africa. *J. Econ. Hist.* 74 (01), 1 – 38.

Huning, Thilo R. , Wolf, Nikolaus, 2016. How Britain Unified Germany: Geography and the Rise of Prussia after 1815. Mimeo.

Hutton, Olewn, 2000, 1980. *Europe: Privilege and Protest 1730 – 1789.* Blackwell, Oxford.

Hyslop, Beatrice, 1934. *French Nationalism in 1789 According to the General Cahiers.*

Cambridge University Press.

Jha, Saumitra, 2015. Financial asset holdings and political attitudes: evidence from revolutionary England. *Q. J. Econ.* 130 (3), 1485 – 1545.

Johnson, Noel D., 2006. Banking on the king: the evolution of the royal revenue farms in old regime France. *J. Econ. Hist.* 66 (04), 963 – 991.

Johnson, Noel D., 2015. Taxes, national identity, and nation building: evidence from france. GMU Working Paper in Economics No. 15 – 33.

Johnson, Noel D., 2013. Legal centralization and the birth of the secular state. *J. Comp. Econ.* 41 (4), 959 – 978.

Johnson, Noel D., Koyama, Mark, 2014a. Tax farming and the origins of state capacity in England and France. *Explor. Econ. Hist.* 51 (1), 1 – 20.

Johnson, Noel D., Koyama, Mark, 2014b. Taxes, lawyers, and the decline of witchcraft trials in France. *J. Law Econ.* 57.

Jones, Eric L., 1981. *The European Miracle 3rd edition.* Cambridge University Press, Cambridge, UK.

Jones, Eric L., 1988. *Growth Recurring.* Oxford University Press, Oxford.

Jones, Eric L., 2003. *The European Miracle 3rd edition.* CUP, Cambridge, U. K.

Juhász, Réka, 2016. Temporary protection and technology adoption: evidence from the napoleonic blockade. Mimeo.

Karaman, K. Kivan., Pamuk, Şevket, 2010. Ottoman State Finances in European Perspective, 1500 – 1914. *J. Econ. Hist.* 70 (03), 593 – 629.

Karaman, Kivanc, Pamuk, Şevket, 2013. Different paths to the modern state in Europe: the interaction between warfare, economic structure and political regime. *Am. Polit. Sci. Rev.* 107 (3), 603 – 626.

Keller, Wolfgang, Shiue, Carol H., 2014. Endogenous formation of free trade agreements: evidence from the Zollverein's impact on market integration. *J. Econ. Hist.* 74 (04), 1168 – 1204.

Kennedy, Paul, 1987. *The Rise and Fall of the Great Powers, 1500 – 1980.* Vintage Books, New York.

Kiser, Edgar, Schneider, Joachim, 1994. Bureaucracy and efficiency: an analysis of taxation in early modern Prussia. *Am. Sociol. Rev.* 59 (2), 187 – 204.

Ko, Chiu Yu, Koyama, Mark, Sng, Tuan-Hwee, 2017. Unified china; divided Europe. *Int. Econ. Rev.*.

Kohli, Atul, 1994. Where do high growth political economies come from? The Japanese lineage of Korea's "developmental state". *World Dev.* 22 (9), 1269 – 1293.

Koyama, Mark, 2014. The law & economics of private prosecutions in industrial revolution. *Public Choice* 159 (1), 277 – 298.

Koyama, Mark, Moriguchi, Chiaki, Sng, Tuan-Hwee, 2015. Geopolitics and asia's little divergence: a comparative analysis of state building in China and Japan after 1850. memo.

Kuhn, Philip, 1980. *Rebellion and its Enemies in Late Imperial China: Militarization and Social Structure, 1796 – 1864.* Harvard University Press, Cambridge, MA.

Kuhn, Philip A., 2002. Origins of the Modern Chinese State. Stanford University Press, Stanford, California.

Kwass, Michael, 2000. *Privilege and the Politics of Taxation in Eighteenth-century France: liberté, égalité, Fiscalité*. Cambridge University Press, Cambridge.

Landes, David, 1998. *The Wealth and Poverty of Nations*. Abacus, London.

Leeson, Peter, 2014. *Anarchy Unbound*. Cambridge University Press, Cambridge.

Li, Jianan, Bernhofen, Daniel M., Eberhardt, Markus, Morgan, Stephen, 2013. Market integration and disintegration in Qing dynasty China: evidence from time-series and panel time-series methods. Working Paper.

Lindert, Peter H., 2004. *Growing Public: Social Spending and Economic Growth since the Eighteenth Century*. Cambridge University Press, Cambridge.

Lopez, Robert S., 1971. *The Commercial Revolution of the Middle Ages, 950 – 1350*. Prentice Hall, New York.

Lowes, Sara, Nunn, Nathan, Robinson, James A., Weigel, Jonathan, 2016. The evolution of culture and institutions: evidence from the Kuba kingdom. Memo.

Lu, Yi, Luan, Mona, Sng, Tuan-Hwee, 2016. The effect of state capacity under different economic systems. Mimeo.

Lucas, Robert E., Jr., 1993. Making a miracle. *Econometrica* 61 (2), 251 – 272.

Lynch, John, 1992. Spain 1516 – 1598: from Nation State to World Empire. Blackwell Publishers, Oxford.

Ma, Debin, 2011. Rock, scissors, paper: the problem of incentives and information in traditional Chinese state and the origin of Great Divergence. Economic History Working Papers, 152/11.

Ma, Debin, 2012. Political institutions and long run economic trajectory: some lessons from two millennia of Chinese civilization, Technical Report 8791, CEPR.

Ma, Debin, 2013. State capacity and the great divergence: the case of Qing China. *Eurasian Geogr. Econ.* 54 (56), 484 – 498.

Ma, Debin, Rubin, Jared, 2016. Strong states and weak administrative capacity. Memo.

Machin, Ian, 1999. British catholics. In Liedtke, R., Wendehorst, S. (Eds.), *The Emancipation of Catholics, Jews, and Protestants*. Manchester University Press, Manchester, 11 – 33.

Major, J. Russell, 1994. *From Renaissance Monarchy to Absolute Monarchy: French Kings, Nobles & Estates*. The Johns Hopkins University Press, Baltimore.

Mann, Michael, 1986. *The Sources of Social Power vol. I*. Cambridge University Press, Cambridge.

Masschaele, James, 1993. Transport costs in medieval England. *Econ. Hist. Rev.* 46 (2), 266 – 279.

Mattingly, Daniel C., 2015. Colonial legacies and state institutions in China: evidence from a natural experiment. *Comparative Political Studies*, Forthcoming.

McBride, Michael, Milante, Gary, Skaperdas, Stergios, 2011. Peace and war with endogenous state capacity. *J. Con. Resol.* 55 (3), 446 - 468.

McCloskey, Deirdre N., 2016. *Bourgeois Equality*. Chicago University Press, Chicago.

McGuire, Martin C., Olson, Mancur, 1996. The economics of autocracy and majority rule: the invisible hand and the use of force. *J. Econ. Lit.* 34 (1), 72 - 96.

Michalopoulos, Stelios, Papaioannou, Elias, 2013. Pre-colonial ethnic institutions and contemporary African development. *Econometrica* 81 (1), 113 - 152.

Michalopoulos, Stelios, Papaioannou, Elias, 2014. National institutions and subnational development in Africa. *Q. J. Econ.* 129 (1), 151 - 213.

Middleton, Neil, 2005. Early medieval port customs, tolls and controls on foreign trade. *Early Mod. Eur.* 13 (4), 313 - 358.

Mokyr, Joel, 2016. *Culture of Growth*. Princeton University Press, Princeton, NJ.

Mokyr, Joel, Nye, JohnV. C., 2007. Distribution coalitions, the industrial revolution, and the origins of economics growth in Britain. *South. Econ. J.* 74 (1), 50 - 70.

Montesquieu, Charles de, 1748, 1989. *The Spirit of the Laws*. Cambridge University Press, Cambridge. translated by Anne M. Cohler, Basia C. Miller, Harold S. Stone.

Moore, Barrington, 1966. *Social Origins of Dictatorship and Democracy*. Beacon Press, Boston MA.

North, Douglass C., 1981. *Structure and Change in Economic History*. Norton, New York, U. S. A..

North, Douglass C., 1990. *Institutions, Institutional Change, and Economic Performance*. Cambridge UP, Cambridge, UK.

North, Douglass C., Weingast, Barry, 1989. Constitutions and commitment: the evolution of institutions governing public choice in seventeenth century England. *J. Econ. Hist.* 49, 803 - 832.

North, Douglass C., Wallis, John Joseph, Weingast, Barry R., 2009. *Violence and Social Orders: a Conceptual Framework for Interpreting Recorded Human History*. Cambridge University Press, Cambridge.

North, Douglass C., Thomas, Robert Paul, 1973. *The Rise of the Western World*. Cambridge University Press, Cambridge, U. K..

Nunn, Nathan, 2008. The long-term effects of Africa's slave trades. *Q. J. Econ.* 123 (1), 139 - 176.

Nunn, Nathan, Wantchekon, Leonard, 2011. The slave trade and the origins of mistrust in Africa. *Am. Econ. Rev.* 101 (7), 3221 - 3252.

Oakeshott, Michael (2006), *Lectures in the History of Political Thought*, edited by Terry Nardin and Luke O'sullivan edn, Imprint Academic, Exeter.

Oates, Wallace E., 1999. An essay on fiscal federalism. *J. Econ. Lit.* 37 (3), 1120 - 1149.

Ober, Josiah, 2015. *The Rise and Fall of Classical Greece*. Princeton University Press, Princeton.

O'Brien, Patrick K., 1988. The political economy of British taxation. *Econ. Hist. Rev.* 41 (1), 1 - 32.

O'Brien, Patrick K., 2001. Fiscal exceptionalism: Great Britain and its European Rivals from

Civil War to Triumph at Trafalgar and Waterloo. LSE Working Paper.

O'Brien, Patrick K., 2011. The nature and historical evolution of an exceptional fiscal state and its possible significance for the precocious commercialization and industrialization of the British economy from Cromwell to Nelson. *Econ. Hist. Rev.* 64 (2), 408 – 446.

O'Brien, Patrick K., Hunt, Philip A., 1999. England, 1485-1815. In Bonney, R. (Ed.), *The Rise of the Fiscal State in Europec. 1200-1815.* Oxford University Press, Oxford, 53 – 101.

Ogilvie, Sheilagh, Carus, A. W., 2014. Institutions and economic growth in historical perspective. CESifo Working Paper No. 4861.

Ozment, Steven, 2004. *A Mighty Fortress.* Harper, New York.

Pincus, Steve, 2009. *1688: the First Modern Revolution.* Yale University Press, New Haven and London.

Ploeckl, Florian, 2013. The internal impact of a customs union; Baden and the Zollverein. *Explor. Econ. Hist.* 50 (3), 387 – 404.

Ploeckl, Florian, 2015. The Zollverein and the Sequence of a Customs Union, School of Economics Working Papers 2015 – 02, University of Adelaide, School of Economics.

Pomeranz, Kenneth, 2000. *The Great Divergence, China, Europe and the Making of the Modern World Economy.* Princeton University Press, Princeton.

Prest, Wilfrid, 1998. *Albion Ascendant.* Oxford University Press, Oxford.

Putnam, Robert D., 1994. *Making Democracy Work: Civic Traditions in Modern Italy.* Princeton University Press, Princeton, New Jersey.

Putterman, Louis, Weil, David N., 2010. Post-1500 population flows and the long-run determinants of economic growth and inequality. *Q. J. Econ. 125* (4), 1627 – 1682.

Rasul, Imran, Rogger, Daniel, 2016. Management of bureaucrats and public service delivery: evidence from the Nigerian civil service. *Economic Journal*, Forthcoming.

Root, Hilton L., 1987. *Peasants and King in Burgundy: Agrarian Foundations of French Absolutism.* University of California Press.

Rose-Ackerman, S., 1978. *Corruption: A Study in Political Economy.* Academic Press, New York.

Rosenberg, Nathan, Jr., Birdzell, L. E., 1986. *How the West Grew Rich, the Economic Transformation of the Industrial World.* Basic Books, New York, U. S. A.

Rosenthal, Jean-Laurent, 1992. *The Fruits of Revolution.* Cambridge University Press, Cambridge.

Rosenthal, Jean-Laurent, Wong, R. Bin, 2011. *Before and Beyond Divergence.* Harvard University Press, Cambridge.

Roux, Pierre, 1916. *Lesfermes d'impôts sous l'ancien régime.* Rousseau et cie, Paris, France.

Samuelson, Paul A., 1954. The pure theory of public expenditure. *Rev. Econ. Stat.* 36 (4), 387 – 389.

Satyanath, Shanker, Voigtländer, Nico, Voth, Hans Joachim, 2016. Bowling for fascism: social capital and the rise of the Nazi party. *Journal of Political Economy*, forthcoming.

Scheve, Kenneth, Stasavage, David, 2012. Democracy, war, and wealth: lessons from two centuries of inheritance taxation. *Am. Polit. Sci. Rev.* 106, 81 –102.

Schumpeter, Joseph A., 195, 4, 1918, The crisis of the tax state. In Peacock, A. T., et al. (Eds.). *International Economic Papers*, number 4, London. translated by Wolfgang F. Stolper and Richard A. Musgrave.

Scott, J. C., 1999. *Seeing like a State: How Certain Schemes to Improve the Human Condition Have Failed. The Institution for Social and Policy St Series.* Yale University Press.

Shaw, Stanford, 1976. *The History of the Ottoman Empire and Modern Turkey, Empire of the Gazis: the Rise and Decline of the Ottoman Empire, 1280-1808, vol. I.* Cambridge University Press, Cambridge.

Shiue, Carol H., Keller, Wolfgang, 2007. Markets in China and Europe on the eve of the industrial revolution. *Am. Econ. Rev.* 97 (4), 1189 –1216.

Shleifer, Andrei, Vishny, Robert W., 1998. *The Grabbing Hand: Government Pathologies and Their Cures.* Harvard University Press, Cambridge, MA.

Skinner, Quentin, 2009. A genealogy of the modern state. *Proc. Br. Acad.* 162, 325 –370.

Skocpol, Theda, 1985. Bringing the state back in; strategies of analysis in current research. In Evans, P. B., Rueschemeyer, D., Skocpol, T. (Eds.), *Bringing the State BackIn.* Cambridge University Press, Cambridge, UK, 3 –44.

Smith, Adam, 1763. *Lectures on Justice, Police, Revenue and Arms.* Clarendon Press, Oxford.

Sng, Tuan-Hwee, 2014. Size and dynastic decline: the principal-agent problem in late imperial China 1700 –1850. *Explor. Econ. Hist.* 54, 107 –127.

Sng, Tuan-Hwee, Moriguchi, Chiaki, 2014. Asia's little divergence: state capacity in China and Japan before 1850. *J. Econ. Growth* 19 (4), 439 –470.

Spaulding, Robert Mark, 2011. Revolutionary france and the transformation of the Rhine. *Cent. Eur. Hist.* 44, 203 –226.

Spolaore, Enrico, Wacziarg, Romain, 2013. How deep are the roots of economic development? *J. Econ. Lit. 51* (2), 325 –369.

Stasavage, David, 2002. Credible commitment in early modern europe: North and weingast revisited. *J. Law, Econ. Org.* 18 (1), 155 –186.

Stasavage, David, 2003. *Public Debt and the Birth of the Democratic State.* Cambridge University Press, Cambridge.

Stasavage, David, 2010. When distance mattered: geographic scale and the development of European representative assemblies. *Am. Polit. Sci. Rev.* 104 (4), 625 –643.

Strayer, Joseph, 1970. *On the Medieval Origins of the Modern State.* Princeton University Press, Princeton, New Jersey.

Stringham, Edward, 2015. *Private Governance: Creating Order in Economic and Social Life.* Oxford University Press, Oxford.

Sumption, Jonathan, 1990. *The Hundred Years War I: Trial by Battle.* Faber & Faber, London.

Tabellini, Guido, 2008. The scope of cooperation: values and incentives. *Q. J. Econ.* 123

(3), 905 - 950.

Tabellini, Guido, 2010. Presidential address: Institutions and culture. *J. Eur. Econ. Assoc.* 6 (2 - 3), 255 - 294.

Tang, John P., 2014. Railroad expansion and industrialization: evidence from Meiji Japan. *J. Econ. Hist.* 74, 863 - 886.

Tilly, Charles, 1975. Reflections on the history of European state-making. In Tilly, C. (Ed.), *The Formation of Nation States in Western Europe.* Princeton University Press, Princeton, New Jersey, 3 - 84.

Tilly, Charles, 1990. *Coercion, Capital, and European States, AD 990 - 1990.* Blackwell, Oxford.

Tocqueville, Alexis de, 1998. *The Old Regime and the Revolution 1.* University of Chicago Press, Chicago.

Tortella, Gabriel, Comin, Francisco, 2001. Fiscal and monetary institutions in spain (1600 - 1900). In Bordo, M. D., Cortées-Conde, R. (Eds.), *Transferring Wealth and Power from the Old to the New World.* Cambridge University Press, Cambridge, 140 - 186.

Troesken, Werner, 2015. *The Pox of Liberty: How the Constitution Left Americans Rich, Free, and Prone to Infection.* University of Chicago Press, Chicago.

Tullock, Gordon, 1965. *Bureaucracy.* Liberty Fund, Indianapolis, IN.

van Waijenburg, Marlous, 2015. Financing the african colonial state: the revenue imperative and force labor. African Economic History Working Paper Series No. 20/ 2015.

van Zanden, Jan Luiten, van Leeuwen, Bas, 2012. Persistent but not consistent: the growth of national income in Holland 1347 - 1807. *Explor. Econ. Hist.* 49 (2), 119 - 130.

Ventura, Jaume, Voth, Hans-Joachim, 2015. Debt into growth: how sovereign debt accelerated. In Proceedings of the first industrial revolution. University of Zurich, Department of Economics Working Paper 194.

Voigtländer, Nico, Voth, Hans-Joachim, 2012. Persecution perpetuated: the medieval origins of Anti-Semitic violence in Nazi Germany. *Q. J. Econ.* 127 (3), 1 - 54.

Voigtländer, Nico, Voth, Hans-Joachim, 2013. Gifts of Mars: warfare and Europe's early rise to riches. *J. Econ. Persp.* 27 (4), 165 - 186.

von Mises, Ludwig, 192, 2, 1936, *Socialism.* Liberty Fund, Indianapolis. translated by J. Kahane.

Voth, Hans Joachim, 2016. Debt, default and empire: state capacity and economic development in England and Spain in the early modern period. *Economic History Review*, Forthcoming.

Vries, Peter, 2015. *State, Economy, and the Great Divergence: Great Britain and China, 1680s - 1850s.* Bloomsbury, London.

Wade, Robert, 1990. *Governing the Market.* Princeton University Press, Princeton, New Jersey.

Weber, Max, 192, 2, 1968, *Economy and Society.* Bedminster, New York.

Weingast, Barry R., 1995. The economic role of political institutions: Market-preserving federalism and economic development. *J. Law, Econ. Org.* 11 (1), 1 - 31.

White, Lawrence H. , 2012. *The Clash of Economic Ideas*. Cambridge University Press, Cambridge.

Wittfogel, Karl, 1957. *Oriental Despotism: A Comparative Study of Total Power*. Yale University Press, New Haven.

Wong, R. Bin, 1997. *China Transformed: Historical Change and the Limits of European Experience*. Cornell University Press, Ithaca, NY.

Wong, R. Bin, 2001. Tax resistance, economy and state transformation in China and Europe. Econ. Gov. 2 (1), 69 – 83.

Wong, R. Bin, 2012. Taxation and good governance in China 1500 – 1914. In Yuan-Casaliia, B. , O'Brien, P. K. , Comin, F. C. (Eds.), *The Rise of Fiscal States: A Global History*, 1500 – 1914. Cambridge University Press, Cambridge, 353 – 378.

Xue, Melanie Meng, Koyama, Mark, 2016. Autocratic Rule and Social Capital: Evidence from Imperial China. Working Paper.

Yang, HeHelen, 2014. The impact of intensive farming on land tenure: evidence from confucius's manors. *China Econ. Rev*. 8 (279 – 289).

Comparative

# 政策评论

Policy Review

# 促进中国经济增长的创新生态系统

马克·尚克曼

本文旨在探讨为促进持续的创新和经济增长，中国政府在建立合理的政策和制度环境（我称之为“创新生态系统”）方面需要发挥的关键作用。我希望文章的观点或将帮助甚至重新引导中国当前就支持创新和增长的最有效政策环境展开的政策辩论。

最近我了解到，曾有一位著名的英国作家强烈不满其书籍的版权受到侵犯。许多英国作家和诗人都加入了他的批评行列。不过，该作家不是《哈利·波特》的作者J. K. 罗琳，指责的对象也并非中国。他是19世纪英国著名作家查尔斯·狄更斯，目标是美国。直到美国著名作家、讽刺家马克·吐温（真实姓名为塞缪尔·克莱门斯）带领国内作家齐声批评之后，美国的版权法才得到了显著加强。但值得注意的是，当时对英国版权的侵犯乃是出于商业目的的个人行为。这与国家出于产业战略或地缘政治目的支持的侵权行为大相径庭，在此不做讨论。

这则历史逸事应验了一句古话：“你持什么立场取决于你所站的位置。”主要的创新消费国倾向于支持较弱的国内知识产权制度。这可以降低引进国外

---

* Mark Schankerman，伦敦政治经济学院经济学教授、特拉维夫大学萨克勒客座教授、伦敦经济政策研究中心研究员。非常感谢许成钢教授的宝贵意见，以及《比较》吴素萍女士组织将文章译成中文。本文基于我在北京大学2019年亚太创新大会上发表的主题演讲。感谢这次会议的组织者和赞助者提供这个机会。

创新产品的成本，同时允许国内模仿。重要的创新生产国则支持加强知识产权保护。立国之初，美国既是创新的消费者，又是生产者。尽管如此，早在1787 年，开国元勋就已意识到创新的重要性，因此在美国宪法第 1 条第 8 款中，他们授权国会设立了专利局。目的是（这里我引用一下原文）：“在有限的时间内确保作者和发明人对其著作和发现享有专有权，促进科学和实用技艺的进步。”

我今天想说的是，与专利和其他形式的知识产权在促进新技术和其他创新方面的重要性一样，想要在现代知识竞争的世界取得成功，也需要一系列促进“创新驱动发展”的制度和政策，一如二十国集团（G20）近期所言。当然，“不是所有情况都适用同一模式”，具体的制度以及政府参与的程度和性质都会因国家而异，反映各自不同的文化、法律和行政环境。然而，有效的创新生态具有某些共同要素，这是我想在本文中突出的重点。我还要强调的是，这些因素相互影响，意味着决策者需要将它们揉为一揽子政策改革进行整体思考。孤立地考虑这些问题，会导致政策改革相互削弱而非加强的局面。

目前，中国正处在从最初的创新消费者向创新生产者转变的过程中。成功转型的前景虽然美好，但并不意味着成功是必然的。中国无疑拥有丰富的人力资本，拥有一大批训练有素、才华横溢的科学家和工程师，以及朝气蓬勃的企业家文化。如果能够建立适当的制度环境和激励机制，或者我所说的“创新生态系统”，中国将成为领先的高科技生产国和出口国。

在本文中，我将着重说明创新的关键制度特征，并概述这一过程中政府发挥的有限但重要的作用。我本人和其他学者多年来在创新、专利权、资本市场以及大学技术转让等领域展开了大量的经济学研究，本文的讨论将建立在这些研究的基础之上。为简单起见，我会根据以下六个主题组织讨论：金融市场、大学的技术转让、有效的研发支持政策、“熊彼特动态”（竞争性进入与退出）、创新市场（企业间技术转让）和有效的专利审查。

## 一、金融市场

创新需要金融资本，最重要的资金来源是风险资本和银行。但是，仅仅投入资金并不足以解决问题，还必须使资本配置过程有效运作。这意味着在确定和支持有价值项目的同时，需要大力淘汰不成功的项目。只有当金融机构自身具备有效的激励机制，将投资建立在预期盈利能力的基础之上（这本身必须基于有意义的价格信号，包括相关的外部性），并有能力和激励对业绩不佳的客户公司施加硬预算约束时，这种情况才能发生。实践中，唯一可行的方法是借助私营部门金融市场竞争的纪律约束。这并不排除政府对私人金融市场的间接扶持，稍后我会讨论这一点。经济学研究证明，政府直接资助国有和私营企业是低效的，其中涉及软预算约束和政治影响力问题。①

风险投资公司通常使用各种机制配置资本。它们提供管理协助以便增加成功的可能性，密切监测业绩和设定明确的业绩目标，采纳以客户公司成功实现这些目标为前提的阶段性融资，并使用各种合同条款将控制权（即决策权）保留至融资的后期阶段。此外，为了维持自身的资本流入，风险投资公司需要通过大公司的收购或股票市场的首次公开募股（IPO）成功地推出其支持的公司。如果银行和风险投资基金是国有的或者受到政府的严重影响，就缺乏这类激励措施和竞争纪律，在实践中它们可能很难对客户公司施加硬预算约束，这样做在政治上也没有吸引力。

所有这一切都需要合同的有效执行，小股东权益受到保护，以及良好运作的股权市场和小公司并购市场。此外，强大的专利权对金融市场的运作尤为重要，因为除了创新成果的专利权，创业公司通常没有多少（如果有的话）资产可用作抵押。要获得风险投资和其他融资，一般要求小公司拥有专利，并且融资机构相信，一旦出现失败或违约，它可以将专利换成货币。反过来，这又要求专利权是可执行的，而且存在可以实现这种转换的有效创新市场。为了让投资者、金融市场中介和公司相信自己的合同和产权（包括知识产权）会受到保护，建立透明、独立的司法机构就非常关键。有大量经济学文献论证了安全和有效执行的产权及合同具有重要意义。②

---

① 关于这些问题的深入讨论和文献回顾，参见 János Kornai、Eric Maskin and Gérard Roland (2003)，“Understanding the Soft Budget Constraint”，*Journal of Economic Literature*，第 XLI 卷，第 1095—1136 页。

② 关于产权为何对经济发展极其重要的概念性讨论，参见 Timothy Besley and Maitreesh Ghatak (2010)，“Property Rights and Economic Development”，收录在 Dani Rodrik and Mark Rosenzweig 主编的 *Handbook of Development Economics*，第 5 卷第 68 章（Amsterdam：North Hooland Publishers），第 4525—4595 页。关于对来自非洲的论点和证据的更多非技术性评论，参见 *UK Department For Interantional Development* 中的“Secure Property Rights and Development：Economic Growth and Household Welfare”（2014）。

## 二、大学和技术转让的作用

美国在这方面的最重大变化之一，是 1980 年国会通过了《拜杜法案》（Bayh-Dole Act）。在此之前，联邦政府资助的研究产生的所有创新均归政府所有，任何大学或公共研究组织的研究人员如果想申请专利或将其商业化，都需要获得政府机构或多个资助机构的正式批准，而他们也没有这样做的真正激励。所以毫不奇怪，大多数大学较少进行技术转让（也有一些显著的例外）。

《拜杜法案》的目的在于降低交易成本，为大学提供促进技术转让的激励措施，而不是任由潜在有用的发明束之高阁。为此，法案规定，政府资助研究产生的发明，所有权归属大学，同时要求大学与研究人员分享商业化产生的任何特许权使用费（或股权）收入。这促使所有研究型大学设立技术转让办公室，通过许可证交易和大学校园创业大力推动技术转让。经济学研究表明，货币激励措施，即研究人员的专利费分成和技术许可办公室的绩效薪酬，强有力地推动了技术商业化，继而对城市和大学周边地区的经济增长产生了积极影响。①

过去 20 年，中国在这方面取得了一些进展，但还留有更大胆改革的空间。针对大学发明人的专利权和所有权，中国已经通过各种法律，特别是 1993 年的《科学技术进步法》和 1999 年允许大学创业的条例，但直至 21 世纪初，技术转让仍然相对较少。

请看若干事实：中国大学的研究经费急剧增加，部分原因是政府实施了 985 工程。中国大学的专利申请数量，也从 2000 年的 1336 件增加到 2010 年的 28566 件。每所大学的专利申请数量中位数从 2000 年的 1 件上升为 2010 年的 100 件，但中国大学绝大多数的专利申请仅限于国内市场。中国大学的国际影响力仍远远落后。此外，对中国专利的研究表明，其大学的专利质量相对较低，这主要通过引用它们的新近专利数量来衡量。

---

① 参见 Saul Lach and Mark Schankerman（2008），"Incentives and Invention in Universities"，*RAND Journal of Economics*（2008），39（2）：第 403—433 页；Sharon Belenzon and Mark Schankerman（2009），"University Knowledge Transfer：Private Ownership，Incentive and Local Development"，第 52 卷：第 111—144 页；Naomi Hausman（2012），"University Innovation，Local Economic Growth，and Entrepreneurship，" *U. S. Bureau of the Census*，*Center for Economic Studies*，Paper No CES—Working Paper 12—10。

即便是领先的中国大学，在技术转让方面也落后于美国同行。例如2002年，清华大学每100名教师拥有大约9份专利许可协议。就专利许可交易而言，美国排名前10%的大学平均为17份，是前者的近两倍。就许可收入而言，清华大学的这一收入约为5000美元，美国表现最好的大学为3万美元，后者是前者的6倍。

因此尽管在纸面上，法律结构似乎已经就位，研究经费也大大增加，但显然还缺少某些因素。我认为，需要注意的关键因素包括以下几点。第一，必须确保大学拥有发明的明确产权，并得到当事各方的理解（可以选择将所有权授予大学或教授个人；不同国家有不同做法，不过大多数国家授权给大学）。第二，需要建立一个具有法律约束力的正式框架，对研究人员以及技术转让办公室的专业人员实行经济激励。大学之间是否应该有一套标准化（即政府授权）的做法，还是由各所大学自主选择，这个重要的问题尚待解决（在大多数工业化国家，由各所大学自主选择）。第三，也是非常重要的一点，我认为有必要重新思考如何构建技术转让产业的问题，技术转让是一个产业，应该反思如何让这个产业更具效率。目前，在美国、加拿大和欧洲大部分地区，各所大学都有自己的技术转让办公室，对大学发明的专利、授权和销售享有垄断控制权。其他行业可不见得能够拥有如此大量的“岛屿式垄断”（island monopolies）。

对于如何构建大学的技术转让体系，我们可以考虑一些全新的思路。譬如，开放市场，支持某种形式的竞争，比如允许技术转让办公室相互竞争，或者更广泛地向竞争性的私人中介开放。目前，这样的做法还很少，只有加拿大和日本沿着这个思路采取了一些措施。此外，我们也可以在地理和/或技术上，对技术转让进行整合，特别是那些设有小型技术转让办公室的大学（许多办公室都小得出奇；在美国，平均雇员人数只有5人）。英国和德国一定程度上已经发生了这种变化。最后，新近出现了基于互联网的专利交易私人平台，这也提供了另一种可能的方式。虽然推行这类改革需要慎重，但我相信有充分的理由对此进行思考。

## 三、政府如何设计对创新的支持

这里最重要的一点是，政策支持应该简单且具有成本效益。要实现这个目标，我们需要遵循两条原则。第一，政策应尽量避免扭曲企业从事创新时做出的技术选择和研究策略。诚然，政府可能不仅要考虑从总体上鼓励创新，更要考虑广泛的政策目标，如强调某些宽泛的技术领域（如纳米技术、生物医学）或方向（如绿色创新）。但是，在这些限制条件下，激励措施和其他形式的研发支持不应试图在微观上管理企业和大学对研究策略的选择。做出这类决策的应该是既有信息又有激励做出最佳选择的人，而不是政府。第二，任何形式的政府支持都应该"瞄准边际"（targeted at the margin），即政府应尽可能确保其支持的研发不是那些即使没有支持也能进行的研发。否则，公共资金会被白白浪费。

我举两个重要例子说明这一点。第一个例子是研发税收抵免。在美国，联邦政府和州政府都提供大量的研发税收抵免；大多数欧洲国家和其他工业化国家也是如此。关键问题在于如何保证税收抵免"瞄准边际"。对所有研发活动给予统一奖励显然没法达到这个目的，这种做法相当于把补贴给予那些无论如何都会进行的研发。大多数国家的做法是，在实施研发补贴之前，根据公司过往的研发支出设定一个基准，并且只允许对超过该基准的研发支出增长给予税收抵免；有些国家采用研发滚动平均数作为基准。正确处理这一问题很重要，因为它能大大降低每单位研发税收补贴的公共成本。①

第二个例子基于我最近的研究，涉及如何为初创企业或其他公司设计具有成本效益的研发贷款政策。② 大多数国家向私营企业提供某种贷款和/或拨款，帮助它们承担合格研发项目的成本。不少项目都是纯资助，大多数其他项目则要么是零利息，要么利息支付和共同支付要求非常低。问题在于从经济角度看，这种典型的设计是否合理。

这样的项目至少要有两个目标。第一，它们应该只针对具有显著外部性（创新企业无法通过利润获取的社会收益）的项目，因为这是政府干预的首要理由。第二，贷款的对象应该是那些原本不会启动的项目（即不应针对有利可图的项目）。这一原则在政策讨论中被称为"附加性"，与"瞄准边际"一致。

我们的研究表明，大多数现有的贷款或拨款计划并不符合这些原则。它们往往最终锁定私人盈利项目（市场无论如何都会给予支持），部分原因是它们

---

① 相关讨论可参见 Bronwyn Hall and John Van Reenen (2000), "How Effective are Fiscal Incentives for R&D? A Review of the Evidence," *Research Policy*, 第 29 期, 第 449—469 页。

② Saul Lach, Zvika Neeman and Mark Schankerman (2019), "Government Financing of R&D: A Mechanism Design Approach," Centre for Economic Policy, Discussion paper 12199.

收取零利率或低利率，从而诱使项目从市场融资（通常是风险投资）转变为从政府的贷款或拨款计划融资。我们阐明，这种做法非常低效：通过使用设计得更好的基于经济分析的贷款/拨款政策，每一元的政府资金皆可产生更大的回报（就福利收益而言），并且这种政策还很容易实施。

除了这些原则，重要的是请记住，我们想做的是鼓励创新，这与促进专利申请是两回事。以我看来，中国政府补贴专利申请成本的政策就是一个很好的反面教材。它关注专利申请，而不是补贴产生正外部性的活动从而补贴投资不足的地方（即研发领域）。私营企业并不缺乏申请专利的激励，实际上，情况恰恰相反。当然，古语有云："种瓜得瓜，种豆得豆"，该政策确实带来了更多的专利，但这很大程度上不是因为出现了更多的创新，而是人们对现有发明进行了更密集的专利申请。经济学家的研究表明，实行这项改革之后，专利创新的平均质量显著下降，唯有数量增加了而已。①

总之，政策支持应以研发为目标，可以通过税收抵免、补贴和强力执行专利权等方式间接提供，也可以直接提供政府贷款，特别是对小企业的贷款。工业化国家用于支持私营部门研发的直接和间接工具组合各有不同。而无论政府如何选择政策工具组合，重要的是把它们设计得富有效率，不仅要考虑每一元支出产生的影响，还要节约稀缺且昂贵的公共资金。

## 四、影响"熊彼特动态"的政策

这里指的是利于新企业进入和退出的制度特征和政策，它们通过创新和竞争淘汰低效企业，激励科技工作者在企业间流动，这种流动反过来又影响了新思想的交流，即知识的扩散。

我们不妨从思想的传播开始谈起。在对硅谷的著名分析中，安娜李·萨克森尼安将硅谷很大一部分成功归因于竞业禁止协议的缺失，以及支持快速信息交换与创新的分散式产业和社会结构。② 竞业禁止雇佣合同限制员工离开公司

① 例如参见 Zhen Lei、Zhen Sun and Brian Wright（2012），"Patent Subsidies and Patent Filing in China"，Fung Institute，University of California，Berkeley；Markus Eberhardt、Christian Helmers and Zhihong Yu（2017），"What Can Explain the Chinese Patent Explosion?" *Oxford Economic Papers*，第69卷第1期，第239—262页。*The Economist*（2010年10月14日）也指出了这类补贴的不当激励。

② AnnaLee Saxenian（1994），*Regional Advantage*：*Culture and Competition in Silicon Valley and Route* 128（Cambridge：Harvard University Press）.

并在一段时间内（通常是两年）为相同行业竞争对手工作的能力。在美国，州法律管辖这些合同，有些州宣布它们为非法，大多数州则承认它们有效，但即便这样，它们的限制和执行也各不相同。加利福尼亚州 19 世纪就完全取消了竞业禁止协议。竞业禁止协议压制了思想的传播，即通常所说的“知识溢出”。

越来越多的经济学研究表明，竞业禁止协议限制科技工作者在州内企业之间流动，压抑科技工作者的外部选择价值，进而减少他们的报酬，抑制地方的知识溢出。① 另一方面，竞业禁止合同的确有一个吸引人的特点，那就是让雇主有更大的激励投资于提升雇员的人力资本（技能），毕竟这些合同降低了员工跳槽到竞争对手企业的风险（除非技能不可转让）。诚然，从长远看，员工流动意味着企业可以从新进员工身上获益，同时也流失一些员工到其他企业。这种流动的技能劳动力循环不息，减少了竞业禁止协议的负面影响。但是经济学研究尚未最终证明，这种合同在减少知识溢出和形成新兴企业方面的负面影响，是否超过了使雇主有更大的激励投资于现有员工产生的积极影响。

尽管如此，安娜李·萨克森尼安还是提出一个强有力的论点：由于不存在这类合同，硅谷内的众多科学家和工程师可以自由流动，领先的高科技公司分拆出众多公司，以及劳动力市场吸引了新的高科技劳动力。所有这些都有助于形成强大的地理集聚效应。加利福尼亚州的另外两个主要高科技中心——洛杉矶和圣迭戈，也出现了类似的发展。在其他拥有高质量大学但允许竞业禁止协议的州，譬如“128 号公路高科技园区”（马萨诸塞州波士顿—坎布里奇地区），情况则并非如此，或者说没那么强烈。

中国的法律允许采用竞业禁止合同，限制雇员在同一行业为不同雇主工作（或自己成立公司）的权利，最长为两年。然而，与我所知的美国或其他国家不同的是，根据 2008 年《劳动合同法》和最近最高法院的解释，只有在雇主向雇员支付补偿金（通常是月薪的 30%—70%）的情况下，这些合同才具有

① 例如参见 Matt Marx、Deborah Strumsky and Lee Fleming (2009), “Mobility, Skills, and the Michigan Non-Compete Experiment”, *Management Science*, 第 55 卷第 6 期, 第 875—889 页; Sharon Belenzon and Mark Schankerman (2013), “Spreading the Word: Geography, Policy and Knowledge Spillovers”, *Review of Economics and Statistics*, 第 95 卷第 3 期, 第 884—903 页; Matt Marx、Jasjit Singh and Lee Fleming (2015), “Regional Disadvantage? Employee Non-compete Agreements and Brain Drain”, *Research Policy*, 第 44 卷第 2 期, 第 394—404 页。

法律效力。这一特点可能会在某种程度上阻碍竞业禁止合同的采用，尽管各个城市的执行情况也许差别极大。这为研究竞业禁止协议在中国的影响提供了机会，也将为重新评估针对这类就业合同的法律政策提供依据。

其他政策也会影响经济中的熊彼特动态。创新的本质是不确定性，既有技术风险，也有市场风险。高科技创业公司的失败率很高（在美国，一般为每年约10%或以上）。如果创新型企业家不能轻易“退出”，他们会对“进入”三思而后行。因此，为了鼓励创新和创业，技术和产品市场的进入与退出都应该相对容易。有三套政策会强烈影响进入和退出成本：第一，劳动力市场的灵活性（雇佣和解雇规则）；第二，破产法；第三，与进入相关的政府法规。

经济学研究显示，在控制其他因素的情况下，美国实行高度受限制的（有利于债权人）破产法的州，新成立的公司明显少得多，但由于债权人面临风险，非常宽松的破产制度也会减少小企业获得信贷的机会。① 高退出成本导致更少的进入，尤其是对高风险的高科技初创企业而言。当然，破产法应该在多大程度上利于债务人是有实际限制的。在债权人和债务人之间谋求平衡是十分重要的，因为只有当发生违约时能够获得足够的保险金，债权人才会提供资金。但请务必牢记，这些法律将间接影响高科技创业和新公司的形成。

众所周知，在工业化国家中，美国的劳动力市场是最灵活的之一。我认为，这是塑造其成功的创业前景和成果的重要因素。在过去20年左右的时间里，许多欧洲国家大幅开放了劳动力市场，但法国等国家的限制仍相当严格。经济合作与发展组织（OECD）和学术经济学家的研究表明，劳动力（和产品）市场自由化对新公司的增长和生产率有重大的积极影响。②

中国在这些方面做得如何？根据美国传统基金会（Heritage Foundation）和《华尔街日报》构建的经济自由度指数，下表概括了中国在这方面的情况（0—100分）。显而易见，尽管中国最近取得了显著的进步，但与有关国家相

---

① 关于对新公司形成的影响，参见 Wei Fan and Michelle White (2003), “Personal Bankruptcy and the Level of Entrepreneurial Activity,” *Journal of Law and Economics*，第46卷第2期，第543—568页。关于对获得信贷和/或信贷成本的负面影响，参见 Jeremy Berkowitz and Michelle White (2004), “Bankruptcy and Small Firms’ Access to Credit,” *RAND Journal of Economics*，第35卷第1期，第69—84页。

② 探讨这个主题的文献很多。其中一篇主要文献见 Giuseppe Nicoletti and Stefano Scarpetta (2003), “Regulation, Productivity and Growth: OECD Evidence,” *Economic Policy*，第18卷第36期，第9—72页。

比，仍然有相当大的差距。

**表1　经济自由度测量（0—100分）**

| | 产权 | 营商 | 劳动力 | 投资 |
|---|---|---|---|---|
| 中国 | 20.0 | 54.2 | 62.0 | 30.0 |
| 巴西 | 45.0 | 61.4 | 52.5 | 55.0 |
| 德国 | 90.0 | 90.0 | 50.6 | 90.0 |
| 以色列 | 75.0 | 70.6 | 64.6 | 85.0 |
| 日本 | 80.0 | 82.5 | 83.9 | 70.0 |
| 英国 | 90.0 | 86.0 | 71.8 | 90.0 |
| 美国 | 80.0 | 84.7 | 91.4 | 70.0 |

## 五、创新市场

创新市场是指发生专利权（和版权）交易的市场，无论交易采取的是许可还是出售的形式。这个市场很重要，因为它可以让经济体实现有效的“纵向专业化”，这意味着它可以使能力不同的企业专注于自身最擅长的领域，尤其是进行创新或商业化。一个成功的创新体系需要大大小小私营企业的共同参与。在承担发明风险的意愿（小企业被认为更激进），专攻利基市场或更大的市场，以及最重要的，在早期发明过程与后期开发、营销和分销中所起的作用方面，它们通常扮演完全不同的角色。

最好的例子也许就是小型生物技术公司与大型制药公司之间的关系。两者都从事研究，但小型生物技术公司往往会把关键创新成果“交给”大型制药公司开发，在通过了成本极高的健康与安全监管流程后生产和销售。这种关键创新成果的转让，要么通过许可制度实现，要么通过大公司的收购实现。在包括软件开发在内的其他高科技领域，这类纵向专业化也十分重要。

这种专业化对创新和增长的重要性怎么强调都不为过。因此，关键在于不要让政策过分偏向小企业或大企业，毕竟这会扭曲企业做出的有效选择。研究表明，税法和法院执行专利权的能力强烈影响创新市场，尤其是个人和小企业。更重要的是，必须确保监管和法律壁垒不会增设小企业进入和退出的障碍，这是长期有效地进行纵向专业化的关键。

现代创新，特别是信息技术和生物医学领域的创新，涉及大量专利部件的组合。这些部件通常由不同的公司拥有。想想 iPhone，它内嵌成千上万的组件，其中许多都是从其他公司获得授权。这一特性随着时间推移，只会变得越来越重要。为了促进累积性创新，我们需要改善机制以降低专利权的私人谈判成本，否则，获得研发所需许可的交易成本可能会扼杀创新。专利池是信息技术领域广泛使用的一种制度，但它们往往与技术标准关联。

其他部门可能更适合其他方法。一种方法是建立“权利清算所”，它为需要引入多种专利技术或其他知识产权许可的企业（或个人）提供一站式服务。清算所可以由私人经营，比如美国作曲家协会（American Society of Composers），它对使用受版权保护的音乐和电影给予许可（其他国家也有类似的组织）。它们也可以是公共机构，例如美国生物研究中心（BRCs），集中授权用于生物医学研究的基因材料。新近的经济学研究揭示，美国生物研究中心大大降低了获取该类研究投入的成本，从而扩展了它们的使用范围。① 第二种方法是设立私营的市场中介机构（也许有公共支持），它们可以促进有关专利技术的多边谈判。近来也涌现了许多基于网络的专利授权平台，例如 IPWe（知识产权运营平台），但是这些平台的效果如何还有待观察。在这类机构发展的早期阶段，给予公共支持可能有其合理性。虽然第二种方法尚未取得大的进展，但我相信其潜力巨大。

## 六、政府该如何发挥作用

最后，我想简单探讨，确保专利具有高质量以及所有企业（包括小型创业公司）都能行使这些产权。经济学研究告诉我们，专利的私人价值差异极大。然而在当前的语境下，“质量”意味着某种相当不同的事物，也即真正新颖并超越了现有技术水平的重大独创性发明。专利局的工作并非授予专利，而是只对符合严格的新颖性和创造性门槛的发明授予专利，剔除并拒绝不合格的发明。

专利质量在全世界都是一个大问题，包括美国。美国专利商标局（U. S. Patent and Trademark Office）最近采取了一项重大的长期举措，以期提高专利

① Jeffery Furman and Scott Stern（2011），“Climbing atop the Shoulders of Giants：The Impact of Institutions on Cumulative Research，” *American Economic Review*，第 101 卷，第 1933—1963 页。

质量。中国也迫切需要付诸行动。正如我之前讨论的，专利在很多方面扮演着关键角色，不仅激励研发，还能让小企业展示自身质量以确保进入私人融资市场，以及为创新市场奠定基础，这对小企业至关重要。只有当各方相信专利具备高质量和可执行性时，专利才能有效发挥作用。

专利局不乏一系列改进专利审查的工具，比如审查强度、申请和维护费用、对专利审查员的绩效激励措施。此外在专利发布后，法院也会参与审查，但只有相对较少的专利能呈交法庭（总体约占 2%，高价值专利则占 10% 或更多）。

最近的理论研究和校准模拟表明，专利局和法院的改革可以改善专利质量。① 这些改革包括提高专利申请费，引入由更高费用资助的更严格的专利局审查，以及降低法院诉讼的成本。我们的分析显示，美国很大一部分专利都授予了那些即便没有专利保护也能被开发的发明。有限的研究证据证明了这一点。将专利权授予即使没有相关保护也会有利可图的发明创造，这对社会来说是一种浪费，专利审查制度应尽量加以遏止。除了这些改革，我相信，对专利审查员设计适当的激励措施可以使审查更有效率，但是还没有必要的随机对照试验来检验这一点（我希望有机会在中国专利局开展这样的研究）。

我们从经济学研究中发现，小公司在行使专利权方面处于严重不利的地位，特别是面对较大的竞争对手时。② 它们发现，如果不诉诸法院，争端将更难以解决，因此更有可能遭遇诉讼风险。大体上，这是因为大公司经常通过交叉许可制度解决争端，而对专利组合相对有限的小企业来说，这种做法并不可行。这一专利权的执行问题削弱了小企业的创新激励。如果我们想要给高科技创业公司赋权（专利执法对它们而言至关重要），寻找有效的方法实现公平竞争就是改革的重要一环。一种方法是专利诉讼保险，其前景光明，目前各国也正在考虑。这类保险可以为小企业提供资金，使之能够对其他企业提起的专利无效诉讼应诉，也可以向法院起诉其他企业的专利侵权。需要注意的是，诉讼保险不意味着引发更多的诉讼。相反，这会增强小企业通过诉讼执行其专利权的可信度，从而在实际上促进和解并改善和解条件（特许权使用费激励）。私人保险市场已经存在，但应用并不广泛。部分原因是，相对于专利诉讼涉及的

---

① Mark Schankerman and Florian Schuett (2017), "Screening for Patent Quality," Centre for Economic Policy Discussion paper 11688.

② Jean Lanjouw and Mark Schankerman (2004), "Patent Rights: Are Small Firms Handicapped?" *Journal of Law and Economics*, 第 48 卷第 1 期, 第 45—74 页。

精算风险，其价格太高；但经济学研究表明，可以将诉讼风险与专利和专利权人的特征联系起来，实现更合理的定价。

第二种方法是促进其他的争端解决机制，比如仲裁或调解。最后，专业化和低成本的法庭可以帮助处理一些涉及轻微损害赔偿的案件。这对于外观设计专利和版权尤其有用（英国最近采纳了这种方法）。

重申一下要点：首先，必须更加严格地进行专利审查，确保专利是发明成功的重要标志；其次，应该更加重视政策，以使小企业能够更便利地执行专利权。

最后要指出的是，创造和维持创新生态系统并非易事，也不可能一蹴而就。这是一个构建合理制度和政策，并推动私营部门的行为主体信任这些制度和政策的过程。这将激励企业踊跃投资研发、承担风险，并迅速适应日新月异的技术和市场机遇。成功创新和企业家精神的本质正在于此。试图对这个过程进行微观管理的中央计划或政府政策，都将难以实现预期的目标。政治领导层需要有胆有识，将政策重点放在建设制度环境和激励机制以培育创新创业精神上；剩下的就交给聪明而有雄心壮志的人，让他们在追逐自身梦想的途中为所有人创造经济增长。

（颜超凡　译）

# 法和经济学

Law and Economics

Comparative

# 动产担保统一登记系统

## 中美比较的视角

张韶华

## 一、美国《统一商法典》引导全球建立现代担保法律体系

1952 年，由美国统一州法委员会和美国法学会主导起草的《统一商法典》面世并征求意见。其中，由格兰特·吉尔摩（Grant Gilmore）和阿利森·邓纳姆（Alison Dunham）负责起草的第九编“担保交易”可谓最大亮点，统合散乱复杂的质押、按揭、留置、衡平法上抵押等概念①，转而采用功能化、开放化的“担保权益”概念，在州层面建立起动产（包括权利）登记系统。《统一商法典》历经数次重大修改，先后形成 1958 年、1962 年、1972 年、1998 年、2010 年数个文本。最新 2010 年文本要求各州在 2013 年 7 月 1 日前接受并制定本州法律。截至目前，除维尔京群岛外，美国全部 50 个州以及华盛顿特区、波多黎各均接受《统一商法典》并制定了本州法律。

《统一商法典》引导的动产担保法律制度改革深刻影响了全球。1972 年，加拿大以《统一商法典》为范本，制定出台本国《动产担保法》。20 世纪 90 年代以来，在相关国际组织积极推动下，全球掀起动产担保法律制度改革高

---

* 作者现任职于中国人民银行参事室。本文为作者 2019 年在耶鲁大学法学院做访问学者期间的研究成果，文责自负。

① 英美法系相关概念与大陆法系相关法律术语之间仅存在大致对应关系。

潮。欧洲复兴开发银行1992年4月成立具有广泛代表性的顾问委员会，负责起草《动产担保交易示范法》，并于1994年4月正式出台，此后又制定了《动产担保融资登记制度的指导原则》。国际统一私法委员会2001年通过《移动设备国际利益公约》，设立登记处及监督机构。美洲国家组织2002年先后制定了《美洲国家间担保融资和跨境信贷示范法》《美洲国家组织动产担保交易示范法》，旨在建立统一登记系统。亚洲开发银行2002年制定了《亚洲开发银行动产担保机构指南》。世界银行2010年制定了《担保交易和登记制度工作手册》。联合国国际贸易法委员会自2001年以来陆续通过了动产担保交易系列立法指南和示范法，如2001年《国际贸易应收账款转让公约》、2007年《担保交易立法指南》、2010年《担保交易立法指南：知识产权担保物权补编》、2013年《担保物权登记系统实施指南》、2016年《担保交易示范法》、2017年《担保交易示范法实施指南》、2019年《担保交易示范法实施指南实务指导》等。据世界银行国际金融公司统计，目前全球已有150个以上国家建立了动产担保法律制度，71个国家建立了基于互联网、全国统一、覆盖所有动产类型和交易形式的电子登记系统，主要集中在北美、澳洲、拉丁美洲、东北亚、东南亚以及欧洲。特别要指出的是，一些传统的大陆法系国家或地区，也以《统一商法典》为蓝本，积极推进动产担保法律制度改革。加拿大典型大陆法系区域魁北克省在1994年《民法典》第六卷（“优先权与担保物权”）中全面吸收了《统一商法典》相关内容。2001年7月，欧盟委员会开始起草《欧洲合同法：共同参考框架草案》，2009年公布的草案中，第九部分直接命名为“动产担保权益”。大陆法系鼻祖——法国2006年也开始改革其动产担保法律制度。2018年7月31日，比利时颁布《担保物权法》①（已于2019年1月1日生效）彻底改革动产担保法律体系，并建立了全国集中统一电子化动产担保登记公示系统。

## 二、美国动产担保登记系统运行情况

如果说第九编是《统一商法典》的“亮点”，登记则是第九编的“心脏”。登记系统运行成败与否，直接决定着《统一商法典》的生命力。《统一商法典》有四种担保权益公示方式（perfection，也译作“完善”），即“登记”、

① 欧洲国家使用的“pledge”，与英美法系概念不同，准确应译为“担保物权”。

"占有"、"控制" 和 "自动公示"。各州层面运行的《统一商法典》统一登记系统，可对90%左右的动产种类进行登记。近年来，《统一商法典》登记公示系统在速度、效率、成本三方面得到社会各界尤其是商务律师的认可。

## （一）可登记的动产担保权益种类广泛

具体交易形式无关紧要，只要是通过合同在动产或者不动产附着物上设定担保权益的相关交易活动，均为《统一商法典》调整对象。一般由担保权人经债务人（通常也是担保人，但担保人不只为自身债务提供担保，也会为他人债务提供担保）授权后进行登记。担保权人表现形式多样，可以是放贷人、卖方、供应商，也可以是租赁权人、寄售人、寄托人①等。资产证券化中的特殊目的机构（SPV），也作为资产买入方在系统中进行登记。

《统一商法典》涉及的动产种类相当广泛博杂，大致可分为四类：第一类为有体动产，一般指货物（分为设备、存货、农产品、消费品）；第二类为无体动产，包括动产契据、存款账目、票据、投资财产、商业侵权赔偿请求权、信用证、账目、货币、权利凭证、一般无体动产（指软件、知识产权等）等；第三类为其他分类，指一些可能同时归入以上两类或可能同时被以上两类排除的动产；第四类为不动产附着物，指与不动产紧密结合，无法拆除或拆除可能损害其价值的动产，已成为或将为不动产附着物的货物，适用不动产相关规则。

未纳入《统一商法典》调整范围的动产担保权益十分有限，如《统一商法典》9-109（c）规定的4种情形，9-109（d）规定的13种情形。例外情形主要针对联邦法、州法、外国法对动产担保权益有专门规定的，或者一些特定类型如雇员欠薪、人身损害赔偿请求权、消费交易中的存款账户让与等。

不同类型担保权益的具体公示方式存在区别，有时，同一种动产可能会有数种公示方式。但采取其他公示方式时，很多情况下也不排除选择登记方式。从表1可以看出，登记已成为最主要的公示方式。

① 此处租赁与"真正租赁"不同，一般指融资租赁，带有一定担保交易性质。寄售是将货物交由对方，对方以自己名义占有并出售后，向寄售方支付价款。寄托一般是加工承揽、维修等活动中，货物交由对方进行加工或修理，对方不能以自己名义占有并出售。

**表 1　不同类型担保权益的公示方式**

<table>
<tr><th colspan="2"></th><th>登记</th><th>占有</th><th>控制</th><th>自动公示</th><th>备注</th></tr>
<tr><td colspan="2">存货、设备、消费品</td><td>√</td><td>√</td><td>—</td><td>—</td><td>—</td></tr>
<tr><td colspan="2">农产品</td><td>√联邦层面登记</td><td>—</td><td>—</td><td>—</td><td>农业部<br>1985 年《食品安全法》</td></tr>
<tr><td colspan="2">账目</td><td>√</td><td>—</td><td>—</td><td>—</td><td>—</td></tr>
<tr><td rowspan="2">动产契据</td><td>有体（纸质）</td><td>√</td><td>√</td><td>—</td><td>—</td><td>—</td></tr>
<tr><td>电子</td><td>√</td><td>—</td><td>√</td><td>—</td><td>—</td></tr>
<tr><td colspan="2">商业侵权赔偿请求权</td><td>√</td><td>—</td><td>√</td><td>—</td><td>—</td></tr>
<tr><td colspan="2">存款账目</td><td>—</td><td>—</td><td>√</td><td>—</td><td>—</td></tr>
<tr><td colspan="2">票据</td><td>√</td><td>√</td><td>—</td><td>—</td><td>—</td></tr>
<tr><td rowspan="2">权利凭证（仓单、提单等）</td><td>纸质</td><td>√</td><td>√</td><td>—</td><td>—</td><td>—</td></tr>
<tr><td>电子</td><td>√</td><td>—</td><td>√</td><td>—</td><td>—</td></tr>
<tr><td colspan="2">投资财产（股票、债券等）</td><td>√</td><td>—</td><td>√</td><td>—</td><td>—</td></tr>
<tr><td colspan="2">信用证</td><td>—</td><td>—</td><td>√</td><td>—</td><td>—</td></tr>
<tr><td colspan="2">货币</td><td>—</td><td>√</td><td>—</td><td>—</td><td>—</td></tr>
<tr><td rowspan="3">一般无体动产（包括软件、知识产权等）</td><td>专利、商标权</td><td>√基本明确在联邦层面统一登记</td><td>—</td><td>—</td><td>—</td><td>专利与商标办公室<br>1952 年《专利法》、1946 年《商标法》</td></tr>
<tr><td>已登记版权</td><td>√基本明确在联邦层面统一登记</td><td>—</td><td>—</td><td>—</td><td>版权办公室<br>1976 年《版权法》</td></tr>
<tr><td>未登记版权</td><td>√各州登记</td><td>—</td><td>—</td><td>—</td><td>—</td></tr>
<tr><td colspan="2">不动产附着物</td><td>√有时也会作为货物中的设备或消费品在各州登记</td><td>—</td><td>—</td><td>—</td><td>在其所在地，与不动产一起登记</td></tr>
</table>

（续表）

<table>
<tr><th></th><th>登记</th><th>占有</th><th>控制</th><th>自动公示</th><th>备注</th></tr>
<tr><td>待采伐木材、开采前矿藏、未收割谷物等</td><td>—</td><td>—</td><td>—</td><td>—</td><td>在其所在地，与不动产一起登记</td></tr>
<tr><td>购置款</td><td>—</td><td>—</td><td>—</td><td>√</td><td>—</td></tr>
<tr><td>本票</td><td>—</td><td>—</td><td>—</td><td>√</td><td>—</td></tr>
<tr><td>无体支付</td><td>—</td><td>—</td><td>—</td><td>√</td><td></td></tr>
<tr><td>飞机设备</td><td rowspan="3">√联邦层面统一登记</td><td rowspan="3">—</td><td rowspan="3">—</td><td rowspan="3">—</td><td>联邦航空管理局<br>1958 年《联邦航空法》</td></tr>
<tr><td>火车设备、机车</td><td>地表交通局<br>1994 年《联邦转移法》</td></tr>
<tr><td>船舶</td><td>海事管理局<br>1910 年《海商担保法》</td></tr>
</table>

### （二）州层面基本实现统一登记

美国是联邦制国家，联邦权力最初来源于各州的让与。长期以来，规范调整财产权的立法权归属于各州。1952 年格兰特·吉尔摩提出要建立“统一登记系统”，其初衷也只是在各州层面统一建立登记系统。从表 1 可以看出，美国绝大部分登记在州层面进行。70 多年前建立登记系统时，为方便登记主体就近进行纸质登记，在县级建立地方登记系统，同时各州建立统一登记系统。1995 年，美国通过《减少纸文书工作法案》，鼓励电子化方式采集信息。随着信息科技快速发展，除极个别州外，各州层面基本实现了电子化集中统一登记，并依托互联网提供远程服务。登记主体登陆各州州务卿或公司委员会秘书相关网站，填写并提交《统一商法典》初始登记或修改登记表格，同时缴费。但是，一些与不动产联系紧密的动产仍适用不动产登记规则，按照《统一商法典》规则仍需在县一级与不动产共同进行登记。州、县双重登记的同时，由于联邦法律有明确规定，农产品、知识产权、飞机、船舶、火车机车等，必须在联邦登记系统中进行登记。此外，涉外动产担保权益需要在华盛顿特区进行登记。双重、多层登记系统同时运行，给当事人带来很大烦扰。据初步统计，美国现有 4300 多个动产登记机构。准确选择在哪个机构登记，如何正确登记担保物，动产担保才会有效并且可执行，绝非易事。现实中，需要寻求专业律师或者一些专门从事登记查询公司的帮助。实在无法确定应在何处登记时，登记主体无奈之下只有在相关登记机构全部登记。

各州接受《统一商法典》文本后，制定出台的法律一般也称为《统一商法典》，有时也称为《商法典》《贸易与商业法》等。州法绝大多数内容与《统一商法典》完全一致，但通常也会做一些调整和修改，例如科罗拉多州2012年5月29日新修订的《法定留置登记法》，对《统一商法典》内容调整相对较多。以登记时填写“融资声明”表格为例，尽管有统一的样表格式，一些州如康涅狄格等仍然使用自行制定的表格。

### （三）收费标准相对低廉，实际费用高企

各州一般都公开其登记收费标准，登记费用并不高，一般为每件15—50美元，主要是覆盖登记系统维护成本。但是，由于《统一商法典》登记系统非常复杂，登记主体通常要雇用专业商务律师具体安排登记事宜。据美国律师协会工作组调查，律师收费通常取决于三个因素：一是债务人性质，二是融资方式，三是担保贷款额。1992年梅雷迪斯·杰克逊（Meredith Jackson）等向工作组提交的一份报告显示，包含律师费用在内的登记成本相当高（见表2）。

**表2　登记成本在交易成本中的占比**

| | 贷款总额 | | |
|---|---|---|---|
| | 超过7500万美元 | 2000万—7400万美元 | 低于1900万美元 |
| 原始贷款 | 2.8% | 4.7% | 3.9% |
| 维护及修改 | 3.6% | 4.9% | 1.8% |
| 资产保全 | 5.4% | 6.2% | 4.8% |
| 借款人有0—2个分支机构 | 2.2% | 3.1% | 4.1% |
| 借款人有3个以上分支机构 | 3.4% | 5.1% | 4.4% |
| 平均 | 3.6% | 5.4% | 4.2% |

该报告列举了一些交易成本及登记费用的实例，其中，一笔4500万美元的融资租赁业务，借款人有6个机构，担保物分散在32个州，共4年期限，最终全部费用达46.71万美元，最终登记费用为2.577万美元（登记费用占比5.52%）。报告中举出的一个极端例子显示，登记费用占比竟然高达38%。

登记主体有时还要承担涉及登记的一些其他费用，如田纳西州对担保交易

活动征税（每100美元债务征收0.115美元，但首2000美元免税）。

### （四）“先登记先排序”的清晰优先权规则

基于公示，担保权益产生优先权排序。已公示担保权益，排在未公示担保权益之前，并从占有、变卖担保物价款中获得清偿。在登记、占有、控制几种不同公示方式之间，以公示具体时间决定清偿顺序。采用登记公示方式时，基本规则是：先登记者先获权。担保权人一旦向登记系统发送“融资声明”，且登记机构接受，系统便会生成一个带序号的证明文件。当债务人不能清偿到期债务或依法申请破产时，担保权人可按照其登记顺序按比例获得清偿。

登记后，担保权人取得类似“国王”的地位。但事实上却存在一些挑战情形。首先，最大挑战是购置款“超级优先权”：后登记者先获权。以货物购置款做担保时，无需登记公示，仍然排在所有已登记担保权益之前获得清偿。当然，《统一商法典》对于购置款优先权也有限制，要求购置款提供者必须在6个月内通知所有存货担保权人。其次，一个大的挑战是正常交易活动中的“善意”买受人不返还担保物。正常交易中的买受人，如果确实不知晓存在相关担保权益（作为未来交易人查询过登记系统），即推定为“善意”，无返回担保物的义务。需要强调的是，正常交易中的存货买受人即使事先不查询登记系统，仍推定为“善意”。再次，担保物实际所有权人、留置占有人或本票占有人等，有时也会挑战担保权人的担保地位。当然，《统一商法典》也有严格限制，例如寄售物的实际所有权人，如未作为寄售人在系统中进行登记，则不予保护。

### （五）登记主体、查询主体与登记机构责任明确

#### 1. 登记主体

登记主体一般是担保权人，原因是担保权人显然更关心其自身权益。登记主体负责发出融资声明，对以下三个主要内容进行登记：一是债务人姓名，二是债务人地址，三是担保物类别及简要描述。看似简单，但仅债务人姓名一项，在自然人作为债务人时产生很大争议。通常，自然人姓名构成为：名、中间名和姓。是全部列出还是部分使用缩写，即便法定证件如个人出生证明、驾照、社会保障卡上，经常也不一致。登记时，使用哪个证件上的姓名，还是直接使用大多数人认可的小名、昵称、外号，皆会引起争议，一旦构成“严重

误导”时，直接导致登记无效。登记主体要负责真实性和准确性，压力非常大。《统一商法典》2010 年文本最新修改时，推出两个选项供各州选择，一是选项 A，又称“只能是”规则，债务人姓名一律以驾照为准（无驾照时以出生证明为准），另一个是选项 B，又称“安全港”规则，以下三个选项择一即可：法定姓名、第一个名加上姓、驾照。选择驾照作为重要标准的原因是，各州《统一商法典》登记系统与颁发驾照的州机动车管理部已实现联网核查。由于一些人同时有数个驾照，选项 A 仍会产生问题。选项 B 虽然比较灵活，但查询时却需要按不同索引进行三次，因此很多州并未选用。纽约州先是采用了 B，很快又调整为 A。针对企业债务人进行登记时，要相对简单一些，法律只是限制使用商号，要求使用注册时的正式企业名称。债务人住所地方面，争议也相对不大。准确填写担保物种类，有时比较困难，登记主体必须做出准确选择。对担保物的描述，法律要求“概括性描述”而非“具体而详尽的描述”，做到“足以识别”即可。

**2. 查询主体**

查询主体除登记主体、债务人外，还有广泛的潜在交易人。各州登记系统实现电子化后，各有不同的检索逻辑，有的非常宽松，允许类似字母及缩写等噪声干扰；有的则极为严格，必须严丝合缝，一个字母都不能错。针对这一问题，国际商业管理者协会和《统一商法典》起草委员会一直致力于统一检索逻辑，且推出了模版，可惜对各州无强制执行力。各州通常以改变检索逻辑会产生费用为由而无动于衷。

**3. 登记机构**

众多《统一商法典》登记机构并非通过互联网提供“7 × 24 小时”服务，通常只在工作日的工作时间内提供服务。在决定是否接受登记方面，登记机构有一定自由裁量权。1991 年，美国律师协会一项问卷调查结果显示，各州拒绝登记率平均在 10%—15%。一些州甚至在登记主体提交融资声明一周后，方告知被拒绝登记。在这一周的等待期内，其他登记主体很可能已经抢得登记优先权。由于实行“通知型登记”，登记机构对融资声明采取的是形式审查而非实质审查，当事人之间是否存在真实交易，是否已经达成担保协议，登记机构并不进行审查。除因登记系统技术方面原因外，登记机构基本不承担任何责任。

## 三、中国动产担保登记系统运行情况

2003 年，人民银行研究局团队与世界银行集团国际金融公司合作，探索推动中国动产担保法律制度改革。在相关团队积极推动下，2007 年 3 月出台的《物权法》在担保物权（立法仍分别使用“动产”“权利”两个概念）法律制度建设方面取得了历史性突破和飞跃，将存货、应收账款纳入担保物范围，并建立应收账款质押登记系统。2010 年 11 月，G20（二十国集团）首尔峰会上，各国首脑签署通过的《发展中国家中小企业金融服务可获得性正在提高》报告在列举全球 164 个中小企业融资成功案例时，中国担保物权改革项目名列首位。

中国《物权法》通过后，东南亚一些国家如越南、老挝、柬埔寨等纷纷学习并改革本国动产担保法律制度。近年来，“学生”已全部超过“老师”，主要原因就是中国仍未统一动产担保登记系统。柬埔寨 2007 年通过了《担保交易法》，建立现代动产担保制度和全国统一的电子化登记系统。印尼于 2013 年 3 月建立了统一的动产担保登记系统。老挝 2012 年颁布《担保交易法》，并于 2013 年 3 月建立全国统一、依托互联网的动产担保登记系统。越南 2012 年 5 月建立集中统一的电子化动产担保登记系统，2015 年出台《民法典》并于 2017 年对动产担保登记系统进行了升级。泰国 2016 年颁布《商业担保法》，当年底建立统一的动产担保登记系统。菲律宾 2018 年《普惠金融法》（实质上是《动产担保法》）明确规定建立统一动产担保制度和全国统一的电子登记系统。面对目前落后局面，中国必须进一步加快改革进程。

### 1. 登记系统呈现高度分散化、多元化特征

2003 年研究推进中国担保物权法律制度改革时，据初步统计，当时有 16 个左右的动产或权利登记机构。《物权法》将“应收账款”纳入担保物范围，并规定“质权自信贷征信机构办理出质登记时设立”，原由省级教育机构登记的“高等院校学费和住宿费”，交通主管部门登记的“公路桥梁、公路隧道、公路渡口等收费权”统一交由“信贷征信机构”中国人民银行征信中心负责登记。应收账款质押统一登记，导致登记机构数量有所减少，但其他动产或权利担保登记方面则无改观，目前仍分散在 14 个左右的登记机构中（见表 3）。

**表 3　中国多元化、分散化的动产和权利担保登记系统**

| 担保物 | 登记机构 | 法律依据 |
| --- | --- | --- |
| 企业、个体工商户、农业生产经营者现有及将有的生产设备、原材料、半成品、产品 | 抵押人住所地的县级市场监督管理部门（原工商行政管理部门） | 物权法 |
| 航空器 | 国务院民用航空主管部门（中国民用航空局） | 民用航空法 |
| 船舶 | 港务监督机构（海事局） | 船舶登记条例 |
| 渔业船舶 | 渔政渔港监督管理局 | 渔业船舶登记办法 |
| 非农用机动车 | 公安机关交通管理部门车辆管理所 | 担保法<br>机动车登记规定 |
| 应收账款 | 信贷征信机构（中国人民银行征信中心） | 物权法 |
| 商标专用权 | 国家市场监管总局商标局 | 商标专用权质押登记程序 |
| 专利权 | 国家知识产权局 | 专利权质押合同登记管理暂行办法 |
| 著作权 | 国家版权局（中国版权保护中心） | 著作权质押合同登记办法 |
| 多层次交易场所交易的（不含区域交易场所）股票，权证，债券（国债、地方债、政策性金融债、企业债、公司债、可转债、分离式可转债、中小企业私募债），基金，资产证券化产品 | 中国证券登记结算有限责任公司（中国结算） | 物权法<br>证券公司股票质押贷款管理办法<br>中国证券登记结算有限责任公司证券登记规则<br>关于完善证券质押登记要素的通知 |
| 债券（国债、地方政府债、央行票据、政策性银行债、政府支持机构债券、商业银行债券、非银行金融机构债券、企业债券、资产支持证券、中期票据、外国债券、其他债券） | 中央国债登记结算有限责任公司（中央结算） | 银行间债券市场债券登记托管结算管理办法<br>中央国债登记结算有限责任公司质押券管理服务指引 |

（续表）

| 担保物 | 登记机构 | 法律依据 |
| --- | --- | --- |
| 短期融资券，中期票据，同业存单及其他（短期融资券、非公开定向债务融资工具、超短期融资券、区域集优中小企业集合票据、信贷资产支持证券、证券公司短期融资券、非金融企业资产支持票据、金融债、中期票据、同业存单、标准化票据、项目收益票据、绿色债务融资工具、政府支持机构债券） | 银行间市场清算所股份有限公司（上海清算所） | 银行间市场清算所股份有限公司债券柜台交易登记结算业务规则<br>银行间债券市场通用质押式回购交易清算业务规则（试行）<br>债券交易净额清算业务与通用质押式回购业务质押券管理规程 |
| 其他股权 | 市场监督管理部门（原工商行政管理部门） | 物权法 |
| 有明确登记机构之外的其他动产 | 抵押人所在地公证部门 | 公证机构办理抵押登记办法 |

注：表中证券、债券、债务融资工具、票据等品种的具体名称以登记托管机构网站公布信息为准。

世界银行每年出版的《全球营商环境报告》，从获得施工许可、跨境贸易、纳税、财产登记、开办企业、获得电力、少数投资者保护、获得信贷、破产、执行合同共计 10 个评估指标对全球 190 个经济体进行排名。其中，“获得信贷”项下的“信贷权利保护指标”是衡量一国企业融资环境的主要因素。2017—2019 年，中国营商环境综合排名分别为 78 名、46 名、31 名，上升较快。但是，“获得信贷”项排名却非常不理想，近三年分别为 68 名、73 名、80 名，逐年下滑，目前甚至低于泰国、印尼、老挝、越南、蒙古等国。

中国动产担保登记系统过于分散，加上绝大多数登记机构采用纸质登记方式，导致查询耗时耗力，成本很大。2018 年 9 月，国务院发展研究中心市场经济研究所面向 98 家商业银行调查显示，相关查询需要一周及以上时间的：涉及“存货”有 13 家商业银行反映，涉及“机器设备”有 10 家商业银行反映，涉及“知识产权”有 20 家商业银行反映。几年前，个别地方政府在推动区域内动产或权利担保统一登记试点遇阻时，无奈转而推进“统一查询”试点。如天津市2013年3月28日出台《动产权属登记公示查询办法（试行）》，对全市范围内动产或权利的登记公示实现“统一查询”。

### 2. 登记自身效力存在差异

由于受大陆法系深刻影响，中国法律中严格划分动产抵押、动产质押、权利质押等概念。对于动产质押，法律要求转移占有。动产抵押、权利质押由于无需或无法转移占有，一般采用登记公示方式（票据、债券、单证等有权利凭证时，要求交付权利凭证）。但是，法律对以上担保登记自身效力问题，分歧仍较大。目前正在征求意见的《民法典（草案）》中，对于动产抵押，实行“登记对抗主义”；对于权利质押，实行“登记生效主义”。同样是采取登记公示方式，担保登记本身效力却截然不同，显得比较混乱（见表4）。

**表4　《民法典（草案）》动产或权利担保公示方式及登记效力**

<table>
<tr><th colspan="2">担保物</th><th>公示方式</th><th>登记效力</th></tr>
<tr><td>动产抵押</td><td>动产</td><td>抵押登记</td><td>登记对抗主义</td></tr>
<tr><td rowspan="5">权利质押</td><td rowspan="2">汇票、本票、支票、债券、存款单、仓单、提单</td><td>有权利凭证时，交付权利凭证</td><td>/</td></tr>
<tr><td>无权利凭证时，质押登记</td><td rowspan="4">登记生效主义</td></tr>
<tr><td>基金份额、股权</td><td rowspan="3">质押登记</td></tr>
<tr><td>注册商标专用权、专利权、著作权</td></tr>
<tr><td>应收账款</td></tr>
</table>

### 3. 优先权规则仍不清晰

《民法典（草案）》对不同担保方式竞合情形、不同担保物权公示方式之间的优先权规则，新增了一些规定，如在第414条明确动产抵押清偿顺位规则后，增加了“其他可以登记的担保物权，清偿顺序参照适用前款规定”。针对抵押权、质权竞合情形，第415条规定：“按照登记、交付的时间先后确定清偿顺序。”针对购置款超级优先权，第416条规定：“动产抵押担保的主债权是抵押物的价款，标的物交付后十日内办理抵押登记的，该抵押权人优先于抵押物买受人的其他担保物权人受偿，但是留置权人除外。”针对抵押权、质权和留置权竞合情形，第456条规定“同一动产上已设立抵押权或者质权，该动产又被留置的，留置权人优先受偿”，等等。虽然新增了以上数条优先权规则，但条款数量与其他国家相比，仍然较少，内容也过于简单。同时，目前将“以登记先后顺序”确立优先规则的条款置于“动产抵押”章节而非“一般规定”中，显得有些不伦不类。

**4. 立法严重滞后于现实需要**

2007年9月30日，中国人民银行颁布《应收账款质押登记办法》，对应收账款质押登记进行规范。自2012年起，中国人民银行征信中心在应收账款质押登记、融资租赁登记业务基础上，不断推进“动产融资统一登记系统”建设，先后开发上线了应收账款质押、应收账款转让、租赁、所有权保留、租购、留置权、保证金质押、存货/仓单质押、动产信托、其他动产等10余项登记业务，登记范围覆盖33个省（区、市），也包括香港和台湾地区。截至2019年9月末，该系统累计有2.5万家机构注册成为常用户，累计发生登记465.3万余笔，查询3082万余笔。但是，目前除应收账款质押登记外，其他所有动产融资登记项目均无法律依据，登记是否有效，是否可执行，是非常大的挑战。2019年4月，北京、上海两地探索启动动产担保统一登记试点，由地方金融监管、市场监督管理部门会同中国人民银行分支机构发文（效力层级仅为“规范性文件”），区域内市场监督管理部门将生产设备、原材料、半成品、产品的动产抵押登记职能委托给中国人民银行征信中心履行。2019年9月18日，中国人民银行在2017年8月修订《应收账款质押登记办法》仅两年时间，重新发布《应收账款质押登记办法》，并于2020年1月1日生效，最大变化是在附则中增加了“权利人在登记公示系统办理其他动产和权利担保登记的，参照本办法的规定执行”。但该办法仅为“部门规章”，效力层级较低。2019年8月，国务院办公厅印发《全国深化“放管服”改革优化营商环境电视电话会议重点任务分工方案》中明确提出，“试点建立统一的现代动产担保系统，2020年底前力争整合各类动产登记和权利担保登记系统，由中国人民银行牵头，交通运输部、市场监管总局、知识产权局等国务院相关部门按职责分工，实现企业担保在一个平台上登记，各相关部门按职责分别实施后台监管”。2019年10月，国务院《优化营商环境条例》第47条第二款规定，“国家推动建立统一的动产和权利担保登记公示系统，逐步实现市场主体在一个平台上办理动产和权利担保登记。纳入统一登记公示系统的动产和权利范围另行规定”。但该条例是“行政法规”，低于《物权法》的效力层级。2019年12月4日，中共中央、国务院《关于营造更好发展环境支持民营企业改革发展的意见》中再一次强调:“推动抵质押登记流程简便化、标准化、规范化,建立统一的动产和权利担保登记公示系统。”当前,《民法典》正在紧张制定过程中,统一动产担保登记制度在该法中予以明确,是最好的制度安排。

## 四、统一动产担保登记系统的相关建议

世界银行2013年6月《动产担保登记系统是否提升银行融资可获得性?》专项报告中估算,统一的动产担保登记系统,可使银行融资可获得性提高8个百分点,贷款可获得性提高7个百分点,同时可使贷款利率下降3个百分点,贷款期限延长6个月。美国一些学者(Alces,1995)激烈批判甚至要求废除现行登记系统,呼吁联邦政府主导建立全国统一的电子化登记系统,或者交由私营机构运作维护。中国近年大力推进的“放管服”改革,特别重视营商环境建设,然而进一步提高营商环境综合排名的金钥匙就是“统一动产担保登记系统”。世界银行驻华代表处高级经济学家马钦明确指出,“如果中国能够把分散的登记系统统一起来,建立一个中央级别的信贷担保登记系统,则可能提高中国的排名”。世界银行集团国际金融公司初步估算,中国如果对动产担保实行统一登记,营商环境综合排名将会再上升10名左右。中美两国在建立现代动产担保登记系统方面已做出较大贡献,然而在统一动产担保登记系统方面仍需要继续推进改革。

**1. 完善立法,减少动产担保登记法律冲突**

纵观中美两国动产担保法律体系,仍然存在比较明显的法律冲突问题。美国各州虽然接受《统一商法典》,但各州仍有较大主动性,可以对《统一商法典》内容进行调整和修改。动产担保虽在各州层面基本实现统一登记,但登记法律依据、登记系统、登记规则却存在一定差异。即使知识产权、船舶、航空器等作为担保物时,适用联邦法律并在联邦层面进行登记,但一些事项如“未登记的版权”仍在各州进行登记。联邦法与州法、州法与州法之间,仍然存在一定冲突现象。中国目前《民法典(草案)》以“不做大变动”为起草原则,为回避矛盾和利益冲突,草案中仅规定动产或权利担保登记以及登记效力,不再指明具体登记机构,为未来统一登记留有一定余地。但是,如果没有《民法典》一锤定音,正式确立统一动产担保登记法律制度,仅由行政法规、规章、规范性文件等试图在统一动产担保登记方面取得突破,建设统一动产担保登记系统欠缺高效力层级法律依据的问题依然存在。

2. **推进电子化登记，建设全国集中统一登记系统**

美国动产担保登记在联邦层面无法实现集中统一登记，有其历史传统、法律体系方面的深层原因。时至今天，互联网、计算机技术高度发达，继续全面统一登记标准、规则并实现各州登记系统后台数据对接、共享和整合，或直接在联邦层面依托互联网实现集中统一登记，并非不可行。美国很多学者（LoPucki，1992，1995；Janzen，2001；Livingston，2007；Sigman，2010；Rusch，1995；White，1995）都针对登记系统提出全面电子化、标准统一化的改良建议。中国在建设现代动产担保登记系统方面虽起步晚，但目前中国人民银行征信中心的“动产融资统一登记系统”，依托互联网实现“7×24 小时”电子化登记，登记覆盖面相当广泛。收费也非常低廉，一般为每年 20—60 元人民币（经价格主管部门批复同意）。下一步，只要在《民法典》中予以明确，“国家建立全国统一、基于互联网运行的动产和权利担保登记公示系统。登记范围和登记程序由国务院另行制定”，中国人民银行征信中心的动产融资统一登记系统完全可为建立统一动产和权利担保登记系统提供模版和参考。未来中国的统一登记系统应当覆盖绝大多数动产或权利担保类型，例外情形不宜太多。

3. **借鉴先进经验，改革登记规则**

美国是现代动产担保制度的先行建设者，率先建立了一整套“通知型登记”规则。此规则下，登记机构实行形式审查，只要求登记提交具备相关要素的“融资声明”，并不要求提交书面担保合同以及存在真实交易的相关背景材料。虽然法律要求担保人授权担保权人方可登记，但登记机构并未附加任何审查程序。个别州在“融资声明”表中设有授权签字栏，但因不方便互联网提交，操作上有一定难度。“通知型登记”可能会出现欺诈登记、虚假登记情形，例如尚未签订担保合同即先行抢登，或根据登记时间串通变更担保合同签署时间等。目前，中国的动产担保登记规则尚不统一，多数登记机构采取实质审查，而实行电子化登记的机构却基本上采取形式审查。不过，认为实行集中统一的电子化登记就肯定是“通知型登记”的形式审查，也是片面的。2018 年比利时全面改革担保交易法后，实行“交易型登记”规则，不允许“抢登”，当事人之间必须先行签订担保合同，登记主体经过担保人书面明确授权，且成为联邦财政部“登记用户”后，再登陆 www.pangafin.belgium.be 进行登记。网站实行“7×24 小时”电子化登记，且全面覆盖航空器、机动车等其他国家要求单独登记的动产担保物。有专家据此认为，比利时登记规则具有一定“先进性”，代表着全新动产登记模式（Baeck and Heytens，2019）。中美两国未来改革登记规则时，必要时可以考虑借鉴比利时相关经验。

**4. 明确登记效力，稳妥放开私力救济**

当事人之间的担保合同一经生效，担保权即为设定。未经公示的，担保权仅在当事人之间发生效力。登记与占有、控制一样，产生公示和对抗第三人的效力。动产担保登记系统的性质，究竟只是被动的“公示白板”还是主动的“确权排序”，美国国内也长期存在争议。从《统一商法典》具体实践看，登记系统如果实行完全意义上的形式审查，就只能是“公示白板”效力，至于登记是否有效，担保物权是否可执行，执行手段是否合法，要由司法系统做出最终裁决。基于效率考虑，《统一商法典》允许担保权人通过“自助式取回”手段进行私力救济，担保权人可以在“不破坏和平”原则下，直接占有、控制并拍卖担保物获得清偿。登记本身虽然不是自助占有、控制担保物的前提条件，但其有助于司法认可自助占有、控制行为。目前中国法律对于动产、权利担保登记效力规定不一致，不但不利于未来建设统一登记系统，且带来立法上的混乱。同时，目前中国法律在实现担保物权（执行）时，只能通过司法体系进行。《民法典（草案）》第410条规定，抵押权人、抵押人可通过合同约定以担保物折价或从拍卖担保物价款中优先清偿。事实上，即使选择登记公示方式，如果担保物本身可以进行占有、控制，且占有、控制不损害担保物价值和其他债权人的利益，立法应持宽容态度（不动产担保物权比较复杂，暂不涉及）。即使未来立法仍不予以明确，最高法院也应当以司法解释形式认可当事人之间通过合同约定，在出现违约情形时可以“善良文明”地采取相应的私力救济措施，避免“千军万马”挤司法执行的“独木桥”。

## 主要参考文献

高圣平，《统一动产融资登记公示制度的重构》，《环球法律评论》，2017年第6期。

高圣平，《动产担保交易制度比较研究》，人民大学出版社，2008年3月。

吴兴光、蔡红、刘睿、盛琨，《美国统一商法典研究》，社会科学文献出版社，2015年10月。

张韶华，《动产担保、营商环境与信贷市场》，《北方金融》，2019年第1期。

张韶华，《欧洲复兴开发银行与国际动产担保制度改革》，《银行家》，2006年第11期。

人行研究局、FIAS、IFC-CPDF，《中国动产担保物权与信贷市场发展》，中信出版社，

2006年5月。

国务院发展研究中心市场经济研究所，《中国动产融资市场发展对经济社会影响研究》，2018年9月。

Adams, Edward S., "Managing the Paper Trail: Evaluating and Reforming the Article 9 Filing System: Foreword", *Minnesota Law Review*, Vol. 79, No. Issues 3 & 4, April 1995, pp. 519 - 528.

Alces, Peter A., "Abolish the Article 9 Filing System", *Minnesota Law Review*, Vol. 79, No. Issues 3 & 4, April 1995, pp. 679 - 714.

Alces, Peter A., Lloyd, Robert M, "An Agenda for Reform of the Article 9 Filing System", *Oklahoma Law Review*, Vol. 44, No. 1, Spring 1991, pp. 99 - 124.

Baeck, Joke Rachel, Heytens, Lize, "Setting a New Standard for the Harmonization of Secured Transactions Law: the New Belgian Pledge Registry", Unif. L. Rev., Vol. 24, 2019, pp. 1 - 25.

Douglas G. Baird, "Security Interests Reconsidered", Symposium on the Revision of Article 9 of the Uniform Commercial Code (Nov., 1994), pp. 2249 - 2271, *Virginia Law Review*, Vol. 80, No. 8.

Hanrahan, Marc, and Sarah Griffin, "Unauthorized UCC Filings: A Cautionary Tale", *Banking Law Journal*, Vol. 130, No. 9, October 2013, pp. 832 - 836.

Harris, Steven L. Mooney, Charles W. Jr., "Filing and Enforcement Under Revised Article 9", *The Business Lawyer*, Vol. 54, No. 4 (August 1999), pp. 1965 - 1984.

Heidt, Kathryn R., "Taking a New Look at Secured Transactions", *Columbia Law Review*, Vol. 96, No. 3 (Apr., 1996), pp. 759 - 787.

Janzen, Todd J., "Nationalize the Revised Article 9 Filing System: A Comparison of the Old Article 9 and Canadian Personal Property Filing Systems", *Indiana International & Comparative Law Review*, Vol. 11, No. 2, 2001, pp. 389 - 420.

Lui, Christina, "Navigating through the Legal Minefield of State and Federal Filing for Perfecting Security Interests in Intellectual Property", *Santa Clara Law Review* 51, No. 2 (2011): 705 - 742.

Livingston, Margit, "A Rose by Any Other Name Would Smell as Sweet (or Would It?): Filing and Searching in Article 9's Public Records", *Brigham Young University Law Review*; 2007; 2007, 1; ABI/INFORM Collection , pp. 111 - 165.

LoPucki, Lynn M., "Computerization of the Article 9 Filing System: Thoughts on Building the Electronic Highway", *Law and Contemporary Problems*, Vol. 55, No. 3, Technology and Commercial Law (Summer, 1992), pp. 5 - 37.

Meghan M. Sercombe, "Good Technology and Bad Law: How Computerization Threatens Notice Filing Under Revised Article 9", *Texas Law Review*; Mar 2006; 84, 4; ABI/INFORM Collection , p. 1065.

Porto, Brian L., "The Scope Of UCC Article 9: Is Filing Under Article 9 Sufficient to Perfect A Security Interest in A Patent or Trademark?", *Commercial Law Journal*; Fall 1988; 93, 3; ABI/INFORM Collection, p. 384.

Rusch, Linda J., "The Article 9 Filing System: Why a Race-Recording Model Is Unworkable", *Minnesota Law Review*, Vol. 79, No. Issues 3 & 4, April 1995, pp. 565 - 576.

Sigman, Harry C., "Improvements to the UCC Article 9 Filing System", *Gonzaga Law Review*, Vol. 46, No. 2, 2010 - 2011, pp. 457 - 494.

Vogel, Justin M., "Perfecting Security Interests in Unregistered Copyrights: Preemption of the Federal Copyright Act and How Filing in Accordance with Article 9 Leads to the Creation of a Bankruptcy Force Play", *American Bankruptcy Institute Law Review* 10, No. 1 (Spring 2002), pp. 463 - 492.

Weise, Steven O., "U. C. C. Article 9: Personal Property Secured Transactions", *The Business Lawyer*, Vol. 55, No. 4 (August 2000), pp. 2039 - 2057.

Weise, Steven O., "U. C. C. Survey—Article 9 Developments", *The Business Lawyer*, Vol. 59, No. 4 (August 2004), pp. 1649 - 1662.

White, James J., "Reforming Article 9 Priorities in Light of Old Ignorance and New Filing Rules." *Minnesota Law Review*, Vol. 79, No. Issues 3 & 4, April 1995, pp. 529 - 564.

# 改革论坛

Reform Forum

Comparative

# 产业生态与城市流动儿童教育政策的包容性

熊易寒

## 一、导言

为什么北京、上海、广州、深圳同属外来人口众多的一线发达城市，但流动儿童教育政策的包容性却呈现较大的差异？研究者发现，在流动儿童教育的议题上，北京是大政府、弱责任，对农民工子弟学校以取缔为主；上海是大政府、强责任，对农民工子弟学校以替代为主；广州、深圳是小政府，弱责任，对农民工子弟学校以放任为主。

这三种模式的差别在于：首先，北京市政府仅承担有限责任，将政府责任推给区县负责及乡镇执行，呈现市一级政府责任弱化的现象；上海市政府积极承担政府责任，发挥了主导及关键因素；广州市政府从不作为向采取有限的政府责任转变。广州市悬置中央“以流入地政府管理为主、以全日制公办中小学就读为主”（以下简称“两为主”）政策长达12年，导致流入地政府的责任不明确。直到2010年后政府责任逐渐明确，从不作为转向采取有限的政府责任。

其次，北京市明确规定区县财政经费投入的政府责任，投入仅限于公办学

* 作者为复旦大学国际关系与公共事务学院教授。本研究得到“第四批国家万人计划青年拔尖人才项目”和“上海市浦江人才计划”（批准号17PJC016）资助。

校；上海建立区/县及市一级政府分别承担经费的保障机制，对农民工子弟学校提供了经费支持；广州、深圳从没有出台相对应的政策文件，直到2010年以后才建立有条件的经费投入机制。和北京市一样，地方政府的财政性教育拨款的主要对象是就读于公办学校的流动儿童，而就读于民办学校的农民工子女则很难享受到地方财政的支持。

再次，北京市流动儿童进入公立学校的门槛很高，不透明的程序与规定并存；上海市公立学校逐步落实非户籍流动儿童免费入学政策；广州和深圳市采取区别对待与优先次序原则的积分制的入学条件。

最后，北京市对待农民工子弟学校发展模棱两可的态度使民办学校难以发展；上海逐步将农民工子弟学校纳入义务教育的经费保障体制；广州和深圳市具备有利于民办学校发展的政策环境，促成了较成熟的民办办学体制。①

不难发现，北京的包容性最低，上海的包容性较高，广州、深圳居中。北京在取缔农民工子弟学校的时候并没有提供替代的就学机会，而上海在取缔的同时往往会让公办学校对这些学校的学生加以吸纳；上海为农民工子弟学校学生提供的生均经费也是最高的。广州和深圳虽然不为农民工子弟学校提供资助，但允许其注册为民办学校从而使这种办学合法化。广州和深圳的流动儿童接受义务教育有如下几种渠道：部分进入公立学校借读，少量进入私立“贵族学校”高价就读，多数则进入普通民办学校就读。据调查，尽管目前广州部分区（县级市）有些公立学校中流动儿童比例高达六七成，但整体而言，流动儿童进入公立学校接受教育的机会仍然有限，民办学校发挥着吸纳流动儿童接受义务教育的主渠道作用。②

当然，这种差异在2013年之前表现得最为明显，2013年之后，受限于国家严格限制超大城市人口增长的宏观政策，上海大幅度提高了流动儿童的入学门槛，广州、深圳的放任模式反而变得更加富有包容性——尽管进入公办学校仍然比较困难，但民办教育的繁荣为流动儿童提供了替代性选择。为什么同是一线城市，面临的外部条件和资源约束大致相似，北上广深的流动儿童教育政策却呈现巨大的差异？

---

① 韩嘉玲：《相同的政策，不同的实践——北京、上海和广州流动儿童义务教育政策的比较研究（1996—2013）》，《北京工业大学学报》2017年第1期。

② 戴双翔：《广州市教育规划研制中的流动儿童义务教育政策分析》，《教育导刊》2010年10月号上半月刊。

## 二、文献回顾

学术界对于流动儿童教育的研究，以往主要集中在以下几个领域：

一是教育与社会流动。这类研究主要关注：为什么现行教育体制不能有效地促进流动儿童/农民工子女的社会流动？通过比较上海的一所公办学校和农民工子弟学校，笔者发现了两种不同的阶层再生产机制：一是存在于公办学校的天花板效应，二是盛行于农民工子弟学校的反学校文化。这两种机制与其说是农民工子女对主流制度体系的反抗，不如说是对外部环境和制度性歧视的适应，这两种机制共同导致了流动儿童的学业失败。①

二是学校类型与学业成就。冯帅章、陈媛媛的研究发现，将流动儿童纳入公办学校就读，可以显著提高流动儿童的学习成绩；与流动儿童同校同班，对本地儿童并没有造成负面影响；对民办农民工子弟学校财政补贴的增加，显著提高了其教学质量。②

三是流动儿童的亚文化及其与主流文化的关系。周潇比较了中国农民工子女的亚文化与英国伯明翰工人阶级子弟“反学校文化”，认为是农民工劳动力再生产的低成本组织模式导致“子弟”高度边缘化的生存状态，这使得他们难以通过教育向上流动，从而以拒绝知识的形式放弃了学业，也因此完成了作为底层的社会再生产。熊春文等学者则进一步分析了流动儿童的群体文化，特别是同辈群体中的义气伦理对他们学业实践的影响。李淼的研究揭示了流动儿童在当前的教育体制下进退失据，徘徊于顺从与抗拒之间。③

---

① 熊易寒：《底层、学校与阶级再生产》，《开放时代》2010 年第 1 期；Yihan Xiong，The Broken Ladder：Why Education Provides No Upward Mobility for Migrant Children in China，*The China Quarterly*（March 2015），221，pp. 161 – 184.

② 冯帅章、陈媛媛：《学校类型与流动儿童的教育——来自上海的经验证据》，《经济学（季刊)》2012 年第 3 期；Yuanyuan Chen and Shuaizhang Feng，“Access to Public Schools and the Education of Migrant Children in China”，*China Economic Review*，2013，26，pp. 75 – 88；Yuanyuan Chen and Shuaizhang Feng，“Quality of Migrant Schools in China：Evidence from a Longitudinal Study in Shanghai”，*Journal of Population Economics*，2017，Vol. 30. No. 3，pp. 1007 – 1034.

③ 周潇：《反学校文化与阶级再生产：“小子”与“子弟”之比较》，《社会》2011 年第 5 期；熊春文、史晓晰、王毅：《“义”的双重体验——农民工子弟的群体文化及其社会意义》，《北京大学教育评论》2013 年第 11 期；李淼：《在顺从与抗拒之间：流动青少年的学校教育和权利意识》，《文化纵横》2016 年第 6 期。

四是对流动儿童教育状况和生活状况的描述性研究。赵晗、魏佳羽等学者系统梳理了北京流动儿童受教育的状况，分析了人口调控政策对流动儿童教育权利的影响。刘玉照等学者从流动儿童数量变化趋势、流动儿童受教育状况、教育财政投入情况、教育政策变迁等方面详尽分析了上海市流动儿童教育近十年来的状况，并展望了未来发展趋势，他们认为在特大城市人口调控的新背景下，政府间协同、发挥市场力量、注重义务后"过渡"教育等将成为促进上海市流动儿童教育发展的新突破点。①

在以往的研究当中，鲜有研究者关注政策的包容性问题及其原因。韩嘉玲试图通过对北京、上海、广州的比较研究，系统总结三个城市对"两为主"政策的执行差异，认为上海对流动儿童最为友好，广州次之，北京最为严苛，但韩嘉玲没有进一步分析这种差异背后的原因。那么，城市流动儿童教育政策的包容性到底是由什么因素决定的呢？

一种观点认为是城市规模决定的，城市规模越大，流动人口带来的压力越大，城市政府越倾向于缩减流动人口的规模，因而会提高流动儿童的入学门槛，以此调控人口规模。这种观点显然经不起逻辑的推敲，因为上海一直是中国人口最多的城市，但上海在 2013 年之前对待流动儿童都是比较友好的。

另一种观点则认为是资源稀缺程度决定的，一个城市的"城市病"越严重，对流动人口和流动儿童可能越不友好。这种观点看似符合逻辑，北京就是一个最佳的论据，北京的流动儿童教育政策之所以严苛，恰恰是因为北京道路拥挤，房价高企，就业竞争激烈。但实际上"城市病"导致流动儿童教育政策严苛，可能只是表象：一则北京在"城市病"不那么严重的时候，流动儿童的入学门槛就比较高；二则"城市病"和流动儿童教育政策可能都是由对城市规模的限制造成的，正是因为对规模的限制，导致城市规划和公共资源配置的不足，加剧了"城市病"，进而为限制人口提供了理由。

本文则提出一个全新的理论解释，认为产业生态决定了一个城市对流动儿童的态度。流动人口之所以来到城市，主要原因在于城市为其提供了就业机

---

① 赵晗、魏佳羽：《北京义务教育阶段流动儿童教育现状》，载杨东平主编：《中国流动儿童教育发展报告（2016）》，社会科学文献出版社 2017 年；刘玉照、王元腾：《上海市流动儿童教育状况分析（2013—2016）》，载杨东平主编：《中国流动儿童教育发展报告（2016）》，社会科学文献出版社 2017 年；陆建非、吴英燕主编：《风中的蒲公英：中国流动儿童生存报告》，上海文化出版社 2018 年。

会，而就业机会取决于一个城市的产业结构与产业发展程度；流动儿童问题实际上是由流动人口问题派生出来的，城市政府对流动儿童并没有特定的偏好，他们对流动儿童的态度取决于他们的父母，更确切地说，取决于他们父母从事的行业对于城市发展的重要性——广泛推行的积分制入学实际上考察的就是父母及其从事的职业。然而，农民工往往从事的是低技能工作，这些工作的重要性如何体现呢？关键就在于城市的产业生态，也就是城市中各个企业之间形成的关系网络，一种是管道状企业网络，以央企总部为典型，其利润来自外省市分部，与总部所在地企业缺乏直接的业务关联，经营过程中的溢出效应很小；另一种根须状企业网络，以民企和外企总部为典型，对总部所在地及其周边地区有很强的溢出效应。沪、广、深之所以形成包容性的流动儿童教育政策，是因为长三角、珠三角彼此密切勾连的产业生态，流动人口可以通过“用脚投票”来改善自身的福利；而北京周边地区相对落后，很难为流动人口提供替代性的工作机会。城市群的竞争机制与流动人口的“用脚投票”机制决定了流动儿童教育政策的包容性程度。

## 三、流动儿童教育政策的演变历程

为了更好地保障农民工子女的受教育权利，国家提出了“以流入地政府管理为主、以全日制公办中小学就读为主”的“两为主”方针，在这一政策的推动下，上海市公办学校逐步向农民工子女开放。截至 2008 年上半年，在上海接受义务教育的外来流动人口的子女总人数 379980 人，其中小学阶段是 297000 人，初中阶段是 83000 人。在全日制公办和民办中小学就读的学生大概占到 57.2%，其余的就读于农民工子弟学校。① 2010 年上海义务教育阶段流动人口子女 47.05 万人，其中在农民工子女学校就读 13.45 万人，公办学校就读 33.6 万人，在公办学校就读的比例提高到 70% 左右。2012 年，上海已对 53.8 万在沪外来务工人员子女实现以公办学校为主的免费义务教育。对于政府而言，所谓的农民工子弟学校与公办学校、民办学校最大的差别就在于：前者由流出地教育部门批准成立，在流入地（上海）教育部门备案并接受其“指导”；后者则是由当地教育部门批准成立并直接“领导”。对于学生而言，

① 《沪加大投入引导农民工子女学校向民办学校发展》（2008 年 4 月 7 日），东方网，http://sh.eastday.com/eastday/shnews/qtmt/20080407/u1a418449.html，最后浏览日期：2019 年 7 月 14 日。

二者最大的差别则在于，前者的师资、硬件等办学条件大多很差，教学质量远远落后于后者；前者是城市中的“孤岛”，学生与上海本地青少年相对隔绝，后者则或多或少同在一个屋檐下。①

20 世纪 90 年代以来，流动儿童教育政策大致经历了以下三个阶段的变迁。

**从放任到取缔阶段：20 世纪 90 年代—2006 年。**早期对流动儿童教育持放任态度，任由农民工子弟学校接纳流动儿童；后期对办学不规范、设施较差的农民工子弟学校进行取缔。1986 年通过的《义务教育法》规定，义务教育事业在国务院领导下，实行地方负责，分级管理，适龄儿童少年应在户口所在地接受九年义务教育，所需教育经费由当地政府负责筹措。然而，随着城市化、工业化进程的加速，越来越多的农民工子女进入城市生活，这种分级管理、就地入学的体制给农民工子女接受义务教育带来了很大困扰，不少青少年因此失学。农民工子弟学校就是在这一背景下出现的，最初带有“自力救济”的性质，是“流动人口”为解决“流动儿童”的入学问题自发创办的，② 有的得到了流出地教育行政部门的批准（流出地政府为完成“普及九年义务教育”的任务，倾向于鼓励这类学校的发展），有的没有履行任何合法手续，这些农民工子弟学校通常没有建立财务管理、教师管理制度，多数教师都没有教师资格证，办学者侵吞办学资金、携款逃跑事件时有发生。高峰时期，上海的农民工子弟学校多达 600 多所。据 2001 年统计，当时上海的 519 所农民工子弟学校中，只有 124 所既经流出地有关部门同意，又在本市教育部门备案，其他大都无合法“名分”，只经流出地有关部门同意，而未在本市备案。③ 由于这些学校通常不具备城市政府规定的办学资格，无法获得办学许可证，而且往往与危房等安全隐患联系在一起——这些学校虽然与城市政府没有直接隶属关系，可是一旦出现安全事故，责任却是“属地化”的——从而成为城市政府查封、取缔的对象。据统计，因不符合规定的办学标准，2002 年闸北区 22 所农民工子弟学校全部取缔，2004 年长宁区 20 所全部取缔，徐汇区 15 所全部取缔。④

---

① 熊易寒：《城市化的孩子：农民工子女的身份生产与政治社会化》，上海人民出版社 2010 年。

② 韩嘉玲：《北京市流动儿童义务教育状况调查报告》，《青年研究》2001 年第 8 期。

③ 流出地出具的资质证明也不正规，有的是“社会力量管理办”同意的，有的是乡镇义务教育办批准的，有的则盖了外地政府驻沪办的大印。缪毅容、董宁：《上海规范民工子弟学校办学》，《解放日报》2001 年 9 月 10 日。

④ 华平生：《再城市化：农民工子女教育问题研究——对上海市闵行区的案例调查》，华东师范大学公共管理专业硕士论文，2005 年。

2006年，北京市为迎接奥运会，各区按照“分流一批、规范一批、取缔一批”的原则，在取缔非法办学的打工子弟学校的同时规范保留了60多所打工子弟学校。在这一阶段，北京、上海的差别不甚明显，而广州则主要依靠市场力量，民办学校成为接受流动儿童的主力军，进入公办学校的流动儿童需要缴纳不菲的借读费。

**开放公共教育资源阶段：2006—2012年。**这一时期以上海为代表的城市开始认真落实“两为主”的国家政策，加大公办学校对流动儿童的吸纳力度。虽然早在2001年，《国务院关于基础教育改革与发展的决定》出台，强调了流动儿童的管理以流入地区政府管理为主，要求各地依法保障流动人口子女接受义务教育的权利。这一政策显然没有收到实效，2003年国务院《关于进一步做好进城务工就业农民子女义务教育工作的意见》指出：“进城务工就业农民流入地政府负责进城务工就业农民子女接受义务教育工作，以全日制公办中小学为主。”不再限制农民工子女流入城市，而是试图通过公办教育解决其入学难的问题，同时还规定：“流入地政府要制定进城务工就业农民子女接受义务教育的收费标准，减免有关费用，做到收费与当地学生一视同仁。”此后，全国各地的城市纷纷出台规定，公办学校不得向农民工子女收取借读费。① 2004年，上海市政府出台新规定：“凡持有流出地政府开具的证明，证实其确属进城务工就业农民，并由本市有关部门和单位证明其确实在本市务工就业、有合法固定住所并居住满一定时间的，可到暂住地所属区（县）教育部门或乡镇政府为其子女提出接受义务教育的就学申请。凡符合规定就学条件的，有关部门应准予其到相应的学校办理入学事项。”② 农民工子弟学校彻底告别了上海市的中心城区，而就读于这里的学生则大多被政府安排到公办学校。③ 2008年，上海启动“农民工同住子女义务教育三年行动计划”，共关闭100余所不符合基本办学条件的非法农民工子弟学校，并将158所符合基本办学条件

① 对农民工子女义务教育政策的梳理，参见易承志：《进城务工农民子女教育问题的政府治理——以上海为个案》，《华中师范大学学报（人文社会科学版）》2007年第6期。

② 《上海市人民政府办公厅转发市教委等七部门关于切实做好进城务工就业农民子女义务教育工作意见的通知》，沪府办发〔2004〕12号。

③ 据Y区教育局负责农民工子女教育的鲁老师介绍，政府原则上会妥善安排这些被取缔的学校的所有学生，但是，这些学生的家长还是需要出具一定的证件，最低限度是孩子必须有户籍，否则公办学校不会接收。而农民工子女当中有一部分是没有登记户口的“黑人”（通常是因为超生），这部分学生可能面临失学或者回老家就读。

的农民工子弟学校办学设施改造后纳入民办教育管理。从 2007 年到 2012 年，上海市入读公办学校的随迁子女从 17 万人增加到 40 万人。对郊区的农民工子弟学校改制，一律按照公办学生注册学籍，政府按生均公用经费定额标准拨付经费，配置教学设备和资源，一律免除外来人口子女的学杂费、教科书费，不交借读费。据上海市民办中小学协会副会长周纪平介绍，仅 2012 学年上海共有 53.8 万名进城务工人员随迁子女在义务教育阶段学校就读，占上海义务教育阶段学生总数的 45.09%。其中，40.2 万余名随迁子女在公办学校就读，占总数的 74.72%，比 2011 学年增加 3.4 万人。另有 13.6 万余名随迁子女，在 157 所政府购买服务的以招收随迁子女为主的民办小学免费就读，占总数的 25.28%。① 在这一阶段，北京、上海、广州等一线城市的农民工子女教育政策呈现一定的地域差别：在一定程度上，上海做得最好，中心城区取缔农民工子弟学校的同时，绝大部分在读农民工子女都进入了公办学校，郊区的教育资源相对稀缺，公办学校不能接收全部的农民工子女，政府将达标的农民工子弟学校转变为民办简易学校，为学校提供的生均补贴也逐年提高；② 北京的政策最为严苛，大规模取缔农民工子弟学校，但并没有相应地开放公办教育资源作为替代。自 2011 年 6 月起，流动儿童分布集中的海淀区、朝阳区、大兴区相继关停 24 所打工子弟学校，波及学生 1.4 万余名，一些规范保留下来的打工子弟学校也未能幸免。广州则继续采取放任为主的政策，民办学校成为农民工子女教育的主要承载者，政府对农民工子弟学校不进行取缔，也没有像上海那样给予补助。

**政策收紧阶段：2013 年至今。**受严格控制特大城市人口规模的政治大气候影响，各地的农民工子女教育政策趋于严苛，特大城市纷纷向北京看齐，提高流动儿童入学门槛，大规模减少以流动儿童为主要生源的“纳民学校”。③④

---

① 李洁茹、卢世博：《“我们要让一家人在一起”：流动儿童教育“福地”上海的双重压力》，《南方周末》2016 年 5 月 1 日。

② 2009 年的生均补贴是 2000—2500 元，2010—2011 年的生均补贴是 4000—4500 元，2012 年以后提高到 5000 元。

③ 2008 年，上海市教委颁布了“农民工同住子女义务教育三年行动计划”（下简称“三年行动”），计划在 2010 年底前关闭所有中心城区农民工子女学校，郊区的农民工子女学校一部分关停，其他的以“政府委托办学”的形式全部纳入民办教育管理体系。这部分被“纳入民办教育管理体系”的学校被称为“纳民学校”。

④《南方周末》记者李洁茹认为，2008—2014 年 6 年间是上海流动儿童就学政策的黄金期，这一分期不尽准确，事实上，上海的公办学校成规模地接收农民工子女大约始于 2006 年，而逐步提高入学门槛则始于 2012 年，黄金期的时长确实只有 6 年。

2013年12月19日，上海市人民政府办公厅下转发市教委、市发展改革委、市人力资源社会保障局、市公安局《关于来沪人员随迁子女就读本市各级各类学校的实施意见》(〔2013〕73号)，流动儿童的入学门槛大大提高。该规定提出，要以“合法稳定就业、合法稳定居住”为基本条件，完善权责对等、梯度赋权的随迁子女公共教育服务制度。其中，义务教育阶段儿童，“持《上海市居住证》人员，或连续3年在街镇社区事务受理服务中心办妥灵活就业登记（逐步过渡到3年）且持有《上海市临时居住证》满3年（逐步过渡到3年）人员，其随迁子女在本市接受义务教育，可向《上海市居住证》或《上海市临时居住证》登记居住地所在区县教育主管部门申请。各区县教育主管部门根据区域内教育资源配置情况，统筹安排随迁子女进入义务教育阶段学校就读。”这个文件“自2014年1月1日起施行，有效期至2018年12月31日”。2014年，上海尚有152所民办随迁子弟学校，2018年减少至84所，2019年减少到64所，2020年预计将会减少到48所（见图1)。这些学校的在校生也在逐年减少。2014年有11.53万名在校生，2015年有9.8万名在校生，2016年有8.17万名在校生，2018年降至5.11万名在校生，2019年降至4.9万名在校生（见图2)。由于生源锐减，这些学校的办学经费日益紧张，优秀生源流失严重。上海的公办学校并没有接纳更多的流动儿童，但由于随迁子女总数的减少，就读公办学校的比例大大增加，小学阶段随迁子女就读于公办学校的比例从2018年的83.17%提高到2019年的83.64%。①

在上海入学的非本地户籍学生，需要家长持有居住证，但居住证的办理条件严苛，农民工并不能符合“注册资本100万以上企业任职”“专业技术或管理岗位”这样的要求。另一个选择是临时居住证和灵活就业登记，但后者只有3个月的登记期，错过便没有机会了，许多农民工随迁子女就在这一关上被一票否决了入学的权利。在广州越秀区，只有三种情况下农民工子女才可以在当地公立学校就读：连续居住并缴纳社会保险满5年，连续从事环卫、消毒站、园林绿化、市政建设服务满2年，或者获得过广州市或越秀区政府授予的

① 唐晓杰：《上海民办随迁子女学校发展面临的问题与挑战》，上海大学第六届“流动子女教育学术研讨会”，2019年5月22日；唐晓杰：《上海流动人口随迁子女教育：现状与未来》，上海财经大学第八届“城市的未来：外来儿童教育政策研讨会暨校长论坛”，2019年12月8日。

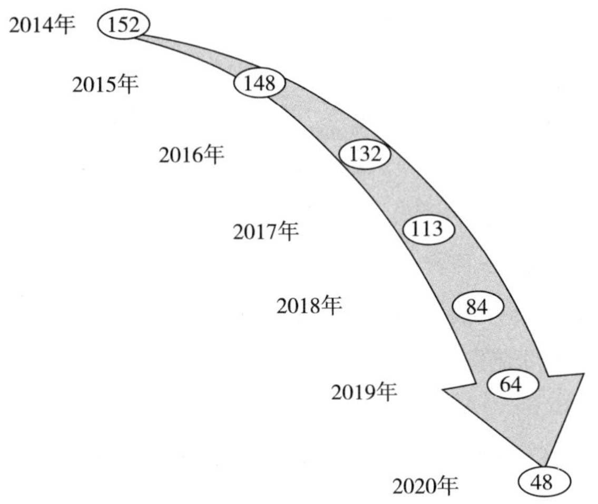


**图 1　2014—2020 年上海民办随迁子弟学校数目（单位：所）**

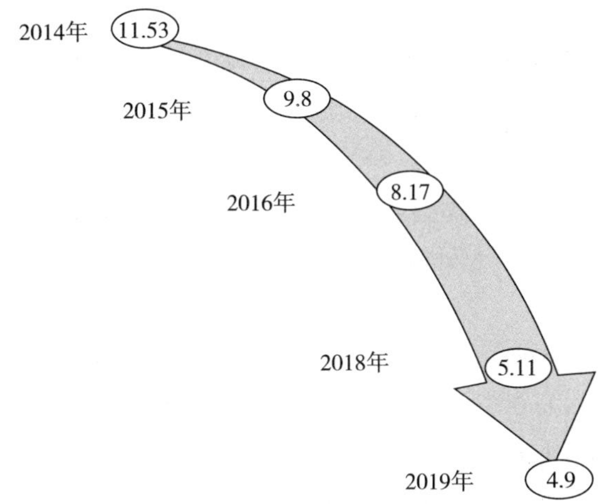


**图 2　2014—2019 年上海民办随迁子弟学校学生人数（单位：万名）**

优秀称号。① 2014 年上海市随迁农民工子女的数量为 538563 人，2015 年这一数据下降到 500664，这就意味着至少有 3 万多农民工子女在严苛的入学政策影响下不得不回到原籍就学。另一个指标也能说明农民工子女受教育权利的恶

① 吴静宜：《不是父母不管，大城市从来没给留守儿童留过位置》（2016 年 7 月 14 日），网易网，http：//view. 163. com/special/resound/leftbehindchildren20160714. html，最后浏览日期：2016 年 8 月 24 日。

化：2011—2015 年，上海职业学校、技术学校和中专学校录取的随迁农民工子女分别为 6032 人、8191 人、10125 人、6912 人、6183 人，2013 年达到历史峰值，此后迅速回落到 2011 年的水平，预计未来几年还可能会降低。

在 2010 年以前，上海的公办学校即便向农民工子女开放，农民工子女也是学校里的少数派；最近几年，一部分公办学校发生了大逆转，80% 乃至 90% 以上的生源都是农民工子女。这些学校通常位于黄埔、徐汇、虹口等中心城区，原本在上海的公办教育体系中处于中下游水平，向农民工子女开放之后，本地户籍生源纷纷转学，导致学校的绝大多数学生都是农民工子女。这些学校也被上海人戏称为“菜场小学”。

所谓“菜场小学”就是指入学门槛相对较低，农民工子女占生源比例很大的小学。由于中心城区的农民工大多从事低端服务业，菜贩是其中的一种典型职业，所以上海本地人将农民工子女生源较多的学校称为“菜场小学”。这样一个带有贬义色彩的名称反映了部分上海人对外来人口的态度，一项全国性调查发现，上海家长认同外地学生不利于学校教学的比例（20.54%）明显高于全国平均水平（10.82%）。但是，在与外来同学融合方面，上海学生的态度与全国平均水平并无显著差异。① 孙哲对上海家长和学生的访谈发现，在上海，本地学生和外地学生的隔离原因主要来自家长，而非他们的子女。“菜场小学”的另一个名称是“上外附小”，即“上海外来务工人员附属子弟小学”的简称。

上海的中心城区之所以会出现“菜场小学”：一方面是由于中心城区的中小学公办教育资源相对丰富，受户籍人口少子化趋势的影响，户籍学龄儿童的数量在减少，导致公办教育资源出现一定的富余；另一方面是由于旧城改造、改善性购房等因素，上海中心城区的部分户籍人口向近郊迁移。

根据上海财经大学针对 2012 年毕业于上海 20 所小学的 2300 名流动儿童的跟踪调研发现，在 2014 年 12 月，即这些孩子在初中二年级时，1372 名孩子中，有 599 名孩子离开上海，其中仅有 35 人与父母一同返乡，有 56 人只与一方父母返乡，410 人自己单独返乡，占全部样本的 17.8%。辍学留级等现象严重，返乡的孩子中有 25 人辍学，56 人留级。辍学 14 人，其中留沪 4 人，离沪

① 《2014 年全国教育追踪调查（CEPS）》，中国国家调查数据库网站，http：//www.cnsda.org/index.php？r=projects/view&id=61662993，最后浏览日期：2019 年 7 月 15 日。

10 人；留级 41 人，其中留沪 16 人，离沪 25 人。

**表 1　2012 年 10 月流动儿童小学毕业去向调查①**

| | 公办学校 | 农民工子弟学校 |
|---|---|---|
| 总人数 | 680 | 1645 |
| 留在上海 | 436 | 738 |
| 回老家 | 35 | 321 |
| 去其他城市 | 0 | 4 |
| 未联系上或不清楚 | 209 | 582 |

**表 2　北上广深四地随迁子女入公办学校比例对比表②**

| | 北京 | 上海 | 广州 | 深圳 |
|---|---|---|---|---|
| 流动人口规模（万人） | 822. 6 | 981. 65 | 572. 98 | 887. 87 |
| 义务教育阶段随迁子女规模（万人） | 44. 86 | 50. 06 | 60. 13 | 78. 58 |
| 随迁子女规模占流动人口比例 | 5. 45% | 5. 10% | 10. 49% | 8. 85% |
| 公办学校就读随迁子女规模（万人） | 35. 38 | 40. 26 | 25. 45 | 36. 29 |
| 公办学校就读随迁子女占流动人口比例 | 4. 30% | 4. 10% | 4. 44% | 4. 09% |
| 随迁子女公办学校就读的比例 | 78. 87% | 80. 42% | 42. 32% | 46. 18% |

在评价地方政府对随迁子女政策的时候，总是优先引用随迁子女就读公办学校的比例，从表 2 可以看到北京、上海要大幅高于广州和深圳，但是如果我们将流动人口子女的总体（流动儿童与留守儿童）视为一个整体，考察随迁子女与流动人口的比例关系，就可以看到，广州、深圳随迁子女占流动人口的比例远远高于北京和上海，如果只看在公办学校就读的随迁子女占流动人口的比例，北京、上海、广州、深圳四个城市彼此相差并不多。所以，广州、深圳随迁子女就读公办学校比例低于北京和上海的原因显然并不是公办学校承担的责任弱于北京、上海，而是由于对民办学校政策的包容，通过民办学校吸纳了大量的随迁子女，从而避免这些孩子返回老家，成为留守儿童。但是从结果上

① 陈媛媛：《城市流动儿童小学后的就学情况》，第四届“城市的未来：外来儿童教育政策研讨会暨校长论坛”，2015 年 12 月 12 日。

② 感谢新公民计划总干事魏佳羽的数据支持。

降低了随迁子女就读公办学校的比例。有学者通过统计分析 2013—2015 年珠三角地区随迁子女义务教育的基本情况，发现近三年来珠三角随迁子女数在快速增长，60% 以上聚集在深圳、东莞和广州 3 个城市。① 广州、深圳的流动儿童不降反升，与北京、上海形成鲜明对比，虽然广州、深圳随迁子女就读公办学校比例不到五成，但能够与父母共同生活在城市，本身就是一种福利改进。

## 四、产业生态与城市对于流动儿童的包容性

本文提出的产业生态概念，其核心是城市当中各个企业之间的关系网络。如前所述，产业生态可以分为两种理想类型：一种是管道状企业网络，以央企总部为典型，其利润来自外省市分部，就像输油管道一样源源不断地向总部输送利润，这类总部与所在地企业缺乏直接的业务关联，经营过程中的溢出效应很小。

北京对流动人口的不友好，虽然与其作为首都面临更大的维稳压力不无关系，但在笔者看来，北京的产业生态可能更为关键。我国行政集权的体制与渐进的市场化改革，形成了两种不同类型的产业：第一种是权力敏感型产业，譬如垄断企业（石油、石化产业），政府管制较多的企业（房地产行业），其盈利能力很大程度上取决于政府。政府的政策、规制及其对关键性资源的控制会对产业发展形成至关重要的影响；第二种是市场敏感型产业，即竞争性行业，其盈利与否主要取决于市场竞争，譬如一般的制造业和服务业。

经济学讨论的政治关联，通常是企业层面的，是指企业与政府或者官员之间具有某种特殊关系，而这种关系有利于企业从政府那里获得额外的经济利益。学者通常以下列指标测量企业的政治关联：公司的高管或者董事会成员是不是现任或者前任官员，是不是人大代表或政协委员，企业是不是国有控股，以及国有股的比例。政治关联往往会影响企业的竞争力和盈利状况。②

本文则关注产业层面的政治关联，这种政治关联不仅影响企业的利润，对区域经济发展的影响更巨大、更直接。产业层面的政治关联可以用以下指标衡量：（1）产业的行政准入门槛越高，越可能是权力敏感型产业；（2）对土地

① 吴开俊：《珠三角地区随迁子女义务教育现状、问题与政策建议（2013—2015）》，载杨东平主编：《中国流动儿童教育发展报告（2016）》，社会科学文献出版社 2017 年。

② Truex, Rory. 2014. The Returns to Office in a "Rubber Stamp" Parliament. *American Political Science Review* 108 (2): 235 - 251.

资源的依赖程度越高，越可能是权力敏感型产业；（3）政府对产业的管制越多，越可能是权力敏感型产业。反之，则是市场敏感型产业。①

北京地区集中了众多的权力敏感型企业总部，这些总部并不从事具体的生产经营活动，不创造利润，而是汲取分公司的利润，形成纳贡经济。纳贡经济虽然可以带来巨量的GDP，但与产业链上下游的企业不存在直接关联，因而很难产生溢出效应。2012 年，北京市共有各类总部企业 1533 家，其中央企总部企业创造的 GDP 为 8655.4 亿元，占全市 GDP 总量的 48.4%。北京民营总部企业实力还较弱，2012 年民营总部企业 197 家，占全市总部企业的 12.9%，创造的增加值仅占全市总部经济的 2.2%，拥有资产和实现利润则不足全市总部经济的 1%。

北京经济主要分为两层：上层是纳贡经济，下层是低端服务业，包括服务员、商贩、家政人员、物流工人等。北京的经济总量主要依赖纳贡经济，低端服务业虽然为大量外来农民工带来就业机会，但对 GDP 贡献有限，地方政府缺乏为低端服务业从业者提供公共服务的动力；加之北京是首都，有巨大的维稳压力，因而对外来人口持排斥态度。北京的周边城市除天津以外，形成了一个“环北京贫困带”，没有其他城市与北京在经济发展和劳动力方面进行竞争，北京即便不为农民工提供公共物品，农民工搜寻替代工作机会的成本也很高。因此，地方政府没有压力为他们提供服务。

另一种产业生态是根须状企业网络，以民企和外企总部为典型，大企业像粗壮的根部，小企业像细小的须部，根位于大城市，须延伸至周边城市，总部对所在地及其周边地区有很强的溢出效应。上海、广州、深圳等地则集结了大量的市场敏感型企业，上海的经济格局是央企、市属国企、外企、民企四分天下，深圳则是民营企业和外资企业为主流，这些企业形成的是市场嵌入型经济，与产业链存在广泛密切的联系，其总部虽在中心城市，制造部门和上下游企业却往往位于成本更低的周边地区，如苏州、常州、南通、无锡、宁波、东莞、中山等地。上海、广州、深圳主要依赖这些市场敏感型企业，而这些企业雇用了大量农民工，地方政府有动力为农民工提供必要的基本公共服务。上海、广州、深圳虽然是长三角、珠三角的领头羊，但它们也面临周边城市的竞争，在用工荒的压力下，上海、广州、深圳也更加乐意改善农民工的生活环

① 熊易寒：《移民政治：当代中国的城市化道路与群体命运》，复旦大学出版社 2019 年。

境。不同的是，广州、深圳比上海更加市场化，上海以国企和外企为主，政府控制的资源较多；广州、深圳以民营企业为主，政府更习惯于用市场手段解决公共品的供给。

近年来上海对流动人口态度的转变则表明：流动儿童教育政策实际上是一个从属性的政策，从属于国家的人口管理政策和城市的产业发展政策。中央政府的人口管理政策和城市化战略，地方政府的产业发展规划，都会深刻影响流动人口的教育政策。

地方政府对流动儿童的态度不取决于流动儿童，取决于他们的父母。政府眼中的外来人口实际上包括两个组成部分：一个群体是为本地人服务的外来人口，譬如制造业工人、服务业从业人员、家政人员；另一个群体是为外来人口服务的外来人口，譬如黑车司机、摊贩等非正规就业者。基层政府更愿意为前者提供基本公共服务，对于后者则抱持更加排斥的态度。

Q 区是上海的郊区，由于工业制造业企业较多，该区的外来人口较多，一直处于“人口倒挂”状态，即外来人口多于户籍人口。该区曾经对外来人口及其子女持欢迎的态度。高峰时期该区有 23 所“纳民学校”，在校人数 16000 人左右。

2014 年，《关于来沪人员随迁子女就读本市各级各类学校的实施意见》正式实施，上海流动儿童入学要求从原有的“临时居住证”提高到父母一方需要有“居住证”或连续两年的“灵活就业登记”。从 2016 年开始，流动儿童入学要求再升级，居住证的办理条件新增了合法居住这一项。以办理居住证为主要标志的“缴纳社保”和“合法居住”，像两只无形的大手，夹击着原已狭窄的求学之门，直接导致部分纳民学校有了生源危机。①

上海 Q 区共有 15 所“以招收农民工子女为主”的民办小学（即“纳民学校”），2018 年 7 月，该区关停了所有“纳民学校”。关停之后，区教委将安排符合条件的孩子到公办小学就读，但入学门槛将导致很多孩子无法进入公办小学就读。

上海市某分管教育的副区长坦言：

> 市场经济环境下，产业调整变动是影响城市人口发展的最重要因素。

---

① 杜茂林、张初曈：《上海“纳民”十年，一场流动儿童教育实验走向尾声》，《南方周末》2018 年 6 月 28 日。

持续大力推进产业结构调整，以此优化适应产业需求的劳动力结构，降低低技能劳动力比重。譬如，我们区一个建材市场，吸引外来务工人员 34585 人，共有 4880 名随迁子女要求就读，其中幼儿园阶段学生 2240 名，小学阶段学生 2039 名，初中阶段学生 601 人，按当前全市生均教育经费水平计算，这些学生每年需要教育经费 9000 万元左右。①

流动儿童教育政策从属于国家外来人口管理政策和地方产业政策，这就能够解释为什么 Q 区取缔了所有“纳民学校”，而经济上更为发达的 P 区却允许一部分“纳民学校”继续办学。Q 区的流动人口主要就职于小规模工业企业，而这些企业占用了大量的土地，对 GDP 的贡献却不大，因而属于政府试图“腾笼换鸟”的对象；P 区之所以允许部分“纳民学校”继续存在，是因为这部分学校的生源来自某著名儿童乐园的雇员家庭，而该儿童乐园对于 P 区而言是十分重要的企业。

另一个佐证就是，“教育控人”对上海的流动人口规模并没有产生实质性影响，“产业控人”则立竿见影地导致了上海流动人口的负增长。真正对上海流动人口规模产生影响的是对工业用地的清理整顿。目前上海的工业用地，包括“104 区块”、“195 区域”和“198 区域”。其中“104 区块”是指上海全市现有的 104 个规划工业区块，总面积大约 764 平方公里，占全市建设用地总规模的 25% 左右；“195 区域”指规划工业区块外、集中建设区内的现状工业用地；“198 区域”指规划产业区外、规划集中建设区以外的现状工业用地，面积大约为 198 平方公里。对于这三种地块，上海市采取了不同的政策。

“104 区块”，以空间优化、结构调整、绩效提高和能级提升为主，着力构建战略性新兴产业引领、先进制造业支撑、生产性服务业协同的新型工业体系，巩固提升工业园区产业集聚优势，增强城市综合功能。

“195 区域”，推进存量工业用地整体转型，转型方向以研发用地、住宅用地、公共服务用地和公共绿地为主，或开展零星开发试点工作，促进存量工业用地盘活利用。建立和完善低效工业用地认定标准，进行全面调查和分类评价，推进低效用地的再开发利用。

“198 区域”，大力推进现状低效工业用地减量化。到 2020 年，减量 40 平

---

① 2016 年 11 月 23 日访谈记录。

方公里，优先考虑二级水源保护区、生态廊道和永久基本农田内的工业用地；通过土地节约集约利用评价，对“三高一低”（高耗能、高污染、高危险、低效益）工业用地进行减量，减量化后的土地根据水土质量情况作为生态用地或耕地。

2015年7月至2016年底，上海持续开展三轮“五违四必”（五违：违法用地、违法建设、违法排污、违法经营、违法居住；四必：违法建筑必须拆除、违法经营必须取缔、安全隐患必须消除、极度脏乱差现象必须整治）区域生态环境综合治理。“195区域”和“198区域”是“五违四必”整治的重点对象。

2015年9月，上海的“五违四必”整治行动首先在闵行区华漕镇许浦村等地启动。许浦村村民约2000人，集聚3.5万外来人口、近300家企业、600多个违法经营摊点，许浦河污染严重。这里几乎家家都有违法建筑，村里乱搭乱建，村道狭如羊肠，“猫过都得扭扭腰”。闵行区和华漕镇宣布整治“五违”现象。全村拆除57万平方米违法建筑，关闭256家非法企业，包括危化品企业3家，取缔560多个违规摊点，外来人口减少一半。

至2016年11月底，两轮综合治理全面完成。经过两轮整治腾出土地46平方公里，2015—2016年，全市共拆除违法建筑6534万平方米。据相关统计数据显示，这两年连续实现人口负增长，整治地块内的治安案件、消防案件大幅减少。①

对“195区域”和“198区域”的大力整理，大量的中小规模工业企业离开了上海，不仅实现了工业用地减量化，改善了生态环境，也对外来人口起到了“釜底抽薪”的效果，上海近年来减少的相当一部分外来人口都是这些企业的雇员及其家属。对于“195区域”尤其是“198区域”的整顿，导致的不是某一个企业的消失，而是整个行业乃至产业链的消失，因此这些企业的雇员很难在上海找到替代性的工作机会，而不得不选择离开上海。

“教育控人”没有真正减少上海的外来人口数量，而“产业控人”却收到实效，这恰恰证明外来人口之所以来到上海，首先不是为了解决子女的教育问题，不是为了追求“高考红利”，而是为了解决自己的就业和收入问题。他们

① 《“五违四必”区域环境综合整治》（2018年5月17日），上海市人民政府网站，http://www.shanghai.gov.cn/nw2/nw2314/nw24651/nw43437/nw43440/u21aw1311493.html，最后浏览日期：2019年7月8日。

不会因为孩子的上学问题而离开上海，而在失去就业机会之后，却不得不选择离开。

## 五、结论

本文认为，城市产业发展形成的企业间网络决定了一个城市的流动儿童教育政策的包容性。管道状企业间网络在经营过程中与外界相对隔离，而根须状企业间网络在每个节点都需要与多方产生互动。总部设在北京的央企，其总部不需要承担具体业务，位于其他省市的分部承接业务并通过内部网络将资源汇集到总部；总部设在上海的企业，很可能会有工厂在昆山、太仓、南通，下属还有不同的供应商，从而形成绵密的经营网络。管道状企业间网络在经营过程中的溢出效应非常小，周边地区几乎无法受益，而根须状企业间网络则有很强的溢出效应，城市周边也会因此形成竞争关系。上海需要好的移民政策，如果流动人口认为在上海的社会福利资源太差，就可能会离开上海，前往昆山、南京等城市，这无疑会给上海带来移民资源的损失。而北京周边城市相对落后，很难为移民提供替代性的工作机会，北京不用太担心移民的流失。

产业生态通过两种机制对流动儿童教育政策施加影响：一是城市群的竞争机制，周边城市与中心城市的经济发展水平越接近，城市之间的经济竞争越可能刺激地方政府善待流动人口以及他们的孩子；二是流动人口的“用脚投票”机制，流动人口寻找替代性工作的机会成本越低，越有能力在跨地区的劳动力市场获得职位，那么地方政府越有可能采取友好的流动儿童教育政策。

# 视界

Horizon

Comparative

# 平台的演化发展

## 平台架构、治理和环境动态的协同演化

艾姆里特·蒂瓦纳　本·康辛斯基　阿什莉·布什

### 1. 引言

基于平台的软件生态系统，如火狐浏览器（Firefox）及 8000 个附加“扩展组件”，苹果 iPhone 操作系统（iOS）及 14 万个“应用程序”（App），正在发展成为软件开发和软件服务的主要模式。与传统软件开发不同，这些服务充分利用多元化开发人员群体的专业知识，创造性地开发平台原始设计人员没有预见的新功能，而这些开发人员掌握的技能和对用户需求的理解可能是平台所有者本身并不具备的。平台的概念是指市场营销（生产线）、软件工程（软件家族）、经济学［双向网络中将用户群体聚集到一起的产品和服务（Eisenmann et al.，2006）、信息系统（基础设施投资，Fichman，2004）和产业组织（成型系统，Katz and Shapiro，1994）］等不同事物。鲍德温和伍达德（Baldwin and Woodard，2009）总结了上述这些概念的共同之处，根据他们的归纳总结，我们将基于软件的平台定义为软件系统的可扩展代码库，它为那些

* Amrit Tiwana，佐治亚大学特里商学院教授；Benn Konsynski，埃默里大学戈伊祖塔商学院 George S. Craft 杰出讲席教授；Ashley A. Bush，佛罗里达州立大学商学院副教授。原文“Platform Evolution：Coevolution of Platform Architecture，Governance，and Environmental Dynamics”发表于 *Information Systems Research*，Vol. 21，No. 4，2010 第 12 月，第 675—687 页。

与平台交互操作的模块提供共享核心功能，还提供模块交互操作的接口（如苹果公司的 iOS 和 Mozilla 基金会的火狐浏览器）。我们对模块的定义是：连接到平台并为平台添加新功能的附加软件子系统（如 iPhone 里的应用程序和火狐浏览器扩展组件）。我们将平台以及平台专用模块合起来称为该平台的生态系统（Cusumano and Gawer，2002）。图 1 列出了它们之间的区别，表 1 给出了相应定义。平台和平台专用模块的这种组合可以给对手平台制造强大的竞争壁垒。

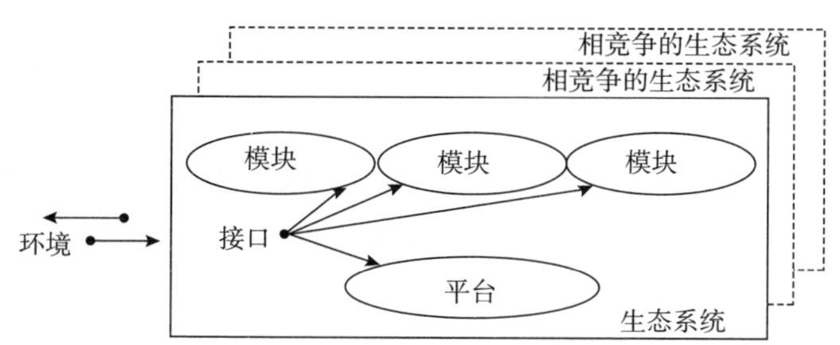


**图 1　平台生态系统的组成要素**

**表 1　以软件平台为中心的生态系统的核心概念定义**

| 概念 | 定义 | 指导我们形成相应概念的代表性文献 |
| --- | --- | --- |
| 平台 | 软件系统的可扩展代码库，为那些与平台交互操作的模块提供共享核心功能，还提供模块交互操作的接口 | 鲍德温和伍达德（Baldwin and Woodard，2009），艾森曼等人（Eisenmann et al.，2006） |
| 模块 | 连接到平台并为平台添加新功能的附加软件子系统 | 鲍德温和克拉克（Baldwin and Clark，2000），桑切斯和马哈尼（Sanchez and Mahoney，1996） |
| 生态系统 | 平台和平台专用模块的集合 | 库苏马诺和加韦（Cusumano and Gawer，2002） |
| 接口 | 定义平台和模块如何交互操作并交换信息的技术参数和设计规则 | 卡茨和夏皮罗（Katz and Shapiro，1994） |
| 架构 | 一种概念蓝图，阐述了生态系统如何被划分成一个相对稳定的平台、一套对之形成补充的模块（模块的变化在此是受到鼓励的）以及对两者都具有约束力的设计规则 | 鲍德温和伍达德（2009），卡茨和夏皮罗（1994），桑切斯和马哈尼（1996），乌尔里希（Ulrich，1995） |

软件平台为信息系统（IS）研究带来了重大挑战和机遇，原因有六。

第一，竞争正越来越多地转向以平台为中心的生态系统（Katz and Shapiro，1994），而研究信息系统开发的文献一直将独立系统视为主流。这种趋势主要见于浏览器（如火狐、Chrome 和 Opera），智能手机操作系统（iPhone 和安卓），网络服务（谷歌支付、亚马逊云服务），社交媒体（Facebook、苹果的 Ping 命令），市场（SABRE、eBay），以及游戏机（Xbox、苹果的 iPod Touch 和索尼的 PlayStation）。

第二，传统概念中的企业边界正在扩展，企业正以前所未有的规模开发利用外部专业知识和独创性（如 iOS 的 10 万多个开发人员）。与此不同的是，公司内部的信息技术类职能的接口历来是信息系统研究中的系统创新中心。过去的信息系统开发研究无法应用在这里，因为传统的协调机制无法与当前规模相匹配。

第三，这些平台的技术架构和组织原则共同决定了它们的演化轨迹，进而影响平台差异。生态系统这样的系统市场本身也是动态的（Katz and Shapiro，1994）。不过，信息系统的研究文献侧重于解释传统的绩效概念，强调可预测性，而不是解释系统如何随时间演化（Orlikowski and Iacono，2001），其演化轨迹的动态变化在管理学研究中也没有受到重视（Schilling，2000）。尽管架构的重要性在实践中得到了承认，但人们很少想到将它纳入信息系统的理论发展。平台生态系统在与模块开发人员相互作用时就像市场一样运作，但它们很少以现货交易为导向，因此在交互过程中需要大量协调（Katz and Shapiro，1994）。关于平台架构何时或如何促进这种协调的研究非常有限。

第四，平台管理需要平台所有者的控制权和独立开发人员的自主权之间达到微妙的平衡。信息系统管控和信息技术管理方面的文献都没有谈到如何应对这种张力。

第五，平台并非存在于真空之中，平台设计者的技术选择会影响平台对其环境动态的响应程度是好是坏。

第六，信息技术构件历来不怎么出现在人们的视线中，要么被人视为一个巨大的黑匣子，要么成为“遗漏”变量（Orlikowski and Iacono，2001）。平台为信息系统学带来了一个难得的机会，可以让信息技术构件进入平台演化理论发展的核心领域，并贡献出不同于战略学、经济学和软件工程学的独到观点。这些问题与信息系统密切相关，因为如果在了解平台如何演化发展时，不考虑其技术设计属性，而仅仅从非信息系统的角度考量，就有可能误导人们忽视信息技术构件与其内外部环境的重要互动。

本文的首要目标是：在平台所有者的内生设计、治理选择以及平台外生环境的动态变化如何影响平台演化动态方面，看看有哪些问题没有得到充分研究。虽然各个平台既争夺用户也争夺开发人员，但在本文中，我们只关注平台的供应方（开发人员），而不是需求方（消费者）；只关注基于软件的平台（不包括基于硬件的平台）；只关注那些在平台专用模块开发人员与最终消费者之间建立起连接的双向市场（因此不包括企业主要为自身使用、中介和单边市场构建的信息技术平台）。

本文的其余部分内容如下。在第 2 部分，我们明确了五个概括性研究议题，这些议题涉及平台所有者内生选择与平台外生环境的协同演化如何影响第 3 部分所述的生态系统和模块在不同时间范围内的演化动态。我们在第 4 部分讨论了四个理论视角，在生态系统和模块层面建立起平台架构、管理和环境背景与演化动态之间的因果关联。在第 5 部分，我们阐述了这些研究议题的解决有可能带来哪些理论贡献。

## 2. 平台的设计、治理和环境

我们提出了一个总体思路，即平台生态系统及其模块的演化动态受到平台所有者的生态系统内生选择（如平台架构和管理）和生态系统外生环境动态的影响。根据这个三方协同演化观点，我们确定了五个概括性研究议题。每个问题都可以在生态系统或模块/平台这两个分析层面进行研究；分析层面不同，因果解释和潜在贡献也有所不同。

图 2 列出一个研究框架，为后面的探讨提供了路线图。该框架所列的总体研究议题是：平台所有者的生态系统内生选择和平台外生环境动态如何影响生态系统和模块的演化动态。这一框架并不旨在包罗万象，而只是选取代表性示例。首先，我们会阐述平台架构、治理和环境动态及其协同演化的各项要素。它们构成了与我们的五个研究议题相呼应的核心研究要素。然后，我们会阐述演化动态在不同时期的不同方面，我们的研究既可以在生态系统层面也可以在模块层面，两种方法有可能带来不同但互补的贡献。随后，我们会探讨四个理论视角。我们认为，以这些视角为起点，可以从理论上为平台架构、治理和环境（以及它们的契合和不契合）如何影响演化动态提供中层解释。通过图 2

左侧和右侧要素的选择性组合，我们用示例说明了在理论构建中如何使用不同的视角。

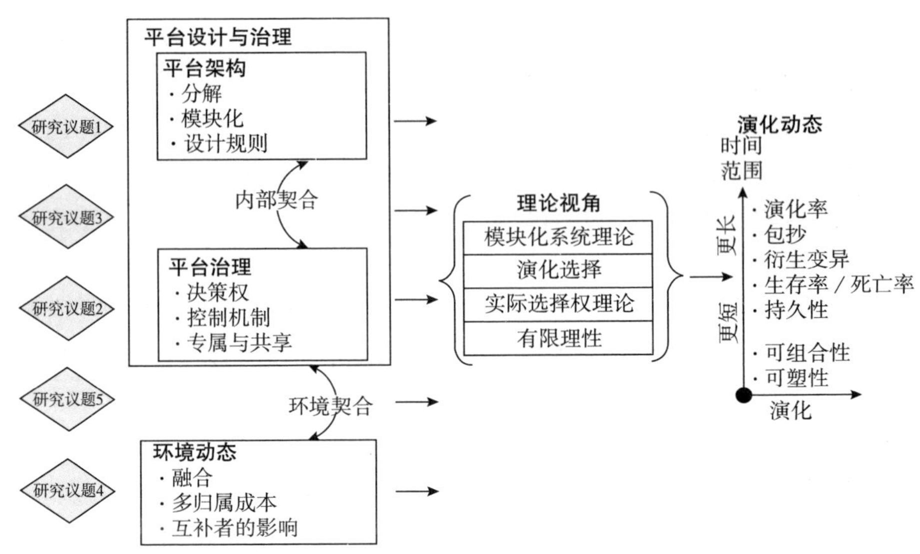


**图 2　用于研究平台演化的框架**

## 2.1　平台架构

我们对平台架构的定义是：它是一种概念蓝图，阐述了生态系统如何被划分成一个相对稳定的平台、一套对之形成补充的模块（模块的变化在此是受到鼓励的）以及对两者都具有约束力的设计规则（参见图 1，Baldwin and Woodard，2009；Katz and Shapiro，1994；Sanchez and Mahoney，1996；Ulrich，1995）。因此，平台架构将生态系统划分成了理想情况下具有低多样性和高复用性的平台代码库和在生态系统内展现高多样性和低复用性的模块（Baldwin and Woodard，2009）。第一组颇有成效的研究机会主要围绕下面这个研究议题：平台架构如何影响平台生态系统和模块的演化动态？

我们面临的挑战是，平台架构的选择（这种选择往往是不可逆转的）必须适应平台创建时无法预测的变化（Baldwin and Woodard，2009）。它们必须允许单个模块得到修改，同时又不会破坏这些模块再次协同运作的能力；因此我们将这个问题标记为“蛋头先生问题”（Humpty Dumpty）。架构选择带来的商业影响是持久的，因为平台所有者可能会在相当长的一段时间内都受困于其中（Pil and Cohen，2006）。一个理想的架构应该支撑起当前的多样性以及日后的可演化性（Baldwin and Woodard，2009）。平台架构的属性可以从三个不同的角度进行研究：（a）分解，（b）模块化，（c）设计规则。

**分解**。分解指的是平台生态系统的形式和功能如何拆分为原子子系统（Simon，1962）。它定义了哪些子系统和功能是平台代码库的一部分、哪些子系统和功能位于平台代码库之外以及两者的可分性。一个平台生态系统可以逐级分解成更小的子系统，直到进一步分解不再有助于描述和理解（这个原子层次是主观的）。平台或模块可被分解成的子系统数量代表了它的跨度（Simon，1962）。分解使生态系统组件在演化过程中的相互依赖性降到最低程度，它支持修改和变化，同时也有助于应对复杂局面。但是，这需要先期的设计成本，并且有可能不可逆转地限制或过度扩大生态系统各个组件的范围和跨度。后文我们会说到，这样的矛盾会带来演化方面的影响。

**模块化**。模块化指的是子系统内部变化不会使生态系统其他部分的行为产生连锁反应［即我们所说的"封装"（encapsulation）］。与此相反，低模块化有可能导致生态系统因任何变化产生广泛而又无法预测的后果（Baldwin and Woodard，2009）。架构可以处于完全模块化和完全一体化之间的任何一点（Ulrich，1995）。模块化可以通过增加模块之间的解耦和标准化平台模块的接口来实现。所谓解耦，是指模块或平台内部的更改不会影响该生态系统其他部分的行为。因此，解耦会向生态系统的其他部分隐藏模块的内部决策，只突出其可见的外部特征。接口标准化代表了模块在多大程度上使用稳定且有据可查的预定义标准（比如，通过应用程序编程接口）与平台进行交互。因此，标准化降低了模块的资产专用性（Schilling，2000）。虽然模块化方面的研究文献声称模块化全面降低了模块的协调成本和交易成本（Baldwin，2008），但这一论点尚未得到实验的验证。一方面，提高模块化程度可以降低平台生态系统各组成部件之间的协调成本，释放开发人员的认知资源，使他们能够专注于更具挑战性的问题（Tiwana，2008a），并鼓励更进一步的专业化，从而推动生态系统组成部件差异化功能的开发。另一方面，它也有可能促进模仿，逐渐削弱模块和生态系统的独特性（Pil and Cohen，2006），缩小平台所有者的学习范围，导致协同专用性的丧失（Schilling，2000）。协同专用性是指平台通过模块之间的异质性实现功能增强。生态系统之间的相互依赖也是一个与此相关的问题，这个问题虽然超出了本文的研究范围，但是相当重要（比如，一个生态系统中的一个模块可能是另一个生态系统中的平台）。

**设计规则**。设计规则是指平台所有者希望模块开发人员遵守的规则，以确保与其他生态系统的交互可操作（Baldwin and Clark，2000，2006）。设计规则有两个属性至关重要：它们在一段时间内相对于平台能够保持多大的稳定性；它们的多功能性（Baldwin and Woodard，2009）。设计规则的稳定性确保了不同时期加入平台的模块开发人员可以对生态系统的其他部分做出相同的设想而无须验证。然而，这种稳定性也意味着，设计规则的特性无法随时间推移而改变［比如，持续了 30 年之久的个人电脑视频图形阵列（VGA）标准］，这就要求它们同时也得具备多功能性。多功能性意味着它们不能以降低生态系统整体多样性和灵活性的方式过度限制模块。因此，平台所有者面临的挑战是，如何使设计规则既足够稳定，可以充分约束开发人员，同时又足够灵活，不会过度限制开发人员。

## 2.2 平台治理

我们对平台治理的定义是“谁做出有关平台的什么决策”。第二组研究机会围绕的研究议题是：平台治理如何影响平台生态系统和模块的演化动态？集中治理面临的一个挑战是，平台所有者必须保留足够的控制权以确保平台的完整性，同时又得放弃足够的控制权以鼓励平台模块开发人员的创新。一个平台的治理水平可能太高、太低或达到理论上难以捉摸的“恰到好处”，因此我们称之为“金凤花治理问题”。我们可以从三个不同角度研究平台的治理设计：（a）决策权分配，（b）控制权，（c）专属所有权与共享所有权。这三个角度从理论上来说就是：通过分享责任和权力进行治理，通过协调激励机制进行治理，通过共担利益进行治理。

**决策权分配**。决策权分配是指平台所有者和模块开发人员之间如何分配决策权。决策权仅指谁拥有做出具体决策的职责。三大类决策权的划分将有助于未来的理论发展：（a）子系统应该做什么（比如，特点和功能）；（b）它应该如何做（比如，设计、概念实施和用户接口）；（c）谁控制生态系统的内部接口。接口可能持续更长时间并且比平台本身更稳定，同时它们也定义了模块的边界（Baldwin and Woodard，2009）。对接口的控制等同于对平台及其演化发展的控制（Baldwin and Woodard，2009）；要想理解“如何”“为什么”之外的决策权，接口控制显得格外重要。因此，平台治理涉及如何在平台所有者和模块开发人员之间划分每类决策的权限和责任（即分权程度）。认为与平台相关的决策权必须完全属于平台所有者的观点是错误的（Baldwin and Woodard, 2009），同样，与模块相关的决策权并不一定完全属于模块开发人员。还有一个更重要的问题，那就是他们应该如何以及何时分享决策权。决策权分配给开发人员的自主性和生态系统整体协调之间的平衡带来了张力；与模块相关的专业技能和知识是分散在模块开发人员之中的，但它们的输出又需要与生态系统的其他部分进行集成。根据分析单元的不同，中心子系统既可能是与单个模块相关的决策权，也可能是与生态系统相关的决策权。两者都是富有成效的选择，有可能产生不同类型的见解。

**控制**。控制是指由平台所有者实施的正式和非正式机制，用以鼓励模块开发人员的理想行为，反之亦然。正式控制有两种形式：（a）输出控制（平台所有者预先设定标准，用以评估、奖励或惩罚模块开发人员的输出）和（b）进程控制（平台所有者为模块开发人员制定方法和步骤）。非正式控制是通过小团体控制实现的（培养共同的价值观、共同的信念和规范，以此指导模块开发人员的行为）。平台控制由于三个细微差别而显得与传统控制有所不同。第一，控制的前提是各方存在不同的利益。与此相矛盾的是，平台所有者和模块开发人员之间的关系并不像控制理论假设的那样（Kirsch，1997），是传统的委托代理关系（也就是说，平台所有者并不是聘用模块开发人员来完成自己指定的任务）。然而，我们在平台中普遍观察到各种控制机制。正如控制理论家普遍认为的那样，控制机制发挥的可能是协调作用，而不是减轻代理风险的作用。第二，平台所有者和模块开发人员不一定存在分歧，两者的利益也未必是零和博弈。此外，输入控制（Cardinal，2001），比如，苹果公司严格控制在其 iTunes 平台上发布的应用程序，在信息系统研究文献中基本上被忽略了。因此，开放式平台架构与封闭式平台架构仅仅代表了平台所有者在输入控制方面的差异。第三，控制可以是双向的，模块开发人员也可以同时对平台所有者施加控制。因此，从控制视角来看，平台治理在概念上可以被定义为不同控制机制的方向性、多样性和使用程度。

**专属所有权与共享所有权**。治理的最后一个属性是平台本身是专属于单个公司还是由多个所有者共享（Eisenmann et al.，2006）。这一属性在概念上不同于开放式与封闭式架构的区别或者开放源代码与封闭源代码的区别，也不应该与之混淆（详细论述请参见 Gawer，2009）。（例如，谷歌 Chrome 浏览器是专有产品，但属于开放源代码；GNU Linux 属于开放源代码，由多个开发人员共享；苹果的 iOS 是专有产品，属于封闭源代码。）这一属性可能影响平台的演化发展，因为它决定了平台的股权及所有权的分散或集中程度。

### 2.3 内部契合：平台架构与平台治理的相互作用

第三组研究机会与下面这个研究议题有关：平台架构和平台治理之间的内部契合如何影响平台生态系统和模块的演化动态。关于这种相互作用的理论发展，最重要的是互补性（替代）这个概念，也就是说，一方的增长会导致另一方的增长具有更多（更少）价值。平台架构可以加强（积极的交互）或弱化（消极的交互）平台治理对演化动态的影响，这是一个值得进一步发展的概念。此外，在架构随时间推移而变化的时候，治理的协同演化可能会影响生态系统组件的理想演化结果（接下来我们会在第 4 部分举例阐述这一点）。

### 2.4 环境动态

第四组有望取得成果的研究机会与如下问题有关：生态系统的外生环境动态如何影响平台生态系统和模块的演化动态？这其中有三种环境动态尤其需要理论研究者予以关注。第一，技术发展轨迹，如互补和替代技术出现的快速性、不均衡性、范围和不可预测性，可能会影响平台生态系统和模块的演化。由于数据、视频、语音和硬件的整合，与生态系统邻近的应用领域的技术变化可能对生态系统的演化轨迹产生积极和消极的影响。这种技术融合可能提供机会，使平台扩展到邻近但不相关的领域，同时允许不相关平台在多产品组合中提供中心平台的功能（Eisenmann et al. , 2006）。因此，技术融合带来了包抄（envelopment）机会，这其中尤为重要的原因是邻近平台的用户和开发人员经常是重叠的（Eisenmann et al. , 2006）。比如，iPod 等数字音乐播放器已经扩展到电影播放器、电子邮件等相邻应用领域，并具备了个人计算机、支付设备和导航系统的网络功能。第二，多归属成本（Armstrong and Wright，2007），或者说开发人员与多个平台打交道的成本，会影响中心平台的发展。归属成本代表开发人员为保持与平台的联系而产生的适应成本、运行成本和机会成本的总和。当多归属成本过高时，模块开发人员需要有很好的理由才会加入多个平台（Eisenmann et al. , 2006）。平台竞争对手提供的开发工具包在降低开发人员的多归属成本方面能起到什么作用呢？它们又如何影响生态系统层面的演化？卡茨和夏皮罗（1994）描述的“适配器”在克服平台竞争对手之间的不兼容性方面能发挥什么作用？竞争平台通过向模块开发人员提供软件开发工具包、适配器或兼容接口，降低多归属和切换成本，在这个过程中他们可能造成卡茨和夏皮罗（1994）所说的“倾斜”（tipping），即竞争平台开始让开发人员逐渐远离中心生态系统。第三种环境动态是直接或间接为一个或多个平台提供服务但不属于模块开发人员的互补者（complementors）施加的力量或影响。具体的例子包括服务提供商和监管机构，前者如，AT&T（美国电话电报公司）为苹果 iPhone 提供网络带宽，华纳兄弟向 Netflix（网飞）提供电影内容；后者如，联邦贸易委员会和联邦通信委员会。平台所有者和互补者之间的利益可能存在分歧，这种内在的矛盾可能影响生态系统的演化动态。

## 2.5 环境契合——环境动态与平台内生属性的相互作用

第五组有前景的研究机会围绕着下面这个问题：生态系统内生属性（架构、治理）与其外生环境动态之间的环境契合如何影响平台生态系统和模块的演化动态？环境动态可能影响平台生态系统的内生决策，也可能受其影响。比如，适用于一种环境的架构和治理选择可能并不适用于另一种环境；因此我们将这个问题标为“锤子和钉子”问题。平台所有者的内生选择会影响预期、促进协调并实现生态系统之外的兼容（Katz and Shapiro，1994）。平台所有者的选择与平台赖以存在的环境之间不契合既可能加速平台的死亡，也可能为平台繁荣发展提供条件。比如，平台治理与环境动态的不契合可能导致平台所有者不能很快意识到包抄机会，而与架构的不契合又可能导致平台所有者无法很快调动资源利用这些机会。相比之下，在生态系统中嵌入各种实际选择权的架构可能使主动包抄攻击成为可能。当技术迅速或非匀速发展时，架构选择可能在新的输入出现时允许或阻止平台扩展其生态系统。这个问题也关注到了某些内生选择在什么时候是合适的（而非是否合适）。举例来说，平台模块化还涉及事先投入的初始成本，因此，生态系统什么时候进行模块化以及进行到什么程度比较合适，是一个有待回答的问题。围绕这些问题的理论发展有可能着重研究图 2 中平台设计/治理与环境动态的相互作用以及它们的协同演化。此外，随着平台外生环境动态的变化，平台架构和治理的协同演化可以将平台生态系统引向更为理想的演化轨道。在有关内部契合和环境契合的理论发展取得足够进展之后，我们相信研究两者之间的元契合

（metafit）有望取得成效。

### 3. 生态系统演化动态的概念化

要想充分探讨这五组研究机会，我们必须准确界定演化动态的哪个方面是我们要解释的。这就需要用信息系统研究文献中未曾研究过且在时间上可扩展的动态因变量，补充广泛使用的传统的性能概念（比如，系统开发中的效率和效能）。“时间”本质上是主观的，与全体可比平台的生命周期有关；举例来说，历史上个人电脑操作系统的使用寿命为5—10年，大型机为30—50年，智能手机应用程序为6个月至2年。尽管如此，我们还是可以以图2中的时间差异为起点，将平台的生态系统或模块视为分析单元，把时间维度引入理论发展。两种分析单元会产生不同的理论，由此形成的观点可能也会有所不同。

生态系统的长期演化动态包括五个值得探究的标准变量：（a）演化率，（b）包抄，（c）衍生变异，（d）生存率/死亡率，（e）持久性。演化率指的是平台、生态系统或生态系统中单个模块随时间演化的速率或强度。一个被人们广泛预设但有待验证的前提是，以更快速度演化发展的模块或平台是否以及何时比演化较慢的模块或平台更胜一筹？打个比方，滚动的石头真的就不会长出青苔吗？包抄是指一个平台通过提供多产品组合功能而吞并邻近市场中另一个平台的现象。比如，苹果公司的iPod逐渐包抄了邻近市场的游戏机、网络浏览器、电邮系统、手机、相机和视频播放器功能。同样，Netflix也包抄了有线电视公司提供的按需租赁服务。这种机会往往是由不同技术的融合带来的，平台所有者的内生选择有可能限制或促成机会的把握。衍生变异是指意外或偶然地创建了一个派生平台或模块，它们继承了父代的一些属性，但功能与其父代完全不同。这种新的输入只是原始系统在适应过程中的副产品（Schilling，2000）。包抄是指平台范围扩大，而变异则是创建了一个截然不同的衍生平台或模块。还有一个相关的演化动态特别适合进行档案历史分析，那就是模块和平台的死亡率和生存率。最后，模块或生态系统在市场优势和独特性方面的持续性，皮尔和科恩（Pil and Cohen，2006）称之为持久性，可以通过内部契合、环境契合和元契合形成。

短期而言，演化动态主要体现在两个标准变量上：（a）可组合性和（b）可塑性。可组合性是指一个模块或平台在不损害它与生态系统的集成或不损害生态系统功能的情况下，进行功能扩展式变化的容易程度（Messerschmitt and

Szyperski，2003，第 63 页）。虽然信息系统研究历来将系统集成视为一次性任务，但在生态系统中，集成其实是一个持续的过程，平台代码库或任何模块的变化都可能带来集成问题。因此，我们认为可组合性具有两个维度，分别是模块到平台的可组合性和跨模块的可组合性。可塑性指的是平台或模块可以轻松地重新配置，以改进或扩展其行为，从而适应不断变化的用户需求或者利用技术进步。比如，一个模块可能将其内部特定功能（如复制和粘贴）替换成后来引入平台代码库的等效功能。还有一些演化动态之间的关系在本文没有涉及，它们也有待进一步的理论发展。

## 4. 理论建构的视角

在信息系统研究中，有四种理论视角并没有被人们广为使用，但它们可以为构建中层解释提供有效的视角，在模块或生态系统层面将平台架构、治理和环境动态与演化动态相关联：（a）模块化系统理论，（b）演化选择，（c）实际选择权理论，（d）有限理性。这些视角可以帮助形成生态系统及模块演化动态的理论。我们先简要说明一下它们的核心内容，然后，举例说明如何引用每个理论视角，帮助解释为什么一组特定的变量（图 2 左侧的子集）会在某个特定的分析层面（模块或生态系统）影响特定类型的演化动态（参见图 2 右侧）。

### 4.1 模块化系统理论

像平台生态系统这样的复杂系统都由交互子系统组成，这些子系统在一定程度上是相互依存的（Schilling，2000）。模块化系统理论的前提是，如果组成复杂系统的较小子系统只使用预定义的稳定接口进行交互，那么这类系统会比整体式系统更经得起考验。模块化可以提高生态系统内的跨模块独立性和核心模块独立性。这使得平台生态系统中的各个子系统能够独立演化，既无须彼此协调，也无须了解其他子系统的内部细节。子系统的内部更改不太可能破坏生态系统的其他部分，只要做到符合接口标准就可以确保交互操作。要想了解平台的演化发展，模块化系统理论中的四点认识特别重要，模块化可以：（a）提供嵌入式协调机制，降低模块开发人员和平台所有者之间的协调成本（Sanchez and Mahoney，1996）；（b）减轻模块开发人员在处理生态系统的某个组件与其他组件相互依存时的工作量，减少跨模块集成和模块到平台的系统集成的成本；（c）替代正式的过程控制（Tiwana，2008b），提高模块开发人员的自主性；（d）减少对模块开发人员任务范围以外的知识的需求，促成更深入的专业化。

**示例**。我们举例说明模块化系统理论如何在模块层面帮助解释模块化和正式控制之间的内部契合对可组合性的影响。平台和模块之间的模块化降低了它们之间的相互依赖，并阻断了模块的内部修改给生态系统带来的涟漪效应。因此，它减少了模块开发人员与平台所有者的协调需求，从而减少了从模块到平台的集成工作量。这使得模块开发人员可以更方便地对模块做出功能增强型修改（可组合性）。正式的结果控制只是简单地管理模块开发人员的输出而不考虑开发过程，这强化了上文所述的对可组合性的影响。而正式的过程控制则试图管理开发过程，在模块化已经发挥作用并促进集成的情况下，这是多余的。因此，模块化程度的提高需要一定程度的输出控制再加上最低程度的过程控制，从而提高模块层面的可组合性。

### 4.2 演化选择

演化选择理论的前提是：如果复杂系统以更快的速度演化并更具多样性，那么它们将比不具备这些特性的复杂系统更有可能演化并更好地适应环境。西蒙（Simon，2002）设定的前提是，可分解性更高的复杂系统会以更快的速度演化，因为它们只需要较少的时间进行重组而后演化，同时也会经历更多样的演化实验。因此，它们会比不易分解的系统更快地适应环境。然而，拥有增殖模块的生态系统会越来越拥挤（类似于自然环境），那么在越来越多的开发人员发现加入平台越来越没有吸引力的时候，就有可能造成滚雪球式的负面间接网络效应（Katz and Shapiro，1994）或同边网络效应（Eisenmann et al.，2006）；合理的治理也许能扭转这些同边网络效应。这一视角可以帮助理解生态系统内部模块的演化和竞争性生态系统的生存。

**示例**。我们举例说明演化选择理论如何帮助解释架构分解以及互补者的影响如何在生态系统层面共同影响平台的生存率和死亡率。平台生态系统越易分解，其构成部件参与适应性实验的速度就越快、多样性就越丰富（Simon，2002）。这种多样性更有可能导致一些更能适应变化环境的演化变体，而这又会增加平台随时间推移继续生存下去的可能性。同时，互补者带来的更大影响可能限制甚至抵消分解带来的某些适应性好处，从而提高平台的死亡率（这是一种负面的相互作用）。

## 4.3 实际选择权理论

实际选择权理论是指在没有义务做某件事的情况下做这件事的权利。它提供了未来操作的灵活性，其价值随着不确定性的增加以及行使选择权的时间延长而提升。在预先付出成本的情况下，可以将各种战略和运行方面的实际选择权嵌入平台，而且每一种选择权都应该在适当的时间行使，从而实现其潜在价值。因此，要想受益于实际选择权，就需要有意识地生成它们（通过设计予以嵌入）并善于使用它们。平台架构的属性可以嵌入实际选择权，平台治理的属性可以帮助平台抓住机会利用这些选择权。因此，嵌入和行使实际选择权这两个相互关联的概念可以提供理论要件模块，帮助解释演化动态。与此相似，鲍德温和克拉克（2000，第 346 页）提出的六个模块算子——分裂、替代、扩充、排除、反转和移植——嵌入了和选择权类似的不同灵活性（请参见 Gamba and Fusari，2009）。外生动态给平台生态系统的环境带来的不确定性越大，每种灵活性实现的价值也就越大。

**示例**。我们举个例子，说明实际选择权理论怎样帮助解释平台模块化与融合之间的环境契合如何在生态系统层面影响包抄。不相关技术的融合为中心生态系统包抄邻近生态系统提供了机会（Eisenmann et al.，2006）。但是，如果平台架构起到了约束作用，那么平台所有者可能做不到快速利用这些机会。平台架构的模块化可以在平台中嵌入各种实际选择权，例如分离、替代、扩充、反转/重构和移植（Gamba and Fusari，2009），设立不同形式的未来操作灵活性，以便创建平台的非计划变体。模块化和融合对应了选择权理论中的选择权嵌入概念和不确定性。因此，融合为包抄提供了机会，模块化则提供了面对这种机会采取行动的能力。所以，这两者是相互加强的（即积极的相互作用）。

## 4.4 有限理性

我们在此所说的有限理性是指个体开发人员在开发工作中处理和解释大量潜在相关信息时存在能力方面的认知局限。有限理性涵盖两个概念：搜索和满意（Simon，1979）。我们此处所说的搜索是指开发人员搜索信息的广泛程度，而搜索信息就是为了指导开发决策。搜索范围受制于启发式目标（heurisitic-driven aspiration）水平，目标水平在搜索过程一开始时就定义了什么样的解决方案“足够好”。因此，说到开发人员可以多快将想法化为行动（如改进模块)，何时终止信息搜索至关重要。随着生态系统复杂性的提高，平台和其他模块的相互依赖在数量和复杂性上可能呈指数级增长（Mihm et al.，2003）。如果平台的设计属性有意缩小开发人员必须考虑的有关生态系统其余部分的信息范围（即分区任务），开发人员可以安全地对其他部分做出假设（如稳定的设计规则），模块的内部变化不会带来涟漪效应（如模块化），那么个体开发人员的有限理性约束就会得到缓解，否则这些约束可能阻碍演化。

**示例。**我们举例说明有限理性视角怎样帮助解释架构模块化与决策权下放之间的内部契合如何在模块层面影响演化速率。更高程度的模块化降低了模块开发人员了解其他模块或平台内部细节的需求，从而在模块开发人员对模块进行内部修改时减少了对显性协调或并行修改的需求。这使模块能够自主演化，而无需考虑这些修改会对生态系统的其他部分产生什么影响，从而提高了演化速率。

同样，模块决策权的下放赋予模块开发人员更多的自主权，他们比生态系统的其他成员更有可能拥有特定模块专有知识。因此，模块化降低了模块开发人员的系统集成成本，从而加强了分散治理在加速平台演化方面的成效。所以，这些属性减少了个体开发人员的搜索范围，提高了模块演化速率。

### 4.5 设计田野研究的一些建议

对学者从事理论建构的思维实验和之后的田野研究（field research），我们有五条建议。第一，不要止步于线性关系，而要明确考虑非线性和阈值效应的可能性（比如，模块化可能先加速演化，但到了一个阈值之后，就会阻碍演化，整个过程表现为曲线模式）。第二，在研究某一关系时，用过程描述替代初始状态描述，这样在发展中间理论（middle-range theories）时可以确定合理的过渡结构（mediating construction）。第三，有意识地选取生态系统、模块和平台中的一个，将之作为分析单元，不要将它们混为一谈（见图1）。不同分析单元中的相同关系可能产生完全不同的结论。Mozilla 和 Sourceforge 等开源资源库中有丰富的模块层面的纵向数据。第四，要认识到，有些模块和平台已经消亡（如 Palm OS、Web TV、Minitel、IBM 的 OS/2、已经消亡的浏览器扩展组件），但是与它们相关的档案数据很有使用价值，因为它们可能极为有效地帮助人们更好地了解平台的演化发展，就像消亡物种帮助人们了解生物进化一样。比如，了解 Palm 公司（手持个人数字助理市场的开拓者）在 2010 年退出市场的原因，有可能让人们对平台生态系统的演化形成新的理解。最后，要认识到，解决这些研究议题需要以新的方法衡量一些概念，而理论化过程也应该反映这一点。数据始终是由纵向客观数据（例如源代码库的数据）和原始数据组成的，这为检验因果关系和因果排序提供了异常丰富的机会。虽然大部分实地工作可能是以特定的平台为背景，但是如果能够以跨平台的方式对概念进行前后一致的统一定义，那将有助于知识的逐渐积累。

## 5. 潜在贡献

这里提出的每一个问题都给信息系统学带来了前所未有的机会，可以为信息系统研究文献以及战略学、经济学和软件工程学等参考学科（reference disciplines）做出独特的理论贡献。

### 5.1 架构与演化动态的关联

虽然信息系统领域的学者一再呼吁关注信息技术构件（IT artifact），但我们一直没有这样做（Orlikowski and Iacono，2001）。如果我们在阐述平台生态系统的演化发展时将平台架构包括在内，那么这将是一个难得的机会，可以让信息技术构件进入理论发展的核心领域。尤其值得一提的是，新的信息系统理论发展应该侧重于技术架构在传统显性协调机制不能胜任时发挥的协调作用。对战略学的独特贡献则包括：以更加细致的方式探讨技术架构及其嵌入式全面协调机制的作用，研究架构影响技术发展的微观过程，处理模块化与可持续市场优势之间有何关联这一开放式问题（Pil and Cohen，2006）。模块化系统理论（Schilling，2000）预测的是对模块化设计的采用，而不是其演化影响，这样的研究将对管理学文献形成补充。这些研究工作还可以解释复杂系统的设计如何在市场上影响演化，从而以独特的视角让人们更好地了解经济学有关双边市场的新兴流派。最后，它可以在软件架构如何影响其演化动态方面为软件工程学提供新的见解。

### 5.2 治理与演化动态的关联

这一关联给信息技术管理学文献提供了一种企业间视角，这样的视角使用了更广泛的治理概念，而之前关于治理的文献只是简单地将治理视为企业内部信息技术活动的集中化/分散化程度（Sambamurthy and Zmud，1999）。它还可以通过研究双向控制，扩充有关项目层面的信息系统控制研究文献。复杂的联盟网络，如平台生态系统，可以改变战略学文献中的企业间联盟这个传统概念。这类研究可以补充经济学中新兴的宏观双边市场文献，在之前的此类文献中，治理和控制被完全忽视了（Lerner et al.，2006）。谁应该控制设计和开发过程中的哪些方面？项目责任分配如何影响软件发展？对这些问题的深入了解可以为软件工程学贡献新的知识。

### 5.3 平台架构与平台治理之间的内部契合

信息系统学在技术设计（软件工程角度）与治理（管理角度）的交叉地带提供了一个独特视角。平台治理方式有可能增强或削弱技术架构选择带来的好处，发展这一重要的思路，既可以构建信息系统学领域的新理论，还可以从信息系统学角度为战略学、经济学和软件工程学贡献独到见解。

### 5.4 环境契合与演化动态的关联

探索外部环境动态如何强化或削弱平台所有者的内生选择，有助于我们了解技术架构和治理选择如何影响平台的演化轨迹，这其中涉及技术融合的压力、多个竞争平台共存、平台在技术工程不过关情况下的生存率和持久性（如 Windows Paradox）以及互补者和监管压力等带来的不断变化的影响。这将回答特定的架构选择什么时候（而非“是否”）带来回报。在逐层解密信息技术构件的过程中，这样做有助于我们更好地了解信息系统，阐释参考学科的理论没能完全解释的现象。

## 6. 结论

本文着重讨论一个没有受到重视的问题：平台所有者的内生选择与生态系统的外生环境动态如何影响平台的演化动态？软件平台的出现为围绕信息技术构件的研究文献带来了良机，并有望为信息系统学做出理论贡献。它还为信息系统研究人员带来了从信息系统视角为参考学科做出独特贡献的机会。本文为我们理解平台生态系统提供了一个分析框架，并围绕我们提出的协同演化这个观点确定了五个概括性议题。向平台生态系统的竞争性转变、以技术为中心的公司扩张、技术架构发挥的协调作用、对自主性和控制兼备的需求，这些都为信息系统研究人员提出了有趣的理论问题。本文仅起抛砖引玉之用，希望信息系统学者借此就软件平台展开更深入的探讨，提出更深入的问题。

（陆殷莉　译）

## 参考文献

Armstrong, M., J. Wright. 2007. Two-sided Markets, Competitive Bottlenecks and Exclusive Contracts. *Economic Theory* 32 (2): 353 - 380.

Baldwin, C. 2008. Where do Transactions Come from? Modularity, Transactions, and the Boundaries of Firms. *Industrial and Corporate Change* 17 (1): 155 - 195.

Baldwin, C., K. Clark. 2000. *Design Rules: The Power of Modularity*. MIT Press, Cambridge, MA.

Baldwin, C., K. Clark. 2006. The Architecture of Participation: Does Code Architecture Mitigate Free Riding in the Open Source Development Model? *Management Science* 52 (7): 1116 - 1127.

Baldwin, C., J. Woodard. 2009. Platforms, Markets and Innovation. A. Gawer, ed. *The Architecture of Platforms: A Unified View*. Edward Elgar, Cheltenham, UK, 19 - 44.

Cardinal, L. B. 2001. Technological Innovation in the Pharmaceutical Industry: The Use of Organizational Control in Managing Research and Development. *Organization Science* 12 (1): 19 - 36.

Cusumano, M., A. Gawer. 2002. The Elements of Platform Leadership. *Sloan Management Review* 43 (3): 51 - 58.

Eisenmann, T., G. Parker, M. van Alstyne. 2006. Strategies for Two-sided Markets. *Harvard Business Review* 84 (10): 1 - 10.

Fama, E. F., M. C. Jensen. 1983. Separation of Agency and Control. *Journal of Law Economics* 26 (2): 301 - 325.

Fichman, R. 2004. Real Options and IT Platform Adoption: Implications for Theory and Practice. *Information Systems Research* 15 (2): 132 - 154.

Gamba, A., N. Fusari. 2009. Valuing Modularity as A Real Option. *Management Science* 55 (11): 1877 - 1896.

Gawer, A. 2009. *Platforms, Markets and Innovation*. Edward Elgar, Cheltenham, UK.

Katz, M., C. Shapiro. 1994. Systems Competition and Network Effects. *Journal of Economic Perspective* 8 (2): 93 - 115.

Kirsch, L. J. 1997. Portfolios of Control Modes and IS Project Management. *Information Systems Research* 8 (3): 215 - 239.

Lerner, J., P. Pathak, J. Tirole. 2006. The Dynamics of Open-source Contributors. *American*

*Economic Review* 96 (2): 114 – 118.

Messerschmitt, D., C. Szyperski. 2003. *Software Ecosystem.* MIT Press, Cambridge, MA.

Mihm, J., C. Loch, A. Huchzermeier. 2003. Problem-solving Oscillationsin Complex Projects. *Management Science* 49 (6): 733 – 750.

Orlikowski, W., S. Iacono. 2001. Desperately Seeking the "IT" in IT Research: A Call to Theorizing the IT Artifact. *Information Systems Research* 12 (2): 121 – 134.

Pil, F., C. Cohen. 2006. Modularity: Implications for Imitation, Innovation, and Sustained Advantage. *Academy of Management Review* 31 (4) 995 – 1011.

Sambamurthy, V., R. Zmud. 1999. Arrangements for Technology Governance: A Theory of Multiple Contingencies. *MIS Quarterly* 23 (2): 261 – 290.

Sanchez, R., J. Mahoney. 1996. Modularity, Flexibility, and Knowledge Management in Product Organization and Design. *Strategic Management Journal* 17 (1): 63 – 76.

Schilling, M. 2000. Toward A General Modular Systems Theory and Its Application to Interfirm Product Modularity. *Academy of Management Review* 25 (2): 312 – 334.

Simon, H. 1962. The Architecture of Complexity. *Proceedings of the American Philosophical Society* 106 (6): 467 – 482.

Simon, H. 1979. Rational Decision Making in Business Organizations. *American Economic Review* 69 (4): 493 – 513.

Simon, H. 2002. Near Decomposability and the Speed of Evolution. *Industrial and Corporate Change* 11 (3): 587 – 599.

Tiwana, A. 2008a. Does Interfirm Modularity Complement Ignorance? A Field Study of Software Outsourcing Alliances. *Strategic Management Journal* 29 (11): 1241 – 1252.

Tiwana, A. 2008b. Does Technological Modularity Substitute for Control? A Study of Alliance Performance in Software Sutsourcing. *Strategic Management Journal* 29 (7): 769 – 780.

Tiwana, A. 2009. Governance-knowledge Fit in Systems Development Projects. *Information Systems Research* 20 (2): 180 – 197.

Ulrich, K. 1995. The Role of Product Architecture in the Manufacturing Firm. *Research Policy* 24 (3): 419 – 440.

**图书在版编目（CIP）数据**

比较 . 第 106 辑 / 吴敬琏主编 . -- 北京 : 中信出版社，2020.2

ISBN 978-7-5217-1501-9

I. ①比… II. ①吴… III. ①比较经济学 IV. ① F064.2

中国版本图书馆 CIP 数据核字 (2020) 第 024186 号

## 比较·第 106 辑

**主　　编**：吴敬琏

**策 划 者**：《比较》编辑室

**出 版 者**：中信出版集团股份有限公司

**经 销 者**：中信出版集团股份有限公司 + 财新传媒有限公司

**承 印 者**：北京华联印刷有限公司

**开　　本**：787mm × 1092mm 1/16　　**印　　张**：13.25　　**字　　数**：220 千字

**版　　次**：2020 年 2 月第 1 版　　**印　　次**：2020 年 2 月第 1 次印刷

**书　　号**：ISBN 978-7-5217-1501-9

**定　　价**：48.00 元



http://www. caixin. com

E–mail: service@caixin.com